U0918451

本书是作者负责的国家社科基金重点项目“天台宗与菩萨戒中国化研究”（20AZJ002）的阶段性成果

律制与礼制之间

夏德美◎著

中国社会科学出版社

图书在版编目(CIP)数据

律制与礼制之间／夏德美著．—北京：中国社会科学出版社，2022.5
ISBN 978－7－5203－9865－7

Ⅰ.①律… Ⅱ.①夏… Ⅲ.①佛教—戒律—研究—中国
Ⅳ.①B943

中国版本图书馆 CIP 数据核字(2022)第 045059 号

出 版 人 赵剑英
责任编辑 孙 萍
责任校对 李 莉
责任印制 王 超

出 版 中国社会科学出版社
社 址 北京鼓楼西大街甲 158 号
邮 编 100720
网 址 http://www.csspw.cn
发 行 部 010－84083685
门 市 部 010－84029450
经 销 新华书店及其他书店

印刷装订 北京君升印刷有限公司
版 次 2022 年 5 月第 1 版
印 次 2022 年 5 月第 1 次印刷

开 本 710×1000 1/16
印 张 18.5
字 数 272 千字
定 价 99.00 元

前　　言

古印度佛教的“戒律”，指的是佛陀制定的维系僧团有序运行、协调僧众关系、保证在共同信仰下从事生活和修行的一系列行为规范。这类“戒律”是信众修行的基础，是僧团存在的制度保障，历来受到特殊重视，被安置在“戒定慧”的首位。离开戒律，其他修行活动或者不能获得相应效果，或者完全失去意义。佛陀去世后，在大迦叶组织的第一次结集中，由阿那律诵出戒律典籍。在部派佛教时期，因为活动于不同地区的佛教派系面临的社会环境不同，对戒律的理解也出现分歧，一些大的部派逐渐编撰了本派的律典，并认为自己所遵奉的律典是佛陀所说。除了部派佛教时期产生的诸如此类的“声闻律”，古印度传入的大乘菩萨戒经典，以及中土撰述的大乘戒经，也都标明是佛说。我们把这些内容统称为“狭义戒律”。

佛教传入中国后，产生于古印度的戒律不再能够完全适应新的形势、满足新的需求。于是，根据中国社会的地理环境、政治制度、历史文化出现了一些新的僧尼行为规范。这些规范既包括僧团内部制定的条例和清规，也包括统治者为管理僧尼实行的僧官制度和制定的政府法令。我们将古印度传来的大小乘戒律、中土形成的大乘戒律和各种各样的僧尼规范称为“广义戒律”。我们所说的“律制”，就是指这种“广义戒律”。这些旨在维系僧团存续、规范僧众行为、协调僧信关系的“律制”，既包含了印度佛教的传统，也体现了中国文化的特色，是中印两种文化交流互鉴的创新成果。

中国传统社会，西周时期就形成了体系庞大、等级森严、内容繁杂、规定细致的“礼制”。各种礼制成为维系社会正常运转、协调人际关系、约束大众行为的基本制度和规范。中国社会形成时间早、影响范围广的重礼、守礼传统，成为稳定社会、安定人心的信仰力量和道德屏障。孔子建立的儒家学派更是将“礼”作为与“仁”并列的两项基本内容之一（《论语·颜渊》：“克己复礼为仁。”），大力提倡“仁政”“礼制”，影响了此后中国两千多年的文化传统。具有中国特色的佛教“律制”是印度戒律与中国传统“礼制”碰撞冲突、融合创新的新成果。佛教律制的内容充分体现了佛教中国化的深度和广度，佛教律制形成、变迁的过程展现了佛教中国化的丰富和曲折。这些都是笔者长期研究的课题，也是这本小书集中探讨的问题。

佛教中国化研究，是学术界已经投入大量精力，并取得丰硕成果的领域。① 笔者认为佛教中国化至少应该包含两个层面：第一，佛教对中国社会文化的适应，缺少这一方面，佛教将无法在中国社会生存。第二，佛教对中国社会文化的补充和发展。没有这一方面，佛教也没有长期存在的价值。实际上，这两点古人早就意识到了，孙吴时期，康僧会与吴主孙皓的对话就包含了这样的意思：

> 会既坐，皓问曰：佛教所明善恶报应，何者是耶？会对曰：夫明主以孝慈训世，则赤乌翔而老人见；仁德育物，则醴泉涌而嘉苗出。善既有瑞，恶亦如之。故为恶于隐，鬼得而诛之；为恶于显，人得而诛之。《易》称积善余庆，《诗》咏求福不回。虽儒典之格言，即佛教之明训。皓曰：若然，则周孔已明，何用佛教？会曰：周孔所言，略示近迹，至于释教，则备极幽微，故行恶则有地狱长苦，修善则有天宫永乐。举兹以明劝沮，不亦大哉？皓当时无以折其言。②

为了取得传教的合法性，康僧会强调佛教与儒家相似的方面。但这

---

① 参见魏道儒《旧课题与新理论——研究“佛教中国化”的脉络》，《内蒙古师范大学学报》2021 年第 2 期。

② 《高僧传》卷 1，中华书局 1992 年版，第 17 页。

也必然引发另一个问题：如果佛教所言与儒家所说基本一致，中土已经有儒家文化传统的长期熏陶和实践，就没有必要再弘扬佛教。为了解决这个问题，康僧会必须进一步从理论上说明佛教相对于儒家的殊胜之处。只有这样，弘扬佛教的价值和意义才能凸显。此后的历史也充分证明，正是佛教文化长达千年的冲击、补充和创新，为中华文化注入了新鲜血液，为隋唐以后中华文化的发扬光大提供了思想资源。在这个过程中，佛教思想也成为中华文化的核心基因，[①] 成为影响中国人物质生活和精神活动的基本要素。

追溯佛教中国化的轨迹，对于我们认识外来文化与本土文化之间的复杂关系，对于我们认识中华文化的丰厚内涵，以及绵延不断的曲折历程都具有重要意义。佛教在两汉之际已经传入中国，但真正在中国社会发生较大影响则开始于东汉末年。此后近四百年的分裂割据，军阀混战，民族迁移，阶层变动，为佛教提供了发挥作用的广阔空间。佛教的平等观对于消泯民族差别、等级差异，对于形成中华民族共同体意识，发挥了重要作用。佛教的因果业报学说为处于生死动荡之中的个体生命提供了安身立命的思想资源。佛教信仰在各社会阶层的多头开拓，佛教思想在意识形态领域的弥漫渗透，佛教文化艺术的繁荣昌盛，充分展现了佛教的生机和活力。隋唐时期，以天台、华严、禅宗为代表的宗派佛教综合了印度佛教的要义，融汇了中华文化的精髓，代表了中国佛教在理论和实践上取得的巨大成就。隋唐佛学不仅是中国学术思想发展链条上不可或缺的环节，也成为中华传统文化走出国门、为世界人民共享的主要载体。宋代以降，尽管佛教理论创造的高峰已经过去，尽管佛教在社会上的巨大影响力日渐衰弱，但佛教的一些基本观念却深入人心，普及到社会各个阶层。“以佛治心，以道治身，以儒治国”成为统治者提倡的三教关系模型；众生平等、因果报应等学说成为大多数人的集体无意识。理学的出现使儒家重新夺回了思想高地，佛教日趋民间化、世俗化。但不管理学家们怎样排斥佛教，其基本思路都深深打上了佛学烙印，比如，朱熹将作为历史人物的孔子塑造

① 参见魏道儒《佛教融入中华文化基因》，《中国社会科学报》2018 年 2 月 23 日第 6 版。

成生而知之的圣人，将孔子的历史活动作为教化弟子的手段，这明显是模仿大乘佛教神化佛陀，佛菩萨随机设教的思路。[①]

如果我们把整体佛教分为不同的层面考察，那么律制的中国化无疑是最容易引发冲突和对抗的层面。作为律制核心部分的狭义戒律，是佛教三学中最晚传入的部分。曹魏嘉平（249—254）年间，昙柯迦罗译出《僧祇戒心》，成为戒律传入汉地的标志。昙诃迦罗只译戒条，不译广律，因为他认识到在佛教并不发达的时代，即使翻译出广律，也不会被遵守，所谓："律部曲制，文言繁广，佛教未昌，必不承用。"[②] 更重要的是，很多作为古印度僧人生活习惯、生活规范的规定，显然并不适应地理环境、文化传统完全不同的中国社会，戒律中国化是戒律传入一开始就不得不面临的问题。公元 5 世纪初，《十诵律》《四分律》《僧祇律》《五分律》四大广律被完整翻译出来，《菩萨地持经》等大乘菩萨戒经典也相继而至。在印度，每一部派分别遵守各自的律典，不会产生抵牾。但在中国，由于各派律典几乎同时传来，再加上大乘菩萨戒的传译，中国僧众在选择戒律方面存在很多困难，同时，这也为中国佛教界创造新的戒律典籍提供了契机。声闻戒方面，南北朝时期，南方盛行《十诵律》；北方一开始重视《僧祇律》，后来《四分律》更为流行。唐代道宣以《四分律》为主融会大小乘戒律，建立南山律宗，逐渐成为中国律学的主流。菩萨戒方面，南北朝早期，流行瑜伽系菩萨戒，后期则梵网系菩萨戒逐渐盛行。在梁武帝、智顗等人提倡下，梵网系菩萨戒逐渐成为汉传佛教菩萨戒的主流，隋唐时期出现的大量《梵网经》注疏，反映了菩萨戒与各个宗派结合的深度和广度。什么时间、什么地区选取什么样的戒律，不同思想、不同宗派的高僧对各种类型的戒律如何进行系统阐释、如何融会贯通，体现了印度传统与中国文化冲突融合、创新发展的曲折历程，是戒律中国化的集中体现。这本专题论文集前八篇文章，都是围绕戒律中国化这一主题展开的。《佛教平

① "孔子生而知之也，言亦由学而至，所以勉进后人也。……孔子自言其进德之序如此者，圣人未必然，但为学者立法，使之盈科而后进，成章而后达耳。"《四书章句集注》，中华书局 1983 年版，第 54 页。

② 《高僧传》卷 1，中华书局 1992 年版，第 13 页。

等思想与南北朝社会观念变迁》，以《梵网经》为中心，探讨了佛教平等思想是如何影响中古社会上到帝王将相、下到平民百姓的思想观念的。《从“戒体”思想看中印戒律学转型》梳理了“戒体”在古印度和南北朝隋唐佛教中的不同含义，揭示了从印度因果业报戒律学到中国体用戒律学的转变过程。《梁武帝变革戒律新探》总结了梁武帝在提倡素食、撰写菩萨戒受戒仪式等多方面对戒律中国化所做出的贡献。《智顗〈菩萨戒义疏〉与法藏〈梵网经菩萨戒本疏〉比较研究》《东亚佛教视野中的义寂〈菩萨戒本疏〉》《新罗胜庄与〈梵网经述记〉》三篇文章，是对隋唐时期几种重要《梵网经》注疏的比较研究，展现了天台、华严、唯识等不同宗派阐释《梵网经》的特色。《道宣〈净心诫观法〉研究》是对南山律宗的创立者道宣所作佛教入门书《净心诫观法》的细致梳理。《早期禅宗戒律观的演进》探讨了慧能及其以前禅宗祖师对待戒律的态度，重点分析了慧能无相戒在菩萨戒发展历程中的价值和地位。

当佛教特殊的行为方式仅仅局限于外来侨民中时，对于中国人而言，一切不合礼制的行为都是无足轻重的。当越来越多中国人认同、实践佛教生活、修行方式时，佛教律制与中华礼制之间发生矛盾、冲突、抵牾就不可避免了。剃除须发、烧身舍身是违抗“身体发肤，受之父母，不敢伤毁”的古训；辞亲出家、不婚不嫁是挑战“不孝有三，无后为大”的观念；不拜君亲、不敬帝王是破坏“君君、臣臣、父父、子子”的等级秩序。这些看上去明显违背中华传统礼制的行为在多大程度上能被中国人所接受？哪些会被彻底舍弃，哪些会以另外的形式存续？经过王权与教权之间的现实较量，中古佛教学者进行了符合史实的阐释，有些行为与传统的“天地君亲师”观念最终达成共识，获得了共存；有些行为在流行一段时间后，逐渐被淹没于历史的长河中；有些行为改变了表现方式，成为中华礼制的重要补充。隋唐以后，随着大一统中央王权的重新确立和进一步强化，佛教在政治上的自由逐渐被取消，沙门被作为臣民之一，重新被纳入统治秩序之内，舍身等极端宗教行为也不再被重点书写，但剃发出家的基本行为模式还是保存了下来，祈福助念的宗教仪式也逐渐进入丧葬、祭祀、军事等基本礼制之中，成为中国文化的组成部分。这本专题论文集第九篇至第十二篇文章涉及这些方面。《郗超〈奉法要〉与早期居士佛教》探讨了早期著名佛教居士郗超对佛教理论和戒律的理解；《沙门致敬王者与东晋政教格局演变》通过梳理东晋时期沙门是否应该致敬王者问题的相关材料，展现了影响政教关系演变的多重因素；《神通思想演变与佛教中国化历程》描述了来自古印度佛教中的神通行为被中国文化重新理解和塑造的过程；《舍身：道俗崇佛极端行为的出现和消失》探讨了导致佛教极端行为出现或消失的各种缘由、因素，说明了中国文化传统对佛教徒行为方式的制约作用。

近代以来，中国社会发生了翻天覆地的变化，传统佛教也面临现代化转型的时代课题。在律制方面，如何既不违背佛教基本精神，又能摆脱传统负担、契合时代精神推陈出新，使佛教这一传统文化能够发挥更大的“庄严国土、利乐有情”的作用？这成为佛教界关注的重大问题，一大批佛教领袖对此进行了多方面探索。这本小书最后三篇文章选取弘扬律宗的弘一大师、开启“人间佛教”思潮的太虚大师和在人间佛教实践中做出杰出成就的星云大师为研究对象，梳理他们对菩萨戒或者新时代新戒条的基本观点、理念和思想，展现中国近现代佛教在戒律现代化方面取得的重要理论和实践成果。

从2011年关注《梵网经》菩萨戒开始，笔者在菩萨戒研究领域已经探索了近十个年头，研究的道路艰苦而漫长，却也不时有“得意”“会心”之乐，足可以抚平那些荆棘之路。这本小书是笔者继《晋隋之际佛教戒律的两次变革——〈梵网经〉菩萨戒及智顗注疏研究》之后，关于戒律问题的另一部作品，是对菩萨戒研究的进一步深入，也是对佛教中国化问题“以小见大”的探索。由于笔者学力有限，这本专题论文集中一定会有不少错谬、不当之处，还请方家批评指正。

本书得以出版，感谢各种因缘。魏道儒老师认真阅读了全文，提出了一些指导性意见，这对笔者是极大的鼓励。本书选取的文章大都在学术会议上进行过口头发表，感谢组织这些学术活动的老师们提供的交流机会，也感谢会场上提供批评、建议的老师们。文章得以在国内外一些学术期刊上发表，感谢期刊主管老师和责任编辑老师对文章的认可和付出的辛勤劳动。自己做编辑工作的两年中，更深切体会到“为他人作嫁衣裳”所需要的耐心和细心。文章的修改吸取了很多匿名评审老师的意见，感谢他们认真负责的态度和高水平的学术见解。中国社会科学出版社的孙萍老师为本书出版做了大量联系和编辑工作，对此深表感谢。并不平坦的人生路上，家人的宽容和朋友的支持是最为珍贵的力量，谢谢你们温暖的陪伴。

夏德美

2022 年 1 月 18 日

目　录

佛教平等思想与南北朝社会观念变迁*

平等思想是佛教的核心思想、根本精神和基本理念，是很多佛经侧重弘扬的重要内容。对于佛教平等思想的具体内容、理论价值和现实意义，学术界已经进行过深入研究，取得了丰富成果。[①] 但佛教传入中国后，佛教平等思想与中国传统等级观念、等级制度是如何冲突、融合？佛教平等思想在不同历史阶段对中国社会有何具体影响？学术界并没有深入探讨。[②] 南北朝是佛教传入中国后的第一个兴盛期，佛教基本经典逐步翻译出来，佛教信众在全部人口中的比例逐渐提高。也正是在这一时期，佛教平等思想开始流行于社会各阶层，并与中国传统思想产生碰撞、交锋和融合。因此，我们拟透过南北朝时期一些典型的政治、经济、文化和宗教事件，具体展现佛教平等思想影响社会观念的细节、过程，发掘其中的价值、意义。希望通过把佛教思想研究与南北朝社会史研究密切结合起来的尝试，进一步深化我们对外来文化与本

---

* 本文是笔者主持的国家社科基金重点项目“天台宗与菩萨戒中国化研究”（20AZJ002）阶段性成果。

① 参见方立天《中国佛教哲学要义》（中国人民大学出版社 2002 年版），唐忠毛《月印万川——佛教平等观》（宗教文化出版社 2003 年版），何蓉《宗教经济诸形态：中国经验与理论探研》“佛教平等观对中国社会的结构与变革的影响”（学习出版社 2015 年版），杨荔薇《佛教的众生平等思想及其现代意义》（《河北大学学报》2005 年第 2 期），等等。

② 涉及这个问题的有袁志明《北朝佛教信仰与民族文化认同》（《青海民族研究》2001 年第 3 期），尚永琪《北朝胡人与佛教的传播》（《吉林大学社会科学学报》2006 年第 2 期），党斌《中古时期佛教平等观念的传播——以笔记小说为中心》（硕士学位论文，山西师范大学，2007 年），李培芬《魏晋南北朝少数民族丧葬习俗研究》（硕士学位论文，陕西师范大学，2012 年），吴辉《北朝时期佛教众生平等观对民族融合的作用》（《榆林学院学报》2014 年第 1 期），等等。

土文化碰撞交流的认识。

按照方立天先生的观点，佛教平等思想或平等观可以分为四个层面：人与人平等，众生平等，众生与佛平等，众生与无情平等。[①] 众生与佛平等是宗教内部修行问题，社会影响有限；众生与无情平等是唐代以后发展起来，并逐步产生社会影响的新理念，这两点都不在我们的关注范围内。本文拟从三个方面论述与“众生平等”“人与人平等”相关的诸问题。

一　众生平等与“三才说”

佛教把世界分为有情世界（六道众生）和无情世界（器世界），讨论的重心是有情众生如何解脱，无情世界只是有情众生存在的场所，是众生心识所化现，处于从属地位。但在中国文化传统中，作为自然物的天地与人合称，形成特有的“三才说”。“三才说”的基本观点为：天圆，在上，属阳而动；地方，居下，属阴而静；天施地成，阴阳合气，生成万物；人禀受最纯正的天地之气，是万物之灵长。这一学说源远流长，《易传》中明确提出了三才概念：

> 昔者圣人之作易也，将以顺性命之理，是以立天之道，曰阴与阳；立地之道，曰柔与刚；立人之道，曰仁与义。兼三才而两之，故易六画而成卦。分阴分阳，迭用柔刚，故易六位而成章。[②]

天道、地道、人道各有不同的特点，共同构成宇宙整体秩序中最重要的三个方面。《系辞》中系统阐述了天地人之间的关系：“天地设位，圣人成能，人谋鬼谋，百姓与能。”[③]《周易》中三才说具有两方面特点：第一，在“天地”与人的关系上，天地高于人。天地和气而生万

---

① 方立天：《中国佛教哲学要义》，中国人民大学出版社 2012 年版，第 893 页。

② 王弼注、孔颖达疏：《周易正义》，北京大学出版社 2000 年版，第 383 页。

③ 王弼注、孔颖达疏：《周易正义》，第 377 页。

物，天地是人间秩序的先天依据，天地是人效法的对象。第二，三才中的人主要指圣人（或圣王），而不是一般的人。在“三才说”框架下，人相对于其他生物最为尊贵。《荀子·王制》的说法最有代表性：“水火有气而无生，草木有生而无知，禽兽有知而无义，人有气有生有知亦且有义，故最为天下贵也。”[1]“三才说”的内容在后世发生某些变化，“三才”中的人很多情况下不再专指“圣人”，也可以指普通人。三才之中，人的重要性越来越被凸显，很多时候“三才”成为某种具有修辞意义的表述，表示对那些才华横溢的人们的一种赞赏，如东汉蔡邕《司空袁逢碑》曰：“信可谓兼三才而该刚柔，无射于人斯矣。”[2]

佛教从创立之日起，就倡导“一切众生平等”。在佛教看来，人道虽然属于善道，但每个人都处在六道轮转中，无数生中或为天，或为人，或为畜生，或为地狱、饿鬼、阿修罗，人道与其他道之间并没有不可逾越的鸿沟。随着佛教影响的扩大，众生平等观念与传统“三才说”框架下人的尊贵性理念发生了冲突。刘宋时期的何承天（370—447）敏锐地注意到这一问题，并以此作为反对佛教轮回说的依据：

> 夫两仪既位，帝王参之，宇中莫尊焉。天以阴阳分，地以刚柔用，人以仁义立。人非天地不生，天地非人不灵，三才同体相须而成者也，故能禀气清和，神明特达，情综古今，智周万物，妙思穷幽赜，制作侔造化。归仁与能，是为君长；抚养黎元，助天宣德。……安得与夫飞沈蠉蠕并为众生哉？……至于生必有死，形弊神散，犹春荣秋落，四时代换，奚有于更受形哉？[3]

何承天基本沿用了《周易》的“三才说”，强调人的尊贵，反对将其他众生与人并列；强调“三才”中所谓“人”主要指君长；强调有生必有死，以此作为反对轮回说的重要论据。但何承天在后面的辩论

① 王先谦撰、沈啸寰、王星贤点校：《荀子集解》，中华书局1988年版，第164页。

② 《全上古三代秦汉三国六朝文》（一）卷78，中华书局1958年版，第895页。

③ 何承天：《达性论》，僧祐著，李小荣校笺：《弘明集校笺》卷4，上海古籍出版社2013年版，第191页。

过程中，又经常模糊“三才”中“人”的范畴：“夫阴阳陶气，刚柔赋性，圆首方足，霄貌匪殊，恻隐耻恶，悠悠皆是。但参体二仪，必举仁义为端耳。知欲限以名器，慎其所假，遂令惠人洁士，比性于毛群；庶几之贤，同气于介族。立象之意，岂其然哉?”[①] 同样是反对将人和其他生物并列，这里的“惠人洁士”“庶几之贤”不再专指君长，而包括了具备“仁义”之端的普通人。何承天的矛盾体现了“三才说”的模糊之处：既要说明圣人或君主的特殊地位，又要彰显人类不同于其他生物的“仁义”潜能。针对何承天的观点，佛教徒颜延之进行了反驳。二人反复论辩，构成南朝佛教史上儒佛论辩的重要一环。颜延之的依据主要有：

> 然则议三才者，无取于氓隶；言众生者，亦何滥于圣智！……且大德曰生，有万之所同，同于所万，岂得生之可异？不异之生，宜其为众。但众品之中，愚慧群差，人则役物以为养，物则见役以养人。[②]
>
> ……三才等列，不得取偏才之器；众生为号，不可滥无生之人。[③]
>
> ……所云上仁上义，谓兼总仁义之极，可以对飨天地者耳，非谓少有耻爱，便为三才。前释已具，怪复是问。四彼域中，唯王是体知[④]，三此两仪，非圣不居。[⑤]

所谓“三才”中的“人”不是指一般的氓隶（下层民众），而是指“圣智之人”（圣人），他们并不包含在“众生”之中。人（不包括圣人）和其他众生在“生”这方面是没有差别的，只是人有智慧，其他

① 何承天：《达性论》，僧祐著，李小荣校笺：《弘明集校笺》卷 4，上海古籍出版社 2013 年版，第 23 页。

② 颜延之：《释何衡阳达性论》，僧祐著、李小荣校笺：《弘明集校笺》卷 4，第 195 页。

③ 颜延之：《重释何衡阳》，僧祐著、李小荣校笺：《弘明集校笺》卷 4，第 203 页。

④ “知”，根据文意，或为衍字。

⑤ 颜延之：《又释何重阳》，僧祐著，李小荣校笺：《弘明集校笺》卷 4，第 219 页。

众生愚钝，所以人可以役使其他众生来供养自己。颜延之抓住了传统“三才说”表述的模糊性和后来发展过程中出现的不同倾向，在《周易》传统的外壳下实现了佛教义理转化：只有圣人（他所说的圣人不是儒家的圣人，而是佛教的圣人，即“无生”之人，也就是摆脱生死轮回，与永恒存在的法身相契合的佛）才可以与“天地”并称三才，一般人虽然比其他众生优越，但都有生死，都属于众生。这样，三才说与众生平等就可以“并行而不悖”。

如果说作为儒家士大夫的佛教信徒颜延之还不敢彻底抛开《周易》传统，大张旗鼓宣传众生平等观念的话，五世纪后半期至六世纪初在中国北方形成的大乘菩萨戒经《梵网经》[①] 显然没有这种羁绊，或者说，《梵网经》正是想通过对众生平等的广泛宣传，使佛教根本精神深入人心。

《梵网经》在隋唐以后成为汉传佛教菩萨戒的主要授受典据，长期在与佛教界联系的社会各阶层中盛行。“众生”“一切众生”等表述在《梵网经》中随处可见。其中，有两项内容特别重要，反映了《梵网经》把佛教一般意义上的众生平等落实到持戒受戒方面，从而形成了自己的鲜明特点，成为佛教文化与中国固有文化相逢遭遇后孕育的新成果。

第一，强调犯戒对象是“一切众生”。《梵网经》菩萨戒的内容包括重戒（十项）和轻戒（四十八项），犯了重戒，就失去菩萨资格，因此，重戒由哪些要素构成就成为一个重要问题。在十重戒中，《梵网经》反复强调了犯戒行为的对象是“众生”，如“杀戒”：

> 佛言：佛子，若自杀、教人杀……乃至一切有命者，不得故

① 关于《梵网经》的性质，参见望月信亨『淨土教の起原及發達』（東京：共立社、一九三〇、一五五——八四頁），大野法道：『大乘戒經の研究』（東京：理想社、一九五四、二八三頁），圣严：《菩萨戒指要》（台湾：法鼓文化事业股份有限公司 2005 年版，第 46 页），夏德美：《晋隋之际佛教戒律的两次变革》（中国社会科学出版社 2015 年版，第 115—131 页），船山徹：『東アジア仏教の生活規則——梵網經最古の形と発展の歴史』（東京：亞細亞印刷株式會社、二〇一七、一八頁）。

杀。是菩萨应起常住慈悲心、孝顺心，方便救护一切众生，而自恣心快意杀生者，是菩萨波罗夷罪。[①]

杀一切有生命的众生都犯重戒，体现了彻底的平等精神，是对菩萨的更高要求。这种规定与具足戒（成为比丘、比丘尼必须受的完整戒律）中只有杀人才犯重罪[②]的规定存在差异，但也不是凭空而来。五戒中，不杀生戒就包括不能杀害“一切乃至蜫虫”[③]，《优婆塞戒经》中提到的杀戒对象也包括“天女乃至蚁子”[④]。五戒和优婆塞戒都是在家戒，虽有不得杀害其他众生的规定，却不具有严格的约束性；如果犯戒，可以通过忏悔消除罪障，重新受戒。出家戒中，犯重戒就失去比丘资格，被逐出僧团。《梵网经》重戒规定犯戒对象是“一切众生”，并试图仿照出家戒建立严格的菩萨戒约束规范，这是对众生平等精神的制度化表达。

第二，强调授戒对象是“一切众生”。对于谁可以受菩萨戒，《梵网经》第四十条轻戒作出了这样的规定：

佛言：佛子，与人受戒时，不得简择一切国王、王子、大臣、百官，比丘、比丘尼，信男、信女，淫男、淫女，十八梵天、六欲天子，无根、二根、黄门、奴婢，一切鬼神尽得受戒……但解师语，有百里、千里来求法者，而菩萨法师，以恶心而不即与授一切众生戒者，犯轻垢罪。[⑤]

一切六道众生都可以受菩萨戒，这是革命性的主张。主张一切众生平等，倡导对其他众生慈悲爱护，这是佛教的根本精神，从来没有中断

① 《梵网经》卷2，《大正藏》第24册，第1004页中栏。

② 如《四分律》卷2规定：“若比丘，故自手断人命，持刀授与人……”（《大正藏》第22册，第576页中栏）。

③ 《中阿含经》卷30，《大正藏》第1册，616页中栏。

④ 《优婆塞戒经》卷3，《大正藏》第24册，第1049页上栏。

⑤ 《梵网经》卷2，《大正藏》第24册，第1008页中栏。

过，改变过。割肉贸鸽、舍身饲虎等，是广为流传、深受欢迎的佛教教化社会的神圣行为、著名故事。但在戒律方面，处于基础、核心、枢纽地位的出家戒是以人为基本授予对象的。大乘佛教兴起后，在家人地位提高，很多在家居士成为佛经中辩才无碍的说法者。① 但是，印度大乘佛教徒仍以声闻戒为基础，在印度形成的瑜伽系菩萨戒仍以人为主要授受对象。② 《梵网经》授戒对象却包括了一切天人、鬼神等众生。这种对“众生”的强调可以看作是对印度大乘佛教精神的继承，对声闻戒传统的革新，也是对中国“三才说”的主动挑战。

传统的力量是强大的，《梵网经》的革命精神无法从根本上撼动中国固有的文化传统。中国历史上，人与其他众生平等的观念始终没有成为主流，人作为万物灵长的优胜性被反复强调。然而，众生平等的观念也不是全无影响，它丰富了中国人的精神世界，也曾引起一系列制度或观念变革。

汉传佛教僧尼素食传统的确立主要源于对众生平等的强调。《梵网经》专门将“不食肉”作为轻戒之一：“一切肉不得食，断大慈悲性种子，一切众生见而舍去，是故一切菩萨不得食一切众生肉，食肉得无量罪。”③ 梁武帝和北齐文宣帝都受菩萨戒，都提出了“素食”要求。梁武帝在《断酒肉文》中，反复论证众生平等，不能食众生肉：“从无始以来，至于此生，经历六道，备诸果报，一切亲缘遍一切处……今日众生，或经是父母，或经是师长，或经是兄弟，或经是姊妹，或经是儿孙，或经是朋友。而今日无有道眼，不能分别，还相噉食，不自觉知。噉食之时，此物有灵，即生忿恨，还成怨对。向者至亲，还成至怨。如是之事，岂可不思？”④ 众生都处于轮回之中，无数生中遍历六道，曾

① 比如《维摩诘所说经》中的维摩诘居士，《胜鬘师子吼一乘大方便方广经》中的胜鬘夫人等。

② 这一点，只要我们看一下《菩萨地持经》中有关受菩萨戒资格的要求，就会很清楚：“尸罗波罗蜜菩萨种性相者，是菩萨身口意业性自柔软，不增恶行，不乐杀生。设作恶业，心生惭愧，能疾悔除，不令增长。不以刀杖，恐怖众生。体性仁贤，常怀慈爱。恭敬尊长，奉迎供养。善知机宜，所作巧便，善随人心，言常含笑，舒颜平视，先意问讯，知恩报恩，所求正直，不伪不曲。”（《菩萨地持经》卷 1，《大正藏》第 30 册，第 888 页下栏）。

③ 《梵网经》卷 2，《大正藏》第 24 册，第 1005 页中栏。

④ 梁武帝：《断酒肉文》，《广弘明集》卷 26，《大正藏》第 52 册，第 297 页中栏。

互为父母子女、亲朋好友，杀害众生，既增长怨怼，也违背孝道。因此佛教徒必须素食。[①] 天保二年（551），北齐文宣帝“因从（僧稠）受菩萨戒，断酒禁肉，放舍鹰鹞，去官牧渔，郁成仁国。”[②] 在这种风气影响下，不仅僧尼必须素食，一些虔诚信仰佛教的在家人也都主动素食，如东魏《夫人姓张讳玉怜墓志》：“推尚佛法，深解空相，大悲动心，惟慕慈善，闻声见形，不食其肉，三长六短，齐诫不爽。”[③]《齐故博陵郡君崔太姬墓志》：“不食鲜禽之俎，未听濮水之曲。”[④]《孙辽浮图铭》：“是以童兜之年，信心三宝。厥龄十八，禁酒断肉。”[⑤] 基于众生平等和慈悲精神的素食传统，成为汉传佛教的一个鲜明特色。

南北朝中后期出现的丧礼食素和天地宗庙蔬食祭祀等礼制方面的重大改革，也是由众生平等、不能杀害众生的观念引发的。[⑥] 北魏献文帝、梁武帝、北齐文宣帝等都曾倡导“断杀”[⑦]，在特定时间和区域内禁止杀生。这显然与众生平等观念密不可分。“断杀”影响深远，隋唐以后仍然多次出现在各种官方颁布的诏令中，如开皇三年（583）隋文帝下诏：“好生恶杀，王政之本；佛道垂教，善业可凭。禀气含灵，唯命为重，宜劝励天下，同心救护，其京城及诸州官立寺之所，每年正月、五月、九月，恒起八日，至十五日，当寺行道。其行道之日，远近

---

① 这与《梵网经》第二十条轻戒有着基本相同的逻辑：“若佛子，以慈心故行放生业，一切男子是我父，一切女人是我母，我生生无不从之受生，故六道众生皆是我父母。而杀而食者，即杀我父母，亦杀我故身。一切地水是我先身，一切火风是我本体，故常行放生，生生受生常住之法，教人放生。”（《梵网经》卷2，《大正藏》第24册，第1006页中栏。）

② 《续高僧传》卷16，中华书局2014年版，第576页。

③ 赵超：《汉魏南北朝墓志汇编》，天津古籍出版社2008年版，第319页。

④ 赵超：《汉魏南北朝墓志汇编》，第475页。

⑤ 颜娟英主编：《北朝佛教石刻拓片百品》，台湾：“中央研究院”历史语言研究所2008年版。

⑥ 参见夏德美《南朝祭祀与佛教》，《青岛大学师范学院学报》2012年第6期。

⑦ 《魏书·释老志》：“（献文）帝乃慨然而叹曰：虽人鸟事别，至于资识性情，竟何异哉！于是下诏，禁断鸷鸟，不得畜焉。”（《魏书》第114卷，中华书局标点本，第3050页）。梁武帝《断杀绝宗庙牺牲诏》：“梁高祖武皇帝临天下十二年，下诏去宗庙牺牲，修行佛戒，蔬食断欲。……又敕太医不得以生类合药，公家织官纹锦，并断仙人鸟兽之形，以为亵衣裁剪，有乖仁恕。至遂祈告天地宗庙，以去杀之理被之含识，郊庙皆以面为牲牷。其飨万国用菜蔬，去生类。”（《广弘明集》卷26，《大正藏》第52册，第293页中栏）。天保二年（551），文宣帝下诏曰：“仰惟慈明缉宁四海，欲报之德，正觉是凭，诸鹫鸟伤生之类，宜放于山林，即以此地为太皇太后经营宝塔，废鹰师曹为报德寺。”（《续高僧传》卷8，第261页）

民庶，凡是有生之类，悉不得杀。”① 贞观九年（635），唐太宗下诏从三月到五月断杀，高僧玄琬谓：“以仁育兼济，乃上启更延，帝又特听，尽于岁暮。”②

此外，我们从大量官方和民间流传下来的各种类型的发愿文字中也可以看到众生平等思想的广泛影响，如《慧影造像记》：“梁中大同元年太岁丙寅十一月五日，比丘释慧影奉为亡父母，并及七世久远，出家师僧，并及自身，广及六道四生，一切眷属，咸同斯福。”③ 又如《孝敬寺寺志》：“梁大同六年（551）太岁庚申五月十五日壬戌，菩萨戒弟子公上琎奉为亡母杨叔女舍所居宅□僧伽蓝……六道四生，皆得解脱，共登菩提，入正觉路。”④ 又如傅大士“太清二年二月，大士复舍田园产业，以十五日设会。为此国土遍十方普佛世界，六道四生怨亲平等，供养三宝，诸佛住世，普度群生。”⑤ 东魏武定七年（549）《张保恪等造像记》：“乃至一切有形众生，蠢动之类，皆发菩提道心，一时成佛。”⑥《东诸村邑义道俗等造十方诸佛像记》：“愿法界含生，同获此愿，一时成道。”⑦ 类似的发愿文字在隋唐时期仍然盛行，隋文帝诏书：“朕归依三宝，重兴圣教，思与四海之内一切人民俱发菩提，共修福业。……僧为朕、皇后、太子、广诸王子孙等及内外官人、一切民庶、幽显生灵，各七日行道并忏悔。”⑧ 晋王杨广在请智𫖮授菩萨戒之后，发愿：“以此胜福，奉资至尊皇后。作大庄严，同如来慈普，诸佛爱等，视四生犹如一子……众生无尽，度脱不穷。”⑨ 武则天在《大周新

① 费长房：《历代三宝纪》卷12，《大正藏》第49册，第107页下栏。

② 道宣：《续高僧传》卷23《释玄琬传》，第865页。

③ 北京图书馆金石组编：《北京图书馆藏中国历代石刻汇编》，中州古籍出版社1989年版，第163页。

④ 《全上古三代秦汉三国六朝文》（四）卷67《孝敬寺志》，第3354页。

⑤ 《善慧大士录》卷1，《卍续臧经》第69册，第106页下栏。

⑥ 《金石萃编》卷31，《石刻史料新编》，第一辑，第一册，台北：新文丰出版公司1977年版，第549页。

⑦ 本书委员会：《日本京都大学藏中国历代碑刻文字拓本·南北朝碑刻（上）（下）》，乌鲁木齐：新疆美术出版社2016年版，NAN0480X。

⑧ 道宣：《广弘明集》卷17，《大正藏》第52册，第213页中栏。

⑨ 灌顶：《国清百录》卷2，《大正藏》第46册，第803页上栏。

翻三藏圣教序》中说："朕幼崇释教，夙暮归依，思欲运六道于慈舟，迴超苦海；驱四生于彼岸，永离盖缠。"[①] 六道、四生、有形众生、幽显生灵，这些都是众生的同义语。无论是僧徒，还是帝王权贵、普通百姓，他们祈愿、祝福、救助的对象都包括了人类之外的其他众生，可见众生平等观念已经植根于深厚的社会土壤中。

二 僧俗平等与政教关系新探索

佛教僧团与国家政权应该保持什么关系？随着佛教影响的扩大，成为一个不可回避的问题。在古印度，政教分离，教权和王权之间互相制约，相对平衡。在中国，君权神授，天子既是天意的代表，也是世俗权力的最高拥有者，君权与神权合一是政教关系的主流。特别是秦汉统一的中央集权国家建立之后，普天之下，莫非王土，独立于王权之外的社会组织几乎是不存在的（或者是作为王权镇压的对象而短暂存在）。佛教的传入，改变了这一状况，随着佛教的发展，僧团与国家政权的关系成为双方都必须面对的问题。东晋时期两次关于"沙门不敬王者"的大讨论，将这一问题公开化。庐山慧远（334—416）凭借严格的道德修行以及对中国文化和佛教义理的精通，撰写《沙门不敬王者论》，提出一种政教分离、各司其职的学说，为佛教赢得了一定程度上可以游离于王权管辖之外的地位。[②] 这样的建议之所以被采纳，除了慧远自身的智慧、威望与努力，也与当时的社会政治结构密不可分。东晋政权统治时期，外部是与十六国的南北对峙，内部是王权和门阀大族的权力制衡，并没有形成一个占据绝对优势的权力中心，这就为佛教的独立发展留下了空间。

南北朝时期，在南方，随着门阀政治向皇权政治的过渡，将佛教纳入统治秩序的要求越来越迫切，但政教分离的传统始终发挥着

---

① 义净译：《入定不定印经·序》，《大正藏》第15册，第706页上栏。

② 参见夏德美《东晋政教关系论战的起因、性质和影响》，《世界宗教研究》2017年第2期。

作用。[①] 在北方，随着中央集权的确立，出现了两种看上去相反，实际上都主张政教合一的政教关系理论。

第一种理论主张“国主即是当今如来”，以政权为主，将教权纳入政权之下，我们称之为“以政统教”。这一理论最早由道武帝时期的道人统法果提出，据《魏书·释老志》：“（法果）每言太祖明叡好道，即是当今如来，沙门宜应尽礼，遂常致拜。谓人曰：能鸿道者人主也，我非拜天子，乃是礼佛耳。”[②] 国主即是如来，僧俗平等，服从世俗统治就是信仰佛教，这样教权与王权就可以和谐并存。王权获得了来自佛教的神圣证明，佛教也取得了在政权之内存在的广阔空间。北魏明元帝时期，“令沙门敷导民俗”，用世俗官爵封赏沙门，进一步将佛教纳入统治秩序之内，永兴年间（409—413），先后加封法果为辅国、宜城子、忠信侯、安成公。泰常年间（416—423）法果圆寂，明元帝三临其丧，追赠法果“老寿将军”“越胡灵公”称号。与政治密切合作，为佛教传播创造了机缘，使北魏佛教迅速发展，但却遭到了太武帝忌惮。在崔浩等人的鼓动下，灭佛运动大规模展开，佛教遭受重创。

文成帝复兴佛法后，继承明元帝的做法，认可佛教对于世俗统治的功效，肯定“国主即是当今如来”的政教合一关系模式：“夫为帝王者，必祇奉神灵，彰显仁道，……况释迦如来功济大千，惠流尘境，等生死者叹其达观，览文义者贵其妙明，助王政之禁律，益仁智之善性，排斥群邪，开演正觉。故前代已来，莫不崇尚，亦我国家常所尊事也。”[③] “是年，诏有司为石像，令如帝身。既成，颜上足下，各有黑

---

① 《高僧传》卷8《释僧远传》：“大明六年九月，有司奏曰：‘……臣等参议，以为沙门接见，皆当尽虔礼敬之容。依其本俗，则朝徽有序，乘方兼远矣。’帝虽颇信法，而久自骄纵，故奏上之日，诏即可焉。”（第318页）《高僧传》卷13《释法献传》：“时畅与献二僧皆少习律检，不竞当世，与武帝共语，每称名而不坐。后中兴僧钟于乾和殿见帝，帝问钟如宜，钟答贫道比苦气。帝嫌之，乃问尚书王俭：‘先辈沙门与帝王共语何所称，正殿坐不？’俭答：‘汉魏佛法未兴，不见其记传。自伪国稍盛，皆称贫道，亦预坐，及晋初亦然。中代有庾冰、桓玄等，皆欲使沙门尽敬，朝议纷纭，事皆休寝。宋之中朝，亦颇令致礼，而寻竟不行。自尔迄今，多预坐，而称贫道。’帝曰：‘畅、献二僧，道业如此，尚自称名，况复余者。揖拜则太甚，称名亦无嫌’。自尔沙门皆称名于帝王，自畅献始也。”（第488页）

② 《魏书》卷114《释老志》，第3030页。

③ 《魏书》卷114《释老志》，第3030页。

石，冥同帝体上下黑子。论者以为纯诚所感。兴光元年秋，敕有司于五级大寺内，为太祖已下五帝，铸释迦立像五，各长一丈六尺，都用赤金二十五万斤。"[①] 主流佛教界也进一步向政权靠拢。沙门统昙曜请求文成帝在魏都平城（今大同）附近的武州山（今云冈）开凿"昙曜五窟"，有学者认为昙曜在开窟造像时仿照北魏道武、明元、太武、景穆、文成五代皇帝形象塑造佛像，贯彻"国主即是当今如来"的主张，将佛教最高崇拜对象与皇帝合二为一。[②] 但"国主即是当今如来"更多是一种意象化表述，还没有上升到制度实践的层面，也缺少充分的理论论证，在北魏大部分时间里，佛教教权并没有和政权真正合一。

第二种理论主张僧俗平等，以教权为主，将政权纳入教权之中，我们称之为"以教统政"。灭佛的惨痛经历促使一些佛教徒对政教关系重新思考，提出了一种新型的政教合一关系模式。产生于北魏太武帝灭佛之后的《梵网经》就是典型代表。《梵网经》的形成应该比较仓促，一些戒条之间互相矛盾。在政教关系方面，有的戒条受"沙门不敬王者"的影响，宣扬"出家人法不向国王礼拜，不向父母礼拜，六亲不敬，鬼神不礼。"[③] 但综合众多戒条，我们发现，在政教关系方面，《梵网经》最大特点在于依据"僧俗平等""混一僧俗"的理论，提出了一种"以教统政"政教关系模式。经中三条轻戒集中体现了佛教与世俗政权的关系。第一轻戒规定："若佛子，欲受国王位时，受转轮王位时，百官受位时，应先受菩萨戒。……若不尔者，犯轻垢罪。"[④] 这就是说，一切国王和官员都应该受菩萨戒，世俗统治者要接受佛教戒律体系的约束、限制和管理。这种规定不仅仅是要把他们转变成为维护佛教、发展佛教的社会力量，而是明确宣布世俗王权要受到宗教权力的约束。第四十七条轻戒规定："若佛子，皆以信心受佛戒者，若国

① 《魏书》卷114《释老志》，第3030页。

② 如常盤大定、關野貞《支那佛教史跡》第1輯，1939年；塚本善隆《雲岡三則》，載《支那佛教史研究·北魏篇》，清水弘文堂書房，1969年。

③ 《梵网经》卷2，第1008页中栏。这几句话在唐代也常被引用以说明沙门不应该礼拜君亲。如"司成馆守宣业范义頵等议状一首"："谨案《梵网》等经，出家人法：不向国王父母礼拜。"（《集沙门不应拜俗等事》卷4，《大正藏》，第52册，第461页中栏）

④ 《梵网经》卷2，《大正藏》第24册，第1005页上栏。

王、太子、百官四部弟子，自恃高贵，破灭佛法戒律，明作制法，制我四部弟子，不听出家行道，亦复不听造立形像、佛塔、经律，破三宝之罪。而故作破法者，犯轻垢罪。”① 这种要求更进了一步，要求世俗统治者不能制定限制、镇压佛教的政策，也就是说，政治权力不能凌驾于佛教权力之上。可以看出，《梵网经》正是从佛教界立场出发，要求统治者信奉佛法，维护佛教，并且不能用政治权力打压佛教。这就是要把戒律作为整个社会的行为准则、道德规范，要把戒律的权威凌驾于政治权威之上。第三十八条轻戒规定：

> 若佛子，应如法次第坐，先受戒者在前坐，后受戒者在后坐，不问老、少，比丘、比丘尼，贵人、国王、王子，乃至黄门奴婢，皆应先受戒者在前坐，后受戒者次第而坐。莫如外道痴人，若老若少，无前无后，坐无次第，兵奴之法。我佛法中先者先坐，后者后坐。而菩萨不次第坐者，犯轻垢罪。②

在声闻戒中，出家人和在家人是被区分开的，出家人座次要排在前面。在这里，完全以受菩萨戒的先后来确定座次先后，出家与在家的区别被完全泯灭，世俗的尊卑贵贱等级被完全取消。这是建立在佛教信仰基础上的完全平等，为人们提供了一种全新的人际关系模式。

排除一些互相矛盾的表述，我们可以把《梵网经》的意图概括为：完全取消声闻戒，所有人，尤其是国王等统治者都受菩萨戒，受戒者完全平等，特定场合按照受戒次序排列位置。从某种程度上可以说，《梵网经》提供了一种以佛教为主，容纳世俗社会各阶层成员的“政教合一”关系模式。这种主张可以看作是对北魏太武帝灭佛、取消佛教存在合法性的一种反向思想运动。

混一僧俗对佛教僧团和统治者会有怎样的影响？这不是一个简单的问题。对于僧团，消除僧俗区别，建立僧俗统一遵守的行为准则、道德

---

① 《梵网经》卷 2，《大正藏》第 24 册，第 1009 页中栏。

② 《梵网经》卷 2，《大正藏》第 24 册，第 1008 页中栏。

规范、生活制度，一方面可以吸收更多的人信仰佛教，扩大佛教组织规模；另一方面，也可能导致僧团独立性丧失，甚至教权为世俗统治者完全攫取的情况。随着中央集权的加强，后一种可能性更大，这正是天台智顗主动扭转《梵网经》混一僧俗倾向、强调僧俗之别的重要原因。[①]对统治者而言，混一僧俗也提供了处理政教关系的多种可能。对于信仰佛教的帝王，可以通过受菩萨戒，集王权与教权于一身，提倡以佛法治国，将佛教作为一种意识形态推行于社会。梁武帝正是力图这样做的。对于不信仰佛教的帝王，则可以通过混一僧俗，在吸收某些佛教理念的同时取消佛教作为社会组织存在的合法性。北周武帝灭佛体现了这种倾向。

梁武帝通过推广《梵网经》菩萨戒，努力塑造“皇帝菩萨”身份，不断扩大佛教影响，加强对佛教控制。梁武帝以《梵网经》菩萨戒为主，综合各种菩萨戒法，撰写了《在家、出家人受菩萨戒法》。[②] 天监十八年（519），梁武帝亲自受菩萨戒，并要求臣子、僧众都受此菩萨戒。对此，正史和僧传多有记载，《南史·梁本纪》：

> 天监十八年夏四月丁巳（八日），帝于无碍殿受佛戒，赦罪人。[③]

《续高僧传·慧约传》：

> 皇帝斲雕文璞，信无为道，发菩提心，构重云殿。以戒业精

① 参见夏德美《晋隋之际佛教戒律的两次变革》，第235—263页。

② 梁武帝所撰《在家、出家人受菩萨戒法》在传世文献中不存，敦煌文书中只保留了《出家人受菩萨戒法》（土橋秀高：『戒律の研究』（京都：永田文昌堂，一九八〇）有录文）。这一文本的抄写时间在文书中标明是“天监十八年岁次乙亥，夏五日敕写”。梁武帝受菩萨戒时间为“十八年己亥四月八日”，很有可能梁武帝受戒后，敕令大规模抄写这一戒法。这一戒法的撰写时间应该在受戒之前不久，最早也不会超过梁武帝《断酒肉文》的颁布。《断酒肉文》发布很有可能是在天监十六年（517），其中提出的禁止肉食依据完全没有《梵网经》的影子，说明那时梁武帝对《梵网经》尚未重视。

③ 《南史》卷6，中华书局1975年标点本，第197页。

微，功德渊广，既为万善之本，实亦众行所先……帝乃博采经教，撰立戒品，条草毕举，仪式具陈，制造圆坛，用明果极。以为道资人弘，理无虚授，事藉躬亲，民信乃立……以（慧）约德高人世，道被幽冥，允膺阇梨之尊，属当智者之号……至十八年己亥四月八日，天子发弘誓心，受菩萨戒……皇储以下，爰至王姬。道俗士庶，咸希度脱。弟子著籍者，凡四万八千人。①

《续高僧传·释法云传》：

帝抄诸方等经，撰受菩萨法，构等觉场，请草堂寺慧约法师以为智者，躬受大戒，以为庄严。自兹厥后，王侯、朝士、法俗倾都，或有年腊过于智者，皆望风掩附，启受戒法。②

《续高僧传·释慧超传》：

天监年中，帝请（慧超）为家僧，礼问殊积。初戒典东流，人各传受，所见偏执，妙法犹漏。皇明御宇，掇采群经，圆坛更造，文义斯构，事类因果于此载明。有诏令超受菩萨戒，恭惟顶礼，如法勤修。上复斋居宣室，梦其勤行戒品，面申赞悦，时共延美。③

梁武帝之所以重视《梵网经》，主要在于《梵网经》僧俗平等的观念取消了出家人的尊贵地位，为其以帝王身份推广佛教提供了理论依据。既然僧俗平等，本来不可以阅戒④的帝王就可以撰写戒法，世俗的权威就可以平移到宗教中去。这样受了菩萨戒的梁武帝在某种程度上就成了佛教界的最高领袖，所以，我们看到在一些高僧面前，甚至在他

① 道宣：《续高僧传》卷6《释慧约传》，第184页。
② 道宣：《续高僧传》卷5《释法云传》，第163页。
③ 道宣：《续高僧传》卷6《释慧超传》，第180页。
④ 《大智度论》卷1："此毘尼中说，白衣不得闻。"（《大正藏》第25册，第66页上栏）

的授戒师慧约面前梁武帝是高高在上的："尔时国师智者法师，与名德诸众僧等，言辞谨敬，多乖释远之书，文牒卑恭，翻豫山公之启。"① 一些高僧对梁武帝推广《梵网经》菩萨戒对僧团独立造成的威胁也有清醒认识。僧传记载梁武帝曾要求光宅寺法云重受菩萨戒，法云公然拒绝："戒终是一，先已同禀，今重受者，诚非所异，有若趣时。"② 法云拒绝受《梵网经》菩萨戒，某种程度上是对僧团独立的坚持。

在僧团已经具有巨大社会影响力的情况下，信仰佛教的梁武帝不大可能取消僧团存在，《梵网经》提供的混一僧俗理念，不大可能真正落到实处。但在另一件事情上，我们仍能看到梁武帝试图实现政教合一的努力。大同年间（535—546），梁武帝以僧团不守法纪为名，准备自任白衣（非出家人）僧正，管理僧众。高僧智藏坚决反对，梁武帝最终取消这一决定。僧传详细记载了这一斗争的激烈过程：

> 敕主书遍令，许者署名。于时盛哲无敢抗者，皆匿然投笔。后以疏闻藏。藏以笔横轹之，告曰："佛法大海，非俗人所知。"帝览之，不以介意。斯亦抗略万乘，季代一人而已。帝意弥盛，事将施行于世，虽藏后未同，而敕已先被。晚于华光殿设会，众僧大集，后藏方至。帝曰："比见僧尼多未调习，白衣僧正不解律科，以俗法治之，伤于过重。弟子暇日欲自为白衣僧正，亦依律立法。此虽是法师之事，然佛亦复付嘱国王。向来与诸僧共论，咸言不异，法师意旨如何？"藏曰："陛下欲自临僧事，实光显正法。但僧尼多不如律，所愿垂慈矜恕，此事为后。"帝曰："弟子此意岂欲苦众僧耶？正谓俗愚过重，自可依律定之。法师乃令矜恕，此意何在？"答曰："陛下诚欲降重从轻，但末代众僧，难皆如律，故敢乞矜恕。"……帝动容，追停前敕。诸僧震惧，相率启请……事遂获寝。③

---

① 《善慧大士录》卷1，《卍续藏经》第69册，第122页上栏。

② 道宣：《续高僧传》卷5《释法云传》，第163页。

③ 道宣：《续高僧传》卷5《释智藏传》，第171页。

“白衣僧正”不见于其他记载，有学者认为梁武帝之前存在过白衣僧正。[①] 笔者认为，这里的行文可能只是一种假设之词，因为，如果梁武帝之前确实存在白衣僧正这一重要职位，不可能完全不见于史乘。梁武帝的意思应该是：由于僧尼违法行为很多，应该加强对其管理。如果让（一般）白衣担任僧正，他们“不解律科”（不了解佛教的规定），用世俗的法令管理僧尼，容易惩罚过重。自己既熟悉内法，又具有最高政治权威，所以要以白衣身份担任僧正，并按照戒律规定来管理僧尼。以帝王身份担任佛教界最高领袖，对于加强僧团管理自然是有效的，但这种政权与教权集中为一的做法必然会削弱僧团的独立。佛教界迫于皇权压力，大多不敢激烈反对，但也不会真心支持，也会有像智藏一样虔诚护法的高僧振臂陈词。梁武帝最终打消担任“白衣僧正”念头，正是有感于教界的抵制，不敢贸然抛弃传统而一意进行激烈改革。

《梵网经》通过消除僧俗差别倡导的僧俗平等思想，到底会给已经相对独立的僧团和正在谋取政治、文化优势的帝王带来怎样的影响，在北周武帝的灭佛运动中出现了另一种答案。

建德三年（574），北周武帝灭佛运动正式拉开序幕。建德五年（576），周武帝灭齐，继续推行灭佛政策，僧人任道林上表劝谏，周武帝下诏反驳，其中提到“此则道无不在，凡圣该通。是则教无孔释，虚崇如是之言。形通道俗，徒加剃剪之饰。是知帝王即是如来，宜停丈六；王公即是菩萨，省事文殊；耆年可为上座，不用宾头；仁惠真为檀度，岂假弃国；和平第一精僧，宁劳布萨；贞谨即成木叉，何必受戒；俭约实是少欲，无假头陀；蔬食至好长斋，岂烦断谷；放任妙同无我，何藉解空；忘功全逼大乘，宁希波若；文武直是二智，不观空有；权谋径成巧便，岂待变化；加官真为授记，无谢证果；爵禄交获天堂，何待上界；罚戮见感地狱，不指泥犁。”[②] 据此，周武帝对儒释道三教的理

① 陈志远：《内律与俗法——从〈续高僧传·智藏〉再探南朝政教关系》，《中华文史论丛》2017 年第 4 期。

② 道宣：《广弘明集》卷 10，《大正藏》第 52 册，第 154—157 页。

论、实践和社会功能都比较熟悉，对灭佛有充分准备，并持之以恒推行。周武帝灭佛的一个重要特征，就是在这种三教一致、僧俗平等思想的指导下，得出了应该彻底取缔佛教僧团组织和禁绝佛教特有修行活动的结论。

对灭佛运动起重要推动作用的卫元嵩也提出了类似思想。道宣（596—667）《广弘明集》作了详细记载：

> 夫平延寺者，无选道俗，罔择亲疏，爱润黎元，等无持毁。以城隍为寺塔，即周主是如来。用郭邑作僧坊，和夫妻为圣众。勤用蚕以充户课，供政课以报国恩。推令德作三纲，遵耆老为上座。选仁智充执事，求勇略作法师。行十善以伏未宁，示无贪以断偷劫。[①]

所谓平延寺实际上就是取消道俗区别，不设专门寺院，不需要出家沙门，而是在世俗秩序基础上，以帝王为如来，推选有德行、有才智的人管理社会事务和宗教信仰，用佛教“十善”作为基本行为准则，实现没有贫穷、没有罪恶的人间净土。这种设想从表面上看与大乘佛教的基本宗旨并不违背。道宣也认为平延寺思想“述佛大慈，令生安乐，斯得理也”，[②] 具有某种合理性，并指出这种思想有经典依据，即《大智度论》中的天王佛信仰。

《广弘明集》还列了卫元嵩提出的十五条建议：

> 劝行大乘，劝念贫穷，劝舍悭贪，劝人发露，劝益国民，劝燎为民，劝人和合，劝恩爱会，劝立市利，劝行敬养，劝寺无军人，劝立无贪三藏，劝少立三藏，劝立僧训僧，劝敬大乘诫。[③]

这十五条建议的宗旨就是以大乘精神为依据，自度度人，安民益

---

① 道宣：《广弘明集》卷7，《大正藏》第52册，第132页上栏。
② 道宣：《广弘明集》卷7，《大正藏》第52册，第131页下栏。
③ 道宣：《广弘明集》卷7，《大正藏》第52册，第132页中栏。

国。这里提到的“大乘诫”究竟是哪种戒法，史无明文，但结合卫元嵩混一僧俗的思想，很有可能是指《梵网经》菩萨戒，或者说卫元嵩正是出于和《梵网经》作者一样的对大乘佛教的理解，提出了上述主张。道宣评价卫元嵩的设想：“大略以慈救为先，弹僧奢泰，不崇法度，无言毁佛，有叶真道也。”[①] 正是基于这样的认识，道宣将卫元嵩列入“辩惑篇”“叙列代王臣滞惑解”之内，辨析前人对他的错误评价，认为他是兴隆佛法之人。道宣所说只是一家之言，并且历来认同者甚寡。历史上佛教界人士对卫元嵩整体评价是负面的。不管卫元嵩出于什么目的，不管其言辞表面上多么接近大乘佛法，毫无疑问，由他促成的灭佛运动对佛教造成了极大破坏。

消除僧俗差别的平等思想，对社会、对佛教究竟是有利还是有弊？无论是佛教界领袖，还是高官显宦或帝王，都根据当时的历史、社会和自身情况给出了不同回答。对佛教界而言，这是关系到佛教生死存亡的大事，关注和讨论的人自然不少。翻阅隋唐时期多种《梵网经》注疏，我们可以发现智顗、元晓、法藏、义寂等诸多注释者们都不再强调僧俗平等，而有意将出家戒和在家戒区分开来，突出僧团的独特价值。[②] 因为他们认识到，在大一统的中央集权体制下，只能存在一种最高权力，僧俗平等往往会带来政治权力对宗教权力的控制，这对僧团的生存与发展无疑弊大于利。对于统治者而言，这种僧俗平等既可以成为崇佛的理由，也可以作为灭佛的借口。总之，在佛教兴盛的南北朝隋唐时期，这种思想为帝王的不同作为提供了思想资源和理论依据。我们可以看到，即使是崇佛的帝王也都有意加强对佛教的控制，除了梁武帝，隋文帝、隋炀帝、武则天等以崇佛著称的帝王都体现了这一特色。如武则天赐予僧人官位、紫袈裟、银龟袋，[③] 看上去是对某些僧人的重视，实际上是一种将“游方之外”的僧徒纳入世俗统治秩序之内的手段。

---

① 道宣：《广弘明集》卷7，第132页中栏。

② 如智顗《菩萨戒义疏》解释每一戒条，都区分“七众（出家五众和在家二众）”“大小乘”不同的适用范围。

③ 参见《大宋僧史略校注》卷下，第159页。

三　人人平等与华夷之辨、门阀等级

民族问题、等级问题是东晋十六国、南北朝时期影响中国社会的两大问题。拓宽研究视野，我们发现佛教平等思想为北方统治者打破华夷之辨，确立少数民族入主中原合法性提供了重要依据，也为南朝皇室打破门阀等级制度，确立文化自信提供了思想资源。

“华夷之辨”是中国文化史上的重大问题。所谓“华”，最初指“诸夏”，“夷”指周边少数民族。在历史发展过程中，“夷夏之别”不仅体现为地区性差别、民族性差别，更呈现为礼义与非礼义、道德与非道德、文明与野蛮的文化差别。“夷夏之辨”逐渐具有了推崇华夏文化、贬低其他文化的意蕴，正如班固在《汉书·匈奴传》中指出的：“夷狄之人，贪而好利，披发左衽，人面兽心，……是故圣王禽兽畜之”。[①] 西晋灭亡后，北方少数民族相继进入中原，建立政权。如何统治原来在文化上高于自己的地区和人民，摆脱“华夷之辨”视角下华高夷低的文化定位，取得统治的合法性成为少数民族统治者需要解决的重要问题。来自印度、强调平等的佛教无疑提供了一种文化资源。在众生平等、人人平等的视野下，原来的民族不平等、文化不平等显得不再那么重要，统治者们通过信奉佛教，建设佛教文化，就可以顺利扭转“华夷之辨”中的劣势，取得入主中原的理论支撑和舆论优势。

后赵石虎第一次明确宣布戎族与戎神（佛）的关系，并以此对抗“华夷之辨”：

> 中书著作郎王度奏曰：“……佛出西域，外国之神，功不施民，非天子诸华所应祠奉。往汉明感梦，初传其道，唯听西域人得立寺都邑，以奉其神，其汉人皆不得出家。魏承汉制，亦修前轨。今大赵受命，率由旧章，华戎制异，人神流别，外不同内，飨祭殊礼。华夏服祀，不宜杂错。国家可断赵人悉不听诣寺烧香礼拜，以

① 《汉书》卷94，中华书局1962年版，第3834页。

遵典礼……”伪中书令王波同度所奏。虎下书曰：“度议云：佛是外国之神，非天子诸华所可宜奉。朕生自边壤，忝当期运，君临诸夏。至于飨祀，应兼从本俗。佛是戎神，正所应奉。夫制由上行，永世作则，苟事无亏，何拘前代？其夷赵百蛮有舍其淫祀，乐事佛者，悉听为道。”①

汉人王度试图掩盖石赵出自“夷狄”的事实，劝说石虎接续“华夷之辨”的传统，取得入主中原的正统性。石虎却认为佛教“戎神”的地位和自己“胡族”的身份正好相应，并以“君临诸夏”的姿态，改变汉代以来禁止汉人出家的传统，在境内各民族中推广佛教，从而消除传统的“华夷”界限，建立了更广泛的统治基础。可见，在共同信仰佛教的前提下，在佛教平等观的影响下，“华”与“夷”之间此高彼低、不可逾越的鸿沟很容易被填平。据史书记载，后赵统治期间，“中州胡晋，略皆奉佛”，② 佛教势力迅速遍及广大北方地区，在消除民族不平等、促进民族融合方面发挥了重要作用。

在共同信仰佛教的前提下，不同礼仪制度的差别也可以消除，或者相互包容。这在苻坚（338—385）对道安的态度上充分展现出来，据《晋书》记载：

（苻坚）游于东苑，命沙门道安同辇。权翼谏曰：“臣闻天子法驾，侍中陪乘，清道而行，进止有度。三代末主，或亏大伦，适一时之情，书恶来世。故班姬辞辇，垂美无穷。道安毁形贱士，不宜参秽神舆。”坚作色曰：“安公道冥至境，德为时尊，朕举天下之重，未足以易之。非公与辇之荣，此乃朕之显也。”③

权翼以儒家“身体发肤受之父母，不敢伤毁”为依据，贬斥出家

① 《高僧传》卷9，第352页。

② 《高僧传》卷9，第346页。

③ 《晋书》卷114《苻坚载记下》，中华书局标点本，第2913页。

剃发的道安为“毁形贱士”，又以中华礼仪劝阻苻坚与道安同辇。信仰佛教的苻坚却认为道安已经达到最高境界，能够与他同辇，是自己的荣幸。这种对华夏传统礼制的超越，只有在共同信仰的支撑下才有可能实现。

北魏入主中原后，一方面不断学习汉魏以来的中原文化传统（包括在南方已经逐渐衰落的门阀等级制），争取北方大族的支持，塑造华夏正统的身份；① 另一方面为了适应北方各民族普遍崇佛的现状，他们也积极推动佛教在社会各阶层的普及，进一步以佛教平等思想打破民族、等级界限，促进各民族的进一步融合，扩大和稳固统治基础。② 北魏进入中原之初，在政治制度、文化政策、宗教管理方面还处于探索之中，太武帝灭佛也就在这种情况下发生了。太武帝灭佛有各种复杂的经济、政治原因，③ 但从其灭佛的深层动机来看，与和刘宋政权争夺华夏正统不无关系。④ 在灭佛诏书中，太武帝对佛教进行了严厉批评：

> 昔后汉荒君，信惑邪伪，妄假睡梦，事胡妖鬼，以乱天常，自古九州岛之中无此也。夸诞大言，不本人情。叔季之世，暗君乱主，莫不眩焉。由是政教不行，礼义大坏，鬼道炽盛，视王者之法，蔑如也。自此以来，代经乱祸，天罚亟行，生民死尽，五服之内，鞠为丘墟，千里萧条，不见人迹，皆由于此。朕承天绪，属当穷运之弊，欲除伪定真，复羲农之治。其一切荡除胡神，灭其踪迹，庶无谢于风氏矣。自今以后，敢有事胡神及造形像泥人、铜人

① 何德章指出北魏之所以定国号为魏，是为了使东晋标榜的“正朔”失去意义。（《北魏国号与正统问题》，《历史研究》1992 年第 3 期）。楼劲指出北魏政权比五胡政权更为深入和系统地受到了华夏思想文化的影响，也就更为自觉和全面地贯彻了代表正统和争夺天下正统的意旨。（《北魏开国史探》，中国社会科学出版社 2017 年版，第 93 页。）

② 佛教在北方民族融合中发挥了重要作用。在很多佛教造像记中，可以发现北方各族的通婚已经非常普遍。参见马长寿《碑铭所见前秦至隋初的关中部族》，中华书局 1985 年版，第 80 页。

③ 关于北魏太武帝灭佛，学术界已经积累了很多研究成果。汤用彤、任继愈等前辈的佛教史著作中都有涉及。四川大学张箭博士论文《三武一宗灭佛研究》（2001 年）进行了专门研究。

④ 汤用彤：《汉魏两晋南北朝佛教史》：“毁佛乃与其劝帝改历以从天道，用意相同。据此，毁谤胡神具有张中华正道正统之义，其事又非一简单之佛道斗争也。”（第 354 页）

者，门诛。[①]

在这里，推动佛教传入中土的汉明帝被斥为“荒君”，佛教被看作与华夏正统不能两立的“邪伪”之教，是引起后汉以来社会动乱的根源。所以，要建立政权，稳定社会，就必须消灭佛教。这是将佛教传入之前的华夏文化作为正统，并主张北魏直接继承这一正统。这样一来，受佛教影响的东汉、魏晋，乃至刘宋政权反而被排除在正统之外。这种不顾鲜卑“夷狄”身份的事实，宣布北魏直接接续华夏正统的奇怪思想主要来自太武帝最信任的大臣崔浩。崔浩兼具北方高门大族和道教徒双重身份，试图借助鲜卑族统治力量，“齐整人伦，分明族姓”，恢复儒家等级制度，实行“高官与儒学合一的贵族政治”。[②] 佛教的“胡教”身份和平等观念成为崔浩实现理想的障碍，所以他通过各种途径积极劝谏太武帝灭除佛教。灭佛运动持续五年，随着太武帝的去世而宣告结束，新一轮崇佛风潮则应运而起。[③] 这说明灭佛政策并不符合北魏统治阶层的根本利益，彻底的汉族等级制很容易矮化鲜卑贵族，并不符合鲜卑统治者的要求。相反，佛教平等观更容易让鲜卑贵族克服文化上的自卑，找到作为统治者的自信。此后直到北魏灭亡，佛教越来越兴盛，成为不容忽视的社会力量，这与统治者个人的信仰有关，更与佛教平等观念能够适应民族融合、弱化门阀等级制度的大趋势相联系。

我们再来看南方的情况。根据田余庆先生的论述，东晋是严格意义上的门阀政治时期，司马氏皇权和几个门阀大族共同分享权力，维护统治秩序。南朝时期，严格意义上的门阀政治已经结束，皇权政治开始复兴，[④] 但门阀大族的社会影响依然巨大，尤其是文化方面，其学术门风仍然占据优势。南朝皇室出身次等士族，虽然在政治上取得了最高

① 《魏书》卷114《释老志》，第3034页。

② 参见万绳楠整理《陈寅恪魏晋南北朝史讲演录》，黄山书社1987年版，第249页。

③ 严耀中指出，当打着反对胡妖神旗号的反佛运动进行得越是激烈，它在拓跋鲜卑统治者那边所引起的顾虑就更为强烈，很快就转化成关于汉人是借反佛来排挤拓跋鲜卑的理解。严耀中：《北魏前期的政治制度》，吉林教育出版社1990年版，第212页。

④ 参见田余庆《东晋门阀政治》，北京大学出版社1989年版，第324—356页。

地位，在文化上却受到门阀大族的轻视。《世说新语》《宋书》《梁书》等记载了很多门阀大族自矜门第的故事，表明门阀等级观念仍然深入人心。[①] 随着政权的稳固，南朝皇室试图改变这种状况，从拥有最高政治权力进而占领思想文化高地。这个时候，逐渐向社会各阶层开拓的佛教，受到他们的特殊重视。佛教在东晋只是玄学的附庸，理论上，佛学借助玄学概念范畴来阐述；实践上，高僧模仿名士行为模式为时髦。南朝时期，佛教开始独立发展，逐渐取代玄学而成为显学。[②] 借助佛教来抗衡门阀大族的文化优势成为南朝皇室建立文化自信的自觉选择。[③] 同时，佛教强调人人平等，对于打破门阀等级制度具有先天理论优势。从根本上说，佛教平等思想并不否认现实中的社会等级，而是认为每个人的现实状况是由无数生、无数世以来的因果造成。所谓平等，是在因果面前的平等，现实中的等级差异是由个人的业力造成。但在门阀等级制下，个人的地位、声誉主要来自家族地位，与个人努力没有直接关系。尤其到了门阀制度衰弱之时，更是如此。南朝出身次等士族的皇室以及更多的寒庶之族恰好可以利用这种因果平等观确立文化自信，打破门阀的文化垄断。

佛教平等思想对打破门阀等级观念，确立皇室的文化地位究竟可以起到何种作用，我们通过萧子良（460—494）和梁武帝的一些言行可以略见一斑。

竟陵王萧子良在宋齐禅代之际为齐高帝所倚重，武帝时晋位司徒，甚至被传为皇位继承人，是南齐皇室中很有影响的人物。他采取多种笼络名人学士的措施[④]，开展多项崇佛活动，积极提高皇室文化形象。

---

① 如《梁书》卷21《王峻传》，王峻对始兴王说：“臣太祖是谢仁祖（陈郡谢氏谢尚）外孙，亦不藉殿下姻娅为门户。”中华书局1973年标点本，第321页。

② 东晋时期佛教徒主要宣扬佛教与儒家的相同之处，南朝时期，强调佛教高于儒道的论调不绝于耳，萧子显甚至在《南齐书·高逸传》“论赞”中，指出“释理奥藏，无往而不有也”，认为儒家、法家、墨家、纵横家、杂家、农家、道家等学说都可以包含在佛教之内。（《南齐书》卷54《高逸传》，中华书局1972年标点本，第947—948页）

③ 夏德美：《南朝僧尼与佛教中国化》，台湾：花木兰文化出版社2015年版，第85—86页。

④ 如开西邸聚文学之士、集学士抄五经百家等，史书称他“礼才好士……天下才学皆游集焉”。《南齐书》卷40《竟陵王萧子良传》，第692页。

萧子良在自己的多种佛学著作中宣扬佛教平等思想，如《净住子净行法门》：“故当清和其性，哀愍有形，等心存济，以法惠施，不犯不取，有求不逆，常志大乘，内外相副。”① 他甚至引用佛教经典，质疑当时普遍存在的奴婢制度：“经云：不得畜养奴婢、畜生，当自翘勤，出离生死。若假于他，他还缚我，无解脱期。今云无奴不立，无婢不办，此乃气力强梁之时。一旦卧床，百事同弃。自救不暇，何忧及人？宜自勉励，则解脱之门，易可登耳。”②

萧子良的文化修养和佛学造诣享誉朝野，成为皇室文化的一个形象代表。萧子良可以“总校玄释，定其虚实”③，成为当时能服众的佛学界权威，其义理偏好自然也推动了佛教义理派别的流传。④ 萧子良对自己的佛学水平非常自信，不断以皇室贵族的身份在士大夫中推广佛教，确立了皇室的文化优胜地位。信奉道教的孔稚珪在萧子良的劝说下信奉佛教，并在给萧子良的回信中极尽赞美：“至制《净注子序》，万门朗奥，亿品宣玄，言虽愿违，心不觉醉；更未测明公善诱之妙，一至如此。博约纷纶，精晖照出，欲罢尚其不能，欲背何以免向？而昔而前，民固不敏；而今而后，斯语请事。”⑤ 萧子良劝说刘虬出仕，“共弘佛法”。刘虬乡人吏部郎庾杲之也写信劝说，其中对萧子良赞赏有加：“司徒竟陵王懋于神者，言象所绝；接乎事者，远近所宗。……且弘护为心，广敷真俗。”⑥ 这样的赞赏固然有政治考虑，但至少表明，这时主导社会思想潮流的已经不再是门阀大族，而是皇族。

梁武帝有意塑造政治权力最高拥有者和思想文化最高引领者合一的形象，崇佛就是实现这一目的的重要方式之一。萧昺素在对梁武帝《敕答臣下神灭论》的回应中说：“然自慧云东渐，宝舟南济，岁序绵长，法音流远。明君良宰，虽世能宗服；至于躬揔玄源，亲体妙极者，

---

① 道宣：《广弘明集》卷 27，《大正藏》第 52 册，第 306 页下栏。

② 道宣：《广弘明集》卷 27，《大正藏》第 52 册，第 317 页下栏。

③ 《续高僧传》卷 5《释法护传》，第 147 页。

④ 汤用彤先生指出，萧子良“盖服膺大乘空理，观其重视《净名》，亦可以证。而《成实》之式微，《三论》之复兴，亦导始于此。”（《两汉魏晋南北朝史》，第 327 页。）

⑤ 僧祐著、李小荣校笺：《弘明集校笺》卷 11，第 606 页。

⑥ 道宣：《广弘明集》卷 19，《大正藏》第 52 册，第 233 页。

竟未闻焉。是以两谛八解，独阙皇言；九部三明，偏芜国学。呜呼，可为叹息者也。”[①] 这里的“两谛”指真、俗两谛，即佛教主张的世间真理和出世间真理；“八解”指八解脱，即八背舍，就是佛教提倡的八种解脱方法。“九部”，指佛经的九种分类，泛指佛教所有经典；“三明”，指通过修行达到的三种境界或获得的三种能力。“皇言”，指皇家的言说、理论。“国学”，指国子学和国家开办的其他教学机构。梁武帝《敕答臣下神灭论》作于天监六年（507），此时，梁代国子学尚未设立，被称为国学的应该是天监四年（505）设立的“五馆”，主要教授儒家五经。萧昺素的意思是：佛教在汉地已有悠久历史，但真正能理解佛教义理、体悟佛法真谛的君王大臣还几乎没有，佛教也没有被列入国学之中。这种情况与佛教的发展是不相称的，与皇室帝王的地位，与国学的重要性都是不相称的。萧昺素如此说，正是希望以梁武帝为首的皇室成员可以通过在佛学上的造诣塑造皇室文化形象，通过将佛学纳入国学扩大佛教影响。在佛学这一时代显学中占据重要位置，并以此引领全国的文化潮流，以佛教理念治理国家，正是梁武帝努力实践的方向。毫无疑问，实践的成果也蔚为可观。梁武帝在佛教义学方面的造诣在整个南北朝时期首屈一指，他撰写《制旨大涅槃经讲疏》《大品注解》《三慧经讲疏》《净名经义记》《制旨大集经讲疏》《发般若经题论义并问答》等，对当时流行的重要经典都有研究，对当时讨论的重要问题都有涉及。梁武帝的个人偏好成为佛教义理流行的指向标，他早年对成实学的兴盛起过一定作用；后重视般若学，命令释僧怀、释慧令等人向摄山僧朗请教三论义，促进了三论学的兴起。梁武帝的“三教同源说”和“真神佛性论”是当时重要的佛教思想流派之一。[②] 梁武帝《断酒肉文》《出家人受菩萨戒法》等促成了佛教戒律方面的重大变革，影响直到现代。

梁武帝弘扬佛教平等思想有四个特点，第一，他把“平等”作为

---

① 僧祐著、李小荣校笺：《弘明集校笺》卷 10，第 539 页。

② 对于梁武帝的佛学著作和佛学思想，史家多有研究。此据任继愈：《中国佛教史》（第三卷），中国社会科学出版社 1985 年版，第 22 页。

支撑佛教最高真理、最高理想的标志性概念。他在《述三教诗》中说："不毁惟平等，至理归无生。分别根难一，执著性易惊。穷源无二圣，测善非三英。"① 第二，他把"平等"作为学习佛教重要经典必备的道德前提。他在《为亮法师制〈涅槃经疏〉序》中说："自非德均平等，心合无生，金墙玉室，岂易入哉?"② 第三，他把"平等"作为正确修行和证悟佛教最高解脱境界"空"的根本途径。他在《出家人受菩萨戒法》中说："如是思量，心行平等，观察众生，了达非有。……修行无碍，行于平等。虽知一切诸法空，不舍一切众生。"③ 第四，他以平等观为理论依据为包括统治境内以及北方敌对国家的一切臣民、其他众生祈愿祝福，从而最大限度集聚人心。他在《东都发愿文》中说："又愿以今日一切会功德，愿今日率土④一切臣民、水陆空行一切四生，今日北虏，爰及未宾之地、水陆空行一切四生，……今日平等，无复怨亲。如是一切，皆善知识。乃至道场，无分别想。愿此一切无边四生，若有种种众苦，乞以弟子萧衍之身，皆悉代受。"⑤

总之，我们应该注意到，作为帝王的梁武帝通过各种政治、文化和宗教活动大力弘扬佛教平等思想，向社会各界灌输平等理念，有着消除国内门阀等级壁垒，集聚国内外人心，稳定统治基础的直接目的，同时，他的活动在当时社会文化理念重构过程中所发挥的重要作用，产生的深远影响，凸显的重要价值也不容忽视。

（本文发表于《世界宗教研究》2022 年第 2 期）

---

① 道宣：《广弘明集》卷 30，《大正藏》第 52 册，第 352 页。

② 《广弘明集》卷 20，《大正藏》第 52 册，第 242 页。

③ 转引自土橋秀高《戒律の研究》，京都永田文昌堂 1980 年版，第 843 頁。

④ 土，底本作"士"，据文意改。

⑤ 黄永武主编：《敦煌宝藏》第 116 册，伯 2189 号，台湾：新文丰出版公司 1981 年版。

从“戒体”思想看中印戒律学转型

佛教戒律是僧俗信众的道德规范、生活准则、修行要求，是僧俗组织有效运转的制度保障，历来受到重视。为了强调戒律的神圣性、权威性，强调信守戒律的必要性和重要性，佛教戒律学中除了具有列举、解释具体戒条的实践性内容之外，还有对戒律进行哲学阐释和论证的纯理论内容。实现从印度因果业报戒律学体系到中国体用戒律学体系的转型，是佛教戒律学中国化的一个关键内容。迄今为止，学术界在这方面还没有展开讨论。本文拟从“戒体”最初含义与印度戒律学哲学特征、“戒体”范畴与中国戒律学的思维方式转型、“戒体”范畴的地位与中国戒律学体系三个方面进行探讨。

一　“戒体”最初含义与印度戒律学哲学特征

在汉译佛典出现之前，中国本土典籍中没有“戒体”一词。据《说文解字》，“戒”的本义是“警”，“体”的本义是“总十二属也”，指身体。“体”的抽象意义主要指事物本身。当“戒”与“体”分别为汉译佛典借用表达佛教思想之后，就与原来的本义有了很大的差别。其中，“戒”始终作为梵文sīla的意译词使用，指的是佛教信徒应该遵守的道德规范、生活准则和修行要求等。在佛教典籍中，“戒”这个字使用很频繁、很常见，根本字义始终没有大的变化。把“戒”字与“体”字组合为一词，则完全是佛教译籍的创造。那么，在佛教译籍中，“戒体”的含义是什么呢？这里的“戒体”与中国撰述中的“戒体”一词含义是否相同呢？这些是到现在为止学术界没有深究的问题。

我们发现，汉译佛典文本中“戒体”一词，始终不是在体用范畴思维模式指导下形成的哲学范畴，始终没有表达“戒”的本体、实体、本质等方面的含义。汉文译籍中的“戒体”与“戒”的含义基本相同，用以强调指“戒”本身。这种借用中文“体”字的本义与“戒”字搭配组词的用法，表达的意思是明确的，在语义上也是可以讲通的。在现存南北朝以前的文献中，仅在《十诵律》《萨婆多毗尼毗婆沙》《涅槃经》中使用过“戒体”一词。《十诵律》中有：

> 颇有比丘在一处坐，犯五种戒体耶？①

这里的“五种戒体”是指五种戒本身，就是五种戒。所以，这里的“戒体”就是指的“戒”本身。

《十诵律》的释论《萨婆多毗尼毗婆沙》中有：

> 乃至教以少姜著食中，比丘食者突吉罗。此戒体但偏赞其德，不问凡圣。②

这里的“戒体”就是指“突吉罗”戒本身。

《大般涅槃经·师子吼菩萨品》说：

> 一切众生，凡有二种：一者有智，二者愚痴。若能修习身、戒、心、慧，是名智者；若不能修身、戒、心、慧，是名愚者。云何名为不修习身？若不能摄五情诸根，名不修身。不能受持七种净戒，名不修戒。不调心故，名不修心。不修圣行，名不修慧。复次不修身者，不能具足清净戒体。不修戒者，受畜八种不净之物……③

---

① 《十诵律》卷51，《大正藏》第23册，第377页上栏。

② 《萨婆多毘尼毘婆沙》卷7，《大正藏》第23册，第547页上栏。

③ 《大般涅槃经》卷31，《大正藏》第12册，第552页上栏。

很明显，这里的“清净戒体”，就是指清净戒，“戒体”就是指戒本身，与“戒”同义。

由于以上这些汉译经典的梵文本都已遗失，我们无法找到翻译成汉文的“戒体”对应的梵文词，所以我们对上述材料的讨论就只能到此为止。

然而，唐代般若翻译的《大方广佛华严经·入不思议解脱境界普贤行愿品》却给我们提供了汉文“戒体”及其对应梵文词的例证。“一切所有悉能弃舍，成就无边清净戒体；住佛境界，具足安忍，得一切佛法忍光明。”此句对应的梵文为 sarvavastusaṃño ccalito bhavati pramuktatyāgaḥ। atyantaviśuddho bhavati anantaṣīlaḥ tathāgataviṣ ayasaṃvasanaḥ। kṣāntisaṃpanno bhavati sarvabuddhadharmakṣ āntyavabhāsapratilabdhaḥ। ①其中，“戒体”对应的梵文词为śīla，就是指戒本身。

可以说，在梵文典籍中，没有与后来本体论意义上的“戒体”范畴相对应的梵文词。在佛教译籍中，“戒体”对应的梵文字就是指的“戒”本身，而不具有探索“戒”之本体、实体、本质的意义，不是一个与体用范畴同类的概念。

黄心川先生曾指出：“戒体这个词我们在印度梵文佛经中没有找到对应的词汇，意思比较接近它的是律仪。”② 这里要寻找的“戒体”的对应梵文词汇，实际上指的是要找到与本体论意义上的“戒体”概念相对应的梵文词汇，当然是找不到的。因为，与汉文“戒体”相对应的梵文词汇就是指“戒”本身的词汇。这是此前学者没有注意到的问题。之所以出现这样的问题，在于印度佛教没有运用中国体用思维方式探讨戒律学、研究戒律学，所以没有出现本体论意义上的戒律学概念。

然而，印度佛教理论中没有本体论意义的“戒体”概念，并不能说明印度佛教戒律学不丰富、不深刻。在印度佛教理论体系中，戒律学

---

① Title：Gaṇḍavyūha Sūtram Editor：Vaidya，P. L. Publisher：The Mithila Institute of Post-Graduate Studies and Research in Sanskrit Learning Place of Publication：Darbhanga Year：1960.

② 黄心川：《略论南山律宗唯识观》，《东方佛教论》，中国社会科学出版社 2002 年版，第 267 页。

是整体佛学的最重要组成部分之一，与禅学、慧学密切联系，不可分割。印度佛教戒律学最显著的学说特点，是把因果业报思维方式贯彻到戒律学理论探讨的各个方面，联系因果业报来论述、引申和发挥戒律学思想。

佛教因果业报学说的核心内容是：人们的行为、语言、思想（作为“因”的身口意三“业”）三个方面的活动，无论善还是恶，都必将受到性质相同的作为“果”的“报应”。所以，讲“因果”与讲“报应”在许多场合是同样的意思。在佛教看来，因果报应是一条规律，任何人、任何神、包括佛都不能改变这个规律。从部派佛教到大乘佛教，尽管各宗派对戒律学方面的许多问题有不同的看法、观点和结论，但是在贯彻因果报应思想前提下探讨戒律学方面的诸多问题，尤其是探讨受授戒律所产生的作用、影响和效果方面，是完全一致的。

按照这种思维方式讨论受授戒律，就必然集中探讨两个方面的问题，第一，受授戒律产生什么样的影响；第二，这种影响的性质是什么。在第一个问题方面，从探讨受授戒律产生的影响方面考察，各派毫无例外认为受戒之后产生的效果就是产生一种防非止恶的力量。各派的差别在于，对于这种力量包括哪几个方面认识不同，或主张是身口两个方面，或主张是身口意三个方面。例如，说一切有部认为三业之中，身口二业是表、表业或表色，它们会留下以色法形式存在、不显现于外的业力，称为无表、无表业或无表色①。表业和无表业都是实有的色法（或假色）②，而意业是思，是无所谓表和无表的。从说一切有部分流出来的譬喻师（或经部）则认为，业力的存在并非由心口的行为造作，而只是意念的驱动，是微细潜在的思种子，是心的作用。《成实论》主张不仅身口业有无作，意业也有无作。③

① 旧译作“无作”，玄奘新译作“无表”。《中论颂》梵文本中，鸠摩罗什译作“无作”的词为 avijñapt，与“无表”的梵语相同。（参见叶少勇《中论颂——梵藏汉合校·导读·译注》，中西书局 2011 年版，第 269 页。叶少勇也翻译为“无表”）。

② 参见屈大成《从汉译佛典看戒体说的源流》，载郑培凯、范家伟主编《旧学新知集》，广西师范大学出版社 2008 年版，第 180—189 页。

③ 《成实论》卷 7《无作品》，《大正藏》第 32 册，第 290 页中栏。

在第二个问题方面，主要是对这种作为“果”“报”作用性质的探讨，讨论是精神影响（心）还是物质（色）影响，还是两者共同的影响。部派佛教对无表性质的讨论是属于这一论题。大乘佛教论著中有不少地方涉及，如《十住毗婆沙论》说：“善戒律仪、不善律仪有二种：有作、无作。作是色，无作非色。无作非色，佛以不共力故现前能知，余人以比智知。”[①] 这里将戒分为两种：作戒与无作戒，认为作戒是色，无作戒不是色。《大般涅槃经》云：“复有二种：一者作戒，二者无作戒。是人唯具作戒，不具无作戒，是故名为戒不具足。”[②] 这也是将作戒与无作戒作为戒的一种分类方法，认为要想具足戒法，作戒与无作戒二者不可缺少。《涅槃经》又有：“云何念戒？菩萨思唯有戒，不破不漏，不坏不杂，虽无形色，而可护持，虽无触对，善修方便，可得具足，无有过咎，诸佛菩萨之所赞叹，是大方等大涅槃因。”[③] 这也就是说，戒是没有形色，没有触对的。《优婆塞戒经》亦云：“众缘和合故得名作，以作因缘生于无作。如威仪异，其心亦异。不可得坏，故名无作。从此作法得无作已，心虽在善、不善、无记，所作诸业无有漏失，故名无作。”[④] 这里说明了“作”“无作”产生的因缘，指出“无作”是从“作”产生的，但一旦产生就具有独立性，虽没有说明“无作”是心法还是色法，却指出了“无作”的功用。《成唯识论》云：“表既实无，无表宁实，然依思愿善恶分限，假立无表，理亦无违。谓此或依发胜身语善恶思种增长位立，或依定中止身语恶行思立，故是假有。”[⑤] 这是倾向于以思种子（心）作为无表存在的依据，但也说明了“无表”只是一种假立，并非实法。总之，大乘佛教将部派时期用来讨论业的“作”“无作”，作为戒的一种分类方法，提出了作戒、无作戒的说法（这种分类最早见于鸠摩罗什翻译的《摩诃般若波罗蜜经》），并对作戒、无作戒的性质进行了分析，倾向于认为无作戒不是

① 《十住毗婆沙论》卷 11，《大正藏》，第 27 册，第 79 页下栏。

② 《大般涅槃经》卷 36，《大正藏》第 12 册，第 575 页中栏。

③ 《大般涅槃经》卷 18，《大正藏》第 12 册，第 470 页中栏。

④ 《优婆塞戒经》卷 6，《大正藏》第 24 册，第 1068 页上栏。

⑤ 《成唯识论》卷 1，《大正藏》第 31 册，第 4 页下栏。

一种色法。

总之，印度佛教概念体系中没有相当于表述本体论意义的“戒体”范畴，汉文译籍中的“戒体”的含义是指“戒”本身，对应的梵文词汇是śīla。印度佛教对戒律学的理论探讨是在因果业报思想指导下进行，形成显著的哲学特色。所以，我们可以把印度的戒律学体系称为因果业报戒律学。① 中国佛教充分吸收了印度佛教戒律学的基本内容，并且用体用思维方式予以重新整合、变革和诠释，实现了佛教戒律学别开生面的推陈出新。下面我们探讨这种变革的具体过程。

二 “戒体”范畴与中国戒律学的理论转型

中国学问僧在吸收印度佛教戒学相关内容的同时，在体用思维方式指导下变革印度律学，实现从因果业报戒律学向体用戒律学的理论转型，实现佛教戒律学在基本理论上的中国化，是从南北朝后期开始的。首先，梁代的僧佑表现出力图从体用关系方面探讨戒律学的努力。他认为：“戒律者，……性以止制为本，体以无作为相。”尽管僧佑还没有直接使用戒体这一概念，但却将“无作”作为戒体的相，有了探讨戒之体的意识。

根据唐道宣的记载，借用印度不同派系戒律学的原有内容，致力于从体用关系方面构建戒律学体系的人很多，提出不少新的观点：

> 如昔光师，依理明体，谓此圣法能为道务，如《钞》所显。齐末立体，即受五缘，由此体具，便感前法，此则说缘为体。河北魏部虽依法数正解《四分》，偏广多宗。江南晋师崇尚《成实》，依《论》出体，用通《十诵》。②

① 学术界一直把这种因果业报戒律学直接与中国佛教的体用戒律学相等同，认为体用意义上的戒体思想源于印度佛教。参见戴传江《佛教戒体思想初探》（《宗教学研究》2002年第1期），屈大成《从汉译佛典看戒体说的源流》（载郑培凯、范家伟主编《旧学新知集》，广西师范大学出版社2008年版，第180—189页）。

② 参见《四分律删补随机羯磨疏济缘记》卷3，《卍续藏》，第41册，第254页。

参照宋代元照的注释，道宣提到的南北朝时期的四种戒体说是指：第一，北朝慧光（487—536）主张的“依理明体”说，这里的“理”是指大乘实理或小乘权理。第二，法愿提出的“五缘戒体”说，从能受的人、诸根具足、身心清净的道器、三衣具足、得少分法这五个方面去探讨“戒”之本体。第三，北朝的法师多依说一切有部理解《四分律》的内容，从色法方面探讨“戒”的本体。第四，南朝的法师则依据《成实论》的学说，从非色非心方面探讨“戒”之本体，并用以解释《十诵律》。[①] 尽管提出这四种观点的具体论证我们已经不得而知，但是，我们可以看到两个重要现象，其一，他们都吸收了印度律学各派在因果业报思想指导下探讨律学问题的成果，把这些成果作为基本思想材料，用体用思维方式予以重新整合、诠释。其二，他们提出的可以作为“戒”之本体的内容有差别，原因在于他们所吸收的思想内容不同，不是贯彻的思维方式不同。由于资料缺乏，对这几种关于“戒体”思想的探讨只能就此结束。在此之后，中国学问僧对“戒体”的论述，正是沿着这两条思路前进的，参加讨论的人不少，突出的代表是吉藏和智顗。

吉藏（549—625）在《法华义疏》中以问答方式展开了对戒体的讨论：

> 问：戒以何为体？
>
> 答：《毘昙》以色为体，《成论》非色非心为体，《譬喻》《僧祇》明离思无报因，离受无报果，故以心为戒体。今明大乘适缘所宜，无有定执。若有定执，即成诤论，趣向阐提。[②]

吉藏使用了“戒体”一词，这里“戒体”的意思就是“戒以何为体”，是在本体论的意义上探讨“戒”之本体，而不是“戒”本身。吉

① 参见《四分律删补随机羯磨疏济缘记》卷3，《卍续藏》，第41册，第254页。

② 吉藏：《法华义疏》卷2，《大正藏》第34册，第474页下栏。

藏列举了部派佛教经论对戒体的三种看法，实际上是吸收因果业报戒律学的内容探讨体用戒律学的问题，是有意识地推进佛教戒律学中国化的进程。吉藏在这里认为大乘佛教在戒体问题上没有固定的看法，而是根据不同情况有不同说法。在《胜鬘宝窟》中，吉藏又进一步讨论了戒体问题：

> 第四、戒体相门。《毘昙》以色聚为体，《成实》用非色非心为体，譬喻部以心为体。《璎珞》云：一切菩萨凡圣戒，尽以心为体。心若尽者戒则尽，心无尽故戒无尽。故六道得受戒，但解语而受得不失。若依《璎珞》别明三戒体者。摄律仪戒，谓十波罗蜜；摄众生戒，谓慈悲喜舍；摄善法戒，所谓八万四千法门。此以四等为化他，故是摄众生戒。十度是自行，故取为摄律仪。摄善法通自他，故取八万四千法门为摄善法也。①

吉藏列举了小乘关于戒体的三种说法和《璎珞经》的心戒体说，并指出自己“依《璎珞》别明三戒体”，显然是采取了《璎珞经》的说法。在接下来的论述中，吉藏又列“作无作门”，认为有的以作善为戒体，有的以无作善为戒体，有的合用作、无作善为戒体，指出小乘以无作为戒体，大乘则合用作、无作为戒体。吉藏说作是誓心，无作是从心产生的戒，在他看来作与无作都是心戒。

吉藏注意到了大小乘在戒学理论上的不同看法，这应该反映了当时随着《梵网经》《璎珞经》等大乘戒法的流行，大乘菩萨戒得到普遍重视的情况。不过，吉藏在这个问题上的论述显得过于简单。总结大小乘佛教在戒律学方面的不同观点，提出一种既能融合大小乘思想，又有利于指导戒律实践的戒体理论，在当时已经是当务之急，天台宗的实际创始人智顗自觉地承担起了这个任务。智顗（538—597）戒体观最主要的特点，就是用体用的思维方式来整合印度律学思想。

智顗的戒体理论一直受到学术界关注，发表观点的学者比较多。一

---

① 《胜鬘宝窟》卷1，《大正藏》第37册，第16页。

般认为，智顗的戒体论在其不同著作中有不同的说法。① 也有一些学者，如赖姿容、陈英善等认为智顗的戒体理论在其不同著作中只有详略之分，在本质上并无不同。② 本文赞同后一种观点，但对智顗戒体观的具体理解与以上两位学者有不同认识。

智顗在《义疏》中首先对“戒体”进行简单概括，陈英善在《天台智者的戒体论与〈菩萨戒义疏〉》一文中把智顗的概括语断句为：“戒体者，不起而已，起即性。无作假色，经论互说，诤论有无。”③ 她将“性”理解为法性，将无作假色断入下句，也就是认为智顗在这里只是指出了戒体就是法性，然后再列举大小乘对于是否存在“无作假色”的两种观点。结合文意，笔者认为这种分析是合理的。关于智顗的戒体观，陈英善认为：“《菩萨戒义疏》之戒体实包含了色法、心法、中道妙观等，此与《摩诃止观》等之主张并不相违。”对此，笔者并不完全赞同，以下试给出自己的理解。

笔者认为“戒体者，不起而已，起即性。”这是智顗对戒体问题的总体看法。此处的戒体可以包含两种意义：一，指戒的体性，这相当于吉藏所说的“戒以何为体”。二，受戒后产生的防非止恶的力量。这实际上是继承因果业报戒律学的内容，是把因果业报戒律学整合到体用思维方式戒律学的内容。正是这两种含义的存在，表明中国佛教戒律学既有创新的成分，又有继承的因素。

接下来，智顗开始列举两种关于大小乘经论中是否承认存在“无作”的看法。第一种观点认为大小乘经论中都不承认存在“无作”。大乘认为：“色心假合共成众生，善恶本由心起，不应别有顽善顽恶，皆

① 参见李世杰《佛教法律哲学的精要》（《现代佛教学术丛刊》第89册，台湾大乘文化出版社1980年版，第77页），王月清《中国佛教伦理研究》（南京大学出版社1999年版，第100页），王建光《戒体——一种本体论的追索》（《南京农业大学学报》（社会科学版）2005年第5卷第3期）。

② 参见赖姿容《菩萨戒义疏之研究》（中华佛学研究所，硕士学位论文，1993年，第143—153页），陈英善《天台智者的戒体论与〈菩萨戒义疏〉》（中华佛学研究所《佛学研究中心学报》2000年第5期）

③ 还有学者将此句错误标点为：“初戒体者，不起而已。起即性无，作假色。”在这种标点下对原文的理解本文就不涉及了。见戴传江《佛教戒体思想初探》（《宗教学研究》2002年第1期）。

是指心，誓不为恶，即名受戒。”① 接着引用《璎珞经》：“一切凡圣戒，尽以心为体，心无尽故，戒亦无尽。”然后指出也有经论中以教为戒体、以真谛为戒体，言愿为戒体，都没有以无作为戒体。又举出《大般若经》圣行观析无常、阿阇世王观析境界，但名色心，没有提到无作，以此证明。小乘说有无作只是针对根基小的众生的一种方便说法。这里反对存在无作的理由是一切法都可以分为两种：色法和心法，而不管是色法还是心法，都是因心而起，所以一切法的本质都应该是心法。戒的本质也是如此，不需要以无作为戒体。

另一种观点认为大小乘经论中都承认存在无作，而且都是实法。小乘关于无作的观点，这里只提到两种，即无作是非色非心聚和无作是假色，这里不是讨论是否存在无作，而是沿用了小乘对无作的理解，讨论无作的性质。此段关于大乘经论中存在无作的论证比较混乱。文中首先说：“大乘所明戒是色法。”后面又说“今大乘明戒是色聚也。”似乎将无作直接等同于“色法”，这与将“无作假色”作为对无作的代表性理解是一致的，表明一般认为（智顗应该也倾向于这种观点）无作是色法。这里用来论证大乘中存在无作的几种经论中只有《优婆塞戒经》明确提到了“无作”一词，其基本的含义应该是指无作戒。其他经论都没有提到“无作”一词，而只是持此观点者（认为大乘经论中承认存在无作）自己对经论的理解，如《大智度论》只提到“罪、不罪不可得，具足尸罗”②，而持这种观点者却认为，这就是“戒度正体”；《地持经》论及律仪的得失，持此观点者就认为：如果没有无作，何言得失？又引《梵网》若犯七遮，忏悔见好相则发戒，反证：如果心就是戒，发心就应该得戒。又引《大经》以为证明。

这些论证显得非常牵强，却说明了一个非常重要的问题：在智顗的时代，大乘经论中有关戒体的思想已经成为佛教界思考的一个重要问题。如前所述，在印度产生的大乘经论中对于戒体问题讨论得非常简单，这与大乘经论中戒律部分的比重是相称的。大乘戒在印度并没有

① 《菩萨戒义疏》卷1，《大正藏》第40册，第566页上栏。

② 《大智度论》卷13，《大正藏》第25册，第153页中栏。

完全独立，只是在中国，随着《梵网经》的编纂，大乘戒才获得了理论上的独立。此前，小乘戒在中国社会已经比较盛行，中国僧徒受中国文化中重视本体论传统的影响，对戒的体性问题进行了探讨，他们利用印度佛教中已有的对业力问题的论述，将戒体等同于无作，而认为戒体有色法、心法、非色非心等不同主张。大乘戒要想真正独立，在理论上也需要关注本体论意义上的戒体问题。那么大乘戒的戒体是什么？与小乘戒的区分在哪里？这就成为盛行大乘佛教的中国佛教界需要认真思考的问题。被认为产生于中国的《璎珞经》提供了一种解决方式，也就是智顗提到的第一种观点：否认“无作”的存在，直接以心为戒体。另一种做法则是极力引用大乘经论的有关论述，证明大乘戒也以“无作”为体，只不过“语言虽同，其心则异”，在不割裂汉地也是主要依据小乘戒律的历史状况下，赋予“无作”以大乘的意味。智顗提到的第二种观点采用了这种思路。前面提到的吉藏，也是在这样的背景下思考小乘戒体与大乘戒体的区别。那么智顗是怎么解决这个问题的呢？

在介绍完当时存在的两种观点后，智顗提出了自己的主张：

> 然此二释，旧所争论，言无，于理极会，在文难契；言有，于理难安，在文极便。既皆有文，何者当道理耶？然理非当非无当，当无当皆得论理教义。若言无者，于理为当。若言有者，于教为当。理则为实，教则为权。在实虽无，教门则有。今之所用，有无作也。①

也就是说，否认无作的存在，在理论上是正确的，因为无作本身就是理，是精神现象，是心法。说无无作，是说没有单独的无作。说有无作，受戒之后能够产生无作，更容易突出受戒的重要性，对受戒者起到更大的鼓励作用，在教化时更为方便。说无是理，理为实；说有是教，教是权宜方便，这都是从不同的角度对戒体的理解，都有其合理性。最

① 《菩萨戒义疏》卷1，《大正藏》第40册，第566页中栏。

后，智顗指出自己在对《梵网经》进行注疏时，采用了“无作”戒体。这既体现了智顗对教门的重视（或者说，对于持戒的重视），也体现了他“即空、即假、即中”的圆融观点，教门虽为权、为假，但并不是不重要。总之，智顗认为，从根本上说无作是不存在的，所谓戒的体性就是指法性。但从教化的角度讲，承认存在一种类似于色法的无作，以其为戒体，更容易被接受。

在《释禅波罗蜜次第法门》中，智顗也谈到过戒体问题，他说：

> 第二正明戒之体相者，有二种教门不同，若小乘教，辨戒是无作善法，受戒因缘具足，若发得无作戒，尔后睡眠入定，此善任运自生，不须身口意造作，以无作正为戒体，若萨婆多人，解无作戒是无表色，不可见无对；若昙无德人明无作戒是第三聚非色非心。诸部既异，虽不可偏执，约小乘教门，终是无作为戒体，其义不差。若大乘教门，说戒从心起，即以善心为戒体，此义如《璎珞经》说。有师言：摩诃僧祇部人云：无作戒是心法。①

智顗列举了大小乘对于戒体问题的不同看法，认为小乘对戒体的性质有两种不同看法，但都是以“无作”为戒体（吉藏也认为小乘以无作为戒体），大乘则是以善心为戒体。这里与《义疏》相比更为简略，对于大乘教门只涉及到一种情况，也没有明确指出自己的取舍，这应该代表了智顗早期对戒体问题的一种认识。在《摩诃止观》中，智顗指出：

> 性戒者，莫问受与不受，犯即是罪；受与不受，持即是善。若受戒持生福，犯获罪。不受无福，不受犯无罪。……故知受得之戒与性戒有异也。……若性戒清净，是戒度根本解脱初因。因此性戒，得有无作受得之戒。小乘明义，无作戒即是第三聚。大乘中《法鼓经》，但明色心，无第三聚。心无尽故，戒亦无尽。若就律

① 《释禅波罗蜜次第法门》卷2，《大正藏》第46册，第484页上栏。

仪戒，论无作可解。[①]

据智顗的解释，“性戒”就是身口等八种戒，即十善中的身三、口四加上不饮酒。智顗认为“性戒”是一切戒的根本，并指出性戒与受得之戒有区别，但性戒是受得之戒的根本，受得之戒就是指律仪戒。然后他列举了大、小乘对戒体的看法，认为小乘中无作戒（即戒体）是第三聚（即非色非心），只列举小乘对无作的一种看法，这应该与南朝盛行《十诵律》和《成实论》，律师多用非色非心解释戒体有关。大乘中列出《法鼓经》和《璎珞经》的说法，也就是心法戒体说。最后却指出“若就律仪戒，论无作可解”，也就是说大乘戒中的律仪戒也可以采用“无作”戒体，这里的“无作”不再专指小乘戒体，这与《义疏》的观点是一致的。

总之，从根本上讲，智顗认为戒的本质（或本性）就是法性（佛性、心性、理性等），这是创造性地运用了《梵网经》“佛性戒”、《璎珞经》“心戒”的说法，对于树立大乘菩萨戒的地位具有重要意义。另一方面，智顗又认为承认小乘无作戒对教门具有重要意义，从而试图对大小乘戒律做出圆融的理解，这与他在《菩萨戒义疏》中对《梵网经》的解释原则是一致的：原则上推崇大乘戒，实践中以声闻戒为依据。从智顗的戒体观中，反映了中国佛教兼容并蓄大小乘佛教思想的特点，反映了中国佛教在戒律思想和实践上的历史潮流。

三　“戒体”与中国戒学体系

在中国佛教的戒律学思想中，“戒体”问题受到了充分重视，特别是唐以后，随着中国律宗实际创始人道宣律学思想在中国戒律体系中绝对优势地位的确立，戒体也成为戒律学范畴体系中最为核心的一个范畴。

道宣戒律学体系有不少创新内容，在这方面已经有很多学者发表了

① 《摩诃止观》卷4，《大正藏》第46册，第36页上栏。

自己的见解，我们不再赘述。我们在这里只想论证一点：南山律宗通过提出“戒四科”理论，即把整个戒律学分为戒法、戒体、戒行、戒相四个部分，树立了戒体在这个概念体系中的核心地位，用体用思维方式重新整合戒律学理论，最终建立了中国佛教的完整的体用戒律学体系，这个体系既有中国信徒独创的崭新内容，又有继承印度戒律学的传统因素。

方克立先生曾指出：“体用是足以表现中华民族理论思维方式特点的范畴之一。它是中国哲学自身发展的产物。体用范畴的基本含义有二：一是实体和作用、功能、属性的关系，一是本体（本质）和现象的关系。”[①] 一般说来，“体”是最根本的、内在的、本质的、第一性的，“用”是从生的、外在的、现象的、第二性的。在体用思维方式指导下形成的“戒四科”体系，“戒体”就成为戒学范畴体系中的核心范畴，中国佛教戒律学就在吸收印度佛教戒律思想的基础上，在中国哲学思想的影响下，形成自己的体用戒律学，这是中国戒律学体系与印度戒律学体系在理论上的一个不同点。

按照宋代元照的解释：

> 戒是一也，轨凡从圣名法，总摄归心名体，三业造修名行，览而可别名相。由法成体，因体起行，行必据相。当知相者，即是法相，复据体相，又是行相，无别相也。[②]

戒本来是一个整体，分为四个部分，其中，“戒法”是释迦牟尼制定的具体戒条，要求修行者遵守，达到从凡入圣，实现修行目的；“戒体”是释迦牟尼所制定戒律产生作用的本体，是在“心中”，是一种精神本体；“戒行”是受戒者按照戒律法则进行的修行，包括具体的行为、语言和思想三方面的活动（三业）；“戒相”是人们可以看到的持戒者的不同具体情况。这四个部分的关系，正是在体用思维方式指导

① 方克立：《论中国哲学中的体用范畴》，《中国社会科学》1984 年第 5 期。

② 元照：《四分律行事钞资持记》卷 15，《大正藏》第 40 册，第 261 页下栏。

下形成的关系。

"由法成体"，说明体是由释迦牟尼的思想、说教形成的，是智慧本体。"体"是第一性的，内在的，起决定作用的。"法"是体的外在表现，是第二位的，外在的，不是起决定作用的。"体"与"法"的关系，是本质与现象的关系。

"因体起行"修行者奉持戒律，本质上是按照"戒体"的修行，他们一切行为的真理性、权威性，能够达到从凡入圣的原因，都在于有这个由佛智慧凝结成的实"体"。戒"体"与戒"行"的关系，是实体与功能、属性的关系。同时，从另一个角度考察，也是代表智慧的"知"和代表实践的"行"的关系。

"行必据相"，每一位奉持戒律者都要外化为具体的姿态，比如某位信仰者奉持什么戒条，奉持的情况如何，是会有具体表现的。这种外化出来的"相"，自然是"体"之相。那么，"体"与"相"的关系，也就是本体与作用，也可以理解为本质与现象的关系。

这样一来，我们就可以明显看到，在律宗的"戒四科"理论中，"戒体"居于核心地位，其他三科都是作为戒体的作用、功能、表现而存在。既然"戒"之"体"是一种佛的智慧本体，是佛法凝聚的精神本体，就必然具有唯一的神圣性、权威性和真理性。那么，作为"戒体"的作用、功能、表现而存在的其他三科，也自然具有了神圣性、权威性和真理性。这样一来，佛教在家和出家信徒遵守戒律的一切身口意活动，遵守戒律规定进行的一切修行活动，就都是佛智慧的体现，都是佛教的真理性活动，都是解脱的表现。所以，正是这样的中国化的佛教体用戒律学，为佛教在家和出家信徒奉持戒律赋予了神圣性、权威性和真理性。

（本文发表于《世界宗教研究》2016 年第 1 期，
原名《论中印佛教戒律学的哲学转型》）

梁武帝变革佛教戒律新探

从汉代到清代，历代帝王中与佛教因缘最深广者莫过于梁武帝（464—549）。与此相适应，学术界在研究梁武帝与佛教的关系方面推出的各类成果也十分丰富，[①] 讨论的问题也多种多样。[②] 然而，联系佛教戒律中国化进程中遇到的基本问题探讨梁武帝变革戒律的方式、途径与作用，进而揭示梁武帝在变革戒律过程中所秉承的中华传统文化精神、所坚持的佛教基本信仰和所追求的政教关系模式，在学术界基本还没有展开。本文希望在这些方面提出一些认识和观点。

一　佛教戒律中国化进程中遇到的三个问题

佛教戒律肇始于释迦牟尼创教时期，此后千余年间，随着佛教基本教义的多头开拓，随着佛教派系的分化繁衍，戒律典籍不断增多，戒律学说也逐步丰富和复杂起来。因此，作为中国佛教戒律源头的印度佛

---

① 周一良：《论梁武帝及其时代》（《中华学术论文集》，中华书局1981年版），方立天：《梁武帝萧衍与佛教》（《世界宗教研究》1981年第4集），颜尚文：《梁武帝》（海啸出版事业有限公司1999年版），杨曾文：《梁武帝与佛教综论》（《中国哲学史研究》1986年第2期），萧黎：《论梁武帝》（《史学月刊》1983年第3期），赵以武：《梁武帝及其时代》（凤凰出版社2006年版），钱汝平：《萧衍研究》（中国社会科学出版社2011年版），林大志：《萧衍评传》（《南兰陵萧氏人物评传》，上海古籍出版社2015年版），李晓虹：《圆融二谛——梁武帝思想研究》（中州古籍出版社2008年版）。

② 方立天把梁武帝倡导佛教的内容归纳为七个方面，见《魏晋南北朝佛教》，中国人民大学出版社2006年版，第312—316页。已有的研究成果大多集中于探讨梁武帝崇佛的各项事业及其利与弊，关于三教关系的理解，对佛教某些经典和思想的阐发，对佛教素食的贡献，利用佛教统治国家的基本理念等等。

教戒律，其典籍数量是众多的，其学说思想是不统一的。

印度佛教戒律分为小乘戒律和大乘戒律两大系统。小乘戒也称为声闻戒，是佛陀在世时随犯随制，并在佛陀涅槃后由弟子们在第一次结集时确定的戒律条文。此后数百年间，不同部派根据各自的理解编撰了本派奉持的律典。传入汉地的声闻戒律典有《十诵律》《四分律》《五分律》《僧祇律》等。各种律典虽有不少差别，但主体内容基本相同。大乘戒律称为菩萨戒，是伴随着大乘佛教的兴起而出现的。早期大乘经典中的《大品般若经》已经提到了菩萨戒的基本内容，此后，《法华经》《十住经》《华严经》《大般涅槃经》等都有对菩萨戒的记述。这些经典经过整合演变，汇集成几部主要的关于菩萨戒的戒经。这些戒经大致可以分为两个系统：一是以《瑜伽师地论》为底本的《瑜伽》系统，主要包括《菩萨地持经》《菩萨善业经》《瑜伽师地论·戒品》等；二是被很多人认为形成于汉地的《梵网经》系统，主要包括《梵网经》和《菩萨璎珞经》。另外《优婆塞戒经》讲的戒法一般也被认为是菩萨戒，但其本质是在家信徒的大乘戒，即纯粹的居士戒。①

印度佛教戒律典籍于三国时期始传汉地，到晋宋时期已经大体完备，隋唐及其以后虽然还有戒律典籍续译，但对中国佛教戒律体系的形成已经不构成大的影响，可以看作是无妨大局的补充。② 从印度佛教戒律始传中国到隋唐时期，戒律在弘传过程中渐次遇到三个方面的问题，有针对性地解决这三个方面的问题，引发了中国佛教戒律三个方面的重大变革。

第一，印度佛教戒律与中国传统礼制的矛盾。

佛教戒律与中国本土礼制规范的差别、矛盾和抵牾之处，在佛教传来之初就被发现了，随着佛教社会影响的扩大，在佛教界和社会上引发了如何解决两者之间矛盾的争论。从《牟子理惑论》到慧远《沙门不敬王者论》《沙门袒服论》等文献，都体现了中国传统礼俗与佛教戒

---

① 参见圣严《戒律学纲要》，宗教文化出版社 2006 年版，第 340 页。

② 现代佛教史著作对戒律典籍的传入都有详略不同记述，大同小异的评论，比较有特点的参见圣严《戒律学纲要》、汤用彤《汉魏两晋南北朝佛教史》等书相关部分。

律规范之间存在的矛盾，反映了为消除矛盾而进行的种种努力。到了晋宋时期，围绕不同问题的争论更加激烈。例如，有僧人主张严格按照印度戒律制度规范僧尼行为，一些寺院采取了踞食方式，僧俗之间因此展开了一场大规模论战。出身儒学世家又虔诚信仰佛教的范泰认为，踞食之法与华夏传统礼仪有冲突，也不符合佛教随方传教的基本精神。他先后向祇洹寺（范泰所建）慧义（372—444）、道生、慧观等法师，以及王司徒（王弘 379—432）等公卿陈述自己的意见，并两次上表宋文帝，试图借助皇权取消踞食。慧义等五十人坚决主张踞食符合佛教戒律，不可更改，又强调居士不应干涉佛教戒律。慧义代表了主张照搬照抄印度佛教戒律的僧俗信众，这些人在当时是多数派，影响比较大。范泰则代表了主张以儒家礼仪变革佛教戒律的僧俗信众，这些人在当时虽然是少数派，却代表着以后中国佛教礼仪发展的方向。此后顾欢作《夷夏论》、道士托名张融作《三破论》，都针对佛教规制发表意见，佛教界与之展开了激烈争论。[①] 只有到了梁武帝时代，如何解决佛教戒律与中国传统礼制之间的矛盾才有了公认的答案。

第二，声闻戒与菩萨戒的矛盾。

声闻戒和菩萨戒是在印度佛教发展的不同阶段出现的，相互之间既有千丝万缕的联系，也有难以弥合的隔阂。如何根据中国佛教界的实际状况对其进行融会贯通，是中国佛教界面临的一个重大问题。

东晋之后，随着戒律经典的传译，南北朝佛教界的学律、习律之风日益盛行。[②] 在声闻戒律方面，北朝开始盛行的是《僧祇律》和《十诵律》，北魏末年，《四分律》开始盛行，并逐渐成为律学的主流；南朝盛行《十诵律》，志道、智称、僧佑都是精通《十诵律》的名家。在菩萨戒方面，以《菩萨地持经》《菩萨璎珞本业经》《梵网经》为主要典据。《菩萨地持经》由昙无谶译出后，在北方很受重视，北朝僧范、慧顺、灵裕、法上都曾为其作疏。由于《地持经》讲的菩萨戒是在声闻戒基础上的加行戒，所以受了声闻戒之后的僧众再受菩萨戒并不矛盾。

① 参见李小荣《弘明集校笺》，上海古籍出版社 2013 年版，第 647—661 页。

② 参见严耀中《东晋南朝佛教戒律发展》，《佛学研究》1996 年，第 210—217 页。

《菩萨璎珞本业经》《梵网经》是在北方形成的经典①，这一系统的菩萨戒是独立的菩萨戒，而且其中有不少排斥小乘的内容，如何将其与声闻戒进行协调是比较困难的。检阅史籍，可以看出，《梵网经》见于记载正是在梁武帝时代。所以，正是到了梁武帝时代，随着习律之风的盛行，随着在家信徒势力的增长，随着政治的需要，如何处理菩萨戒与声闻戒矛盾的问题更为突出。从整个佛教戒律弘传过程考察，梁武帝在处理声闻戒与菩萨戒的关系方面发挥了独特作用，产生了深远影响。

第三，不同系统的声闻戒之间的矛盾。

随着戒律的广泛流传，随着人们对戒律的细节更为熟悉，不同系统的声闻戒之间的矛盾、差异逐渐显露出来，开始影响出家僧众树立戒学理念，从事持戒实践。要彻底解决不同系统声闻戒之间的理论冲突和实践矛盾，就必须从整体哲学思想方面适应中国固有的思想文化，变革印度佛教戒律学，建立中国佛教的戒律学体系。我们认为，结合中国社会的实际，融合大小乘佛教思想，创立中国佛教的戒律学思想体系，实现从印度因果报应戒律学体系向中国体用戒律学体系的转变，是从南北朝时期开始的，完成于隋唐时期的中国律宗成立。② 在这个方面，梁武帝是没有任何建树的，我们不再赘述。

二　协调佛教戒律和中华礼制的关系

梁武帝倡导僧尼素食并获得成功，是协调佛教戒律与中华礼制的一个典型范例。这个成功与梁武帝在变革佛教戒律过程中所秉承的佛教信仰支撑，所具有的中华文化情怀、所顺应的僧尼生活变化潮流直接相关。

在佛教传入中国并发挥重要作用以前，中国传统文化语境中的素食（蔬食）主要具有两方面特殊含义：一、根据儒家“居丧蔬食”的规

---

① 汤用彤认为：“《梵网经》戒本一开始是在北方流行，南方很少有人注意。”汤用彤《汉魏两晋南北朝佛教史》，北京大学出版社 2007 年版，第 597 页。

② 参见拙文《论中印佛教戒律学的哲学转型》，《世界宗教研究》2016 年第 1 期。

定，丧礼期间蔬食成为一种国家礼制，并与孝道联系起来；二、蔬食成为一种品格和德行的象征。首先，根据儒家对君子“安贫乐道”的提倡，蔬食成为士人砥砺品格的象征；其次，根据儒家和道家对隐士生活的渲染，蔬食成为“高尚其事”的隐逸生活的象征。[①] 我们可以看到，在正史中记载了不少“布衣蔬食”的君子或隐士形象。

随着佛教影响力的扩大，人们对僧尼的期望越来越高，逐渐把中国传统中对君子蔬食的道德要求与僧尼联系在一起。从东晋到南朝的宋齐，持此论者代不乏人。比如，东晋释道恒《释驳论》中有“东京束教君子”认为僧尼应该“唯法投足而安蔬食而已。使德行卓然，为时宗仰；仪容邕肃，为物轨则。”[②] 这里蔬食被作为一种基本的僧尼生活准则提了出来。刘宋周朗提出整顿僧团的措施时说到：“今宜申严佛律，裨重国令，其疵恶显著者，悉皆罢遣，余则随其艺行，各为之条，使禅义经诵，人能其一，食不过蔬，衣不出布。”[③] 南齐周颙[④]、沈约[⑤]都结合儒家、道家和佛家的思想来阐述僧尼蔬食的重要性、必要性和神圣性。

总之，在梁武帝之前，已经有不少人结合儒释道三教思想倡导僧尼素食，但是，这还没有成为佛教界的潮流，也远远没有在社会各阶层达成共识。梁武帝承接这种观念，对此类思想进行了集大成式总结，系统

---

① 参见拙著《南朝僧尼与佛教中国化》，（台湾）花木兰出版社 2012 年版，第 192 页。

② 《弘明集校笺》卷 6，上海古籍出版社 2013 年版，第 296 页。

③ 《宋书》卷 82《周朗传》，中华书局 1974 年点校本，第 2100 页。

④ 周颙致信何点：“丈人之所以未极遐蹈，或在不近全菜耶？脱洒离析之讨，鼎俎网罟之兴，载之简策，其来实远，谁敢干议？观圣人之设膳修，仍复为之品节，盖以茹毛饮血，与生民共始，纵而勿裁，将无厓畔。善为士者，岂不以恕己为怀？是以各静封疆，罔相陵轶。况乃变之大者，莫过死生；生之所重，无逾性命。性命之于彼极切，滋味之在我可赊，而终身朝晡，资之以永岁，彼就冤残，莫能自列，我业久长，吁哉可畏。且区区微卵，脆薄易矜，歊彼弱麑，顾步宜愍。观其饮喙飞行，人应怜悼，况可心心扑褫，加复恣忍吞嚼。至乃野牧盛群，闭豢重圈，量肉揣毛，以俟枝剥，如土委地，佥谓常理，可为怆息，事岂一涂。若云三世理诬，则幸矣良快。如使此道果然，而受形未息，则一往一来，一生一死，轮回是常事。杂报如家，人天如客，遇客日鲜，在家日多，吾侪信业，未足长免，则伤心之惨，行亦自及。”（《南齐书》卷 41《周颙传》，中华书局 1972 年版，第 733 页。）

⑤ 沈约：《内典序》，“或坐卧行立，迹不违众，禅业定门，造次无爽。安忍与金石同固，戒行与宝珠等色。虽秋禽季至，春鲔时登，而耿介长蔬。忡怛在念，妙迹匪遐，神涂密迩，有悟必通。”（《广弘明集》卷 19，《大正藏》卷 52，第 231 页。）

论证了僧尼素食的必要性、可能性、权威性、神圣性，并利用政治手段在全国范围内进行推广，使僧尼素食最终成为汉传佛教的一种重要传统。

梁武帝对僧尼素食的集中论证见于《断酒肉文》。这篇佛教戒律变革史上里程碑式的作品发布于何时，存在各种说法。[①] 在新资料发现之前，大致可以判定在天监十六年（517）至普通五年（524）[②] 之间。该文[③]可划分为三个部分，第一部分为5月22日到23日旦举行的第一次法会上的内容。梁武帝说明断酒肉的理由，并令僧尼唱诵断酒肉文。第二部分为5月29日举办的第二次法会上的内容。因当时有僧尼反对断酒肉，梁武帝与法超、僧辩、宝度等律师进行辩论。第三部分为5月29日晚梁武帝向太子左卫率周舍进一步宣说断酒肉的重要性。综观整篇《断酒肉文》，梁武帝主要从三个方面来论证禁断酒肉的重要性、必要性和神圣性。

第一，从坚定佛教信仰和坚持中华固有文化传统方面论证禁断酒肉。

在《断酒肉文》的第一部分[④]，除了仪式性的内容之外，主要是从六个方面论证为什么要禁断酒肉（重点是肉）。梁武帝认为：（1）出家人饮酒食肉有九种不及外道处。（2）出家人饮酒食肉有九种不及在家人处。（3）《涅槃经》中详细说明了肉食的危害。（4）噉食众生是各种苦的原因。（5）噉食众生会导致互成怨对，噉食他人亲人，他人也会噉食自己的亲人。噉食众生会使前世至亲成为怨对。噉食众生会成为一切众生的冤家，妨碍修行。（6）民间祭祀和宗庙祭祀都已经用素

---

① 根据文中“今日大众已应闻知，弟子已敕诸庙祀及以百姓凡诸群祀，若有祈报者，皆不得荐生类”，应作于天监十六年（517）四月下敕宗庙去牲之后（《梁书·本纪）不久。天监十八年（519），梁武帝撰写《出家人受菩萨戒法》，主要依据《地持经》和《梵网经》，但《断酒肉文》中丝毫没有《梵网经》的痕迹，可见《断酒肉文》应在《出家人受菩萨戒法》之前。但普通三年（522）郭祖深的上书，还要求“僧尼皆令蔬食”，则《断酒肉文》又应在522年之后。

② 据《梁书》卷25《周舍传》，周舍死于普通五年，这应是《断酒肉文》发布的下限。

③ 《广弘明集》卷26，《大正藏》第52册，第292—303页。

④ 这一部分，明本《大藏经》（1601年刊本），依据“弟子萧衍，敬白诸大德僧尼”之发语词分为三首，再将“所传之语”列为第四首，合称“断酒肉文四首”。这里只根据意思进行分析。

食，僧尼更应该食素。

梁武帝讲的这六个原因，可以归纳为两个方面，第一是从佛教信仰方面讲。我们知道，从印度佛教方面考察，声闻戒也罢，菩萨戒也好，有关戒律条款虽然禁止杀生，但没有绝对禁止肉食的戒条。《大般涅槃经》中有“一切肉不得食，食者得罪”的说法，但这并不是戒律规定。形成于印度的瑜伽系菩萨戒也没有禁止食肉的规定。因此，禁断肉食，从大小乘佛教戒律中都是找不到根据的。在这种情况下，梁武帝结合佛教的基本教义来论证。他讲的前四个原因就是为禁断肉食这种戒律变革寻找信仰支撑。其中，第一条和第二条是讲出家僧众在道德修养方面应该高于其他宗教派别（外道）和在家信徒，第三条列举倡导断肉的主要经典依据，第四条是联系佛教基本教义论证肉食必须禁断。这四条显示了梁武帝的虔诚佛教信仰。第二是从中国固有文化方面讲。第五条是讲僧尼食肉对家庭亲情的破坏，第六条讲僧尼如果继续食肉都比不上俗人对宗庙祭祀制度①的改革。以上两点都是对中国文化传统中家族本位的重点维护，突出表现了梁武帝的中华文化情怀。

当论证了禁断酒肉既符合佛教教义，又符合中国宗教思想文化传统之后，梁武帝就宣布，若僧尼不断酒肉，他将会动用政治权力进行相应的惩罚。② 梁武帝同时还以身作则，在诸佛、众神面前与僧尼约誓，若自己不能断酒肉、断淫欲等，也将和犯戒僧尼一样受各种地狱之苦。③ 这样一来，梁武帝倡导的断酒肉新戒条就有了现世（政治权力）和后世（因

① 国家宗庙、天地祭祀使用蔬果也是由梁武帝开始实行的。参见拙文《南朝祭祀与佛教》（《青岛大学师范学院学报》2012 年第 6 期）。

② “今日僧众，还寺已后，各各检勒，使依佛教。若复饮酒噉肉不如法者，弟子当依王法治问。诸僧尼若被如来衣，不行如来行，是假名僧，与贼盗不异。如是行者，犹是弟子国中编户一民，今日以王力，足相治问。若为外司听察所得，若为寺家自相纠举，不问年时老少，不问门徒多少，弟子当令寺官集僧众，鸣揵槌，舍戒还俗，着在家服，依《涅槃经》还俗策使。”（《断酒肉文》，《大正藏》第 52 册，第 298 页。）

③ “弟子萧衍，从今以去，至于道场，若饮酒放逸，起诸淫欲，欺诳、妄语，噉食众生，乃至饮于乳蜜，及以酥酪，愿一切有大力鬼神，先当苦治萧衍身，然后将付地狱阎罗王，与种种苦，乃至众生皆成佛尽，弟子萧衍，犹在阿鼻地狱中。僧尼若有饮酒噉鱼肉者，而不悔过，一切大力鬼神亦应如此治问。增广善众，清净佛道。若未为幽司之所治问，犹在世者，弟子萧衍，当如法治问，驱令还俗，与居家衣，随时役使。”（《断酒肉文》，《大正藏》第 52 册，第 297 页。）

果报应）的双重约束力量。

第二，从消除佛教不同类别典籍矛盾说法上论证禁断酒肉。

在佛教戒律典籍中，并没有明确禁断肉食的条文，但是，大乘典籍《涅槃经》中却有这样的记载。梁武帝发布《断酒肉文》之后，仍然有很多僧尼以律典中没有“禁断肉食”一说提出反对意见。为了从根本上论证必须禁断酒肉，梁武帝必须消除律典和《涅槃经》记载的矛盾，为禁断酒肉找到最权威、最终极的证据。5 月 29 日，梁武帝举办第二次法会，专门就这一问题与法超、僧辩、宝度等律师进行辩论。律师们不能否定《涅槃经》说法的权威性、真实性和可靠性，又要维护律典的尊严，就提出一种折中的解释：释迦牟尼佛本意是从根本上禁断肉食，但由于众生的根机利钝（天生素质）不同，不能对任何人都是一种要求，所以对于钝根人（天生素质差的人），只能要求他们逐渐断绝肉食。梁武帝反对这一说法，他指出，如果我们承认律典是优波离依据佛说所制，而律典所记述的时间确实是从佛开始制戒到佛涅槃，那么《涅槃经》中不食肉的规定应该被认定是佛所说，律典中没有这样的记载，说明现在看到的律典不一定是优波离所制，可能是经过此后佛教部派更改的版本。那么，在禁断肉食这一问题上，现存律典的可靠性就被《涅槃经》所取代。这样一来，梁武帝就在坚持佛教基本信仰的前提下，为实行禁断酒肉的新戒律找到了最权威的证据。

第三，从中国僧尼生活发生变化方面来论证禁断酒肉。

梁武帝询问寺院中是否允许食肉，僧辩说许食“三净肉”。接着梁武帝提出一系列问题，质问什么肉才是“净肉”，买的肉是否为“净”等问题。三净肉是指没有看到、没有听到，没有怀疑（为自己）而杀的肉。在印度，僧尼托钵乞食，别人给什么就吃什么，自由选择食物的空间很小，所以并没有特别排斥肉食，在律典中也没有彻底禁断肉食的条文。当然为了涵养慈悲性，最好不要食肉。但在中国，乞食受到极大歧视，佛教传入后，僧尼逐渐改变原来的生活方式，发展出多种多样的寺院经营模式，托钵乞食不再是僧尼生活的主要来源，很多僧尼都有自己的钱财，僧尼获得肉食的主要途径是购买。在这种情况下，用钱买的肉是否属于净肉就成为一个重要问题。梁武帝以解决这个问题为突破口，论证贯彻素食主张。他认为，卖肉的人知道是为买肉的人提供肉，这是为买肉的人杀生，这样的肉不能算是“净肉”。另外，买肉的人是无法区别所买的肉到底是否是为自己杀的。所以，把买来的肉说成“净肉”根本就于理不通，僧尼只能完全禁断肉食。在托钵乞食的生活状态下，禁断肉食几乎是不可能的，但是，中国僧尼基本不再托钵乞食，生活方式发生了变化，这就为禁断酒肉提供了可能性。如果没有中国僧尼生活上的变化，没有寺院制度的变化，这种变革是不可能行得通的。

总之，梁武帝坚守中国固有思想文化，秉承佛教基本信仰理念，关照中国僧尼生活的现实需要，成功推行了僧尼素食的戒律变革。这种变革之所以能够成功，有着深厚的思想文化根源，佛教信仰根源和现实社会根源，并不仅仅是梁武帝个人的作用。这种变革彻底打破了基本戒律不可更改的陈旧观念，为此后汉传佛教戒律的因时制宜开了先河，为佛教与中国文化的融合提供了可资借鉴的模式。

三　协调声闻戒与菩萨戒的关系

在整个佛教戒律体系中，声闻戒是基础、是主体，具有佛祖亲自制定的权威性和神圣性。菩萨戒是后来发展起来的，是新教派对戒律的补充和发展，即便是大乘教派，也没有提出过替代前者的诉求。在整个中国佛教历史上，梁武帝是唯一一位重视协调声闻戒和菩萨戒的帝王。他通过重新编撰菩萨戒法，通过对菩萨戒的创新运用，抬高了菩萨戒的地位，促进了菩萨戒的流行，从而为抬高在家信众在佛教中的地位，为最终建立新的政教关系模式奠定了基础。

菩萨戒经典传入中国稍晚于声闻戒经典。到晋宋时期，随着菩萨戒经典的不断翻译，菩萨戒逐渐流行，据《出三藏记集》记载，当时出现了好几种关于受菩萨戒的书抄，如《菩萨戒自在经》一卷（抄）、《菩萨戒要义经》一卷（抄《菩萨戒》）、《菩萨戒经》一卷（异出本，似抄）、《菩萨受戒法》一卷（异出）、《受菩萨戒次第十法》《菩萨戒独受坛文》一卷。[①]《出三藏集记》卷十二《法苑杂缘原始集目录》列入“受菩萨戒集”的篇目有：《菩萨戒初至次第受法记》《宋明帝受菩萨戒自誓文》《齐竟陵文宣王受菩萨戒记》《天保寺集优婆塞讲记》《齐文宣王集优婆塞布萨记》《宋齐胜士受菩萨戒名录》。[②]《高僧传》《续高僧传》中也记载了不少受菩萨戒的情况。

梁武帝以前，文献中提到的菩萨戒应该主要是指《地持》系菩萨戒。[③] 由于此系菩萨戒据说是弥勒所传，所以《高僧传》中所载慧览所受菩萨戒应该属于《地持》系统。慧览以戒法授于阗诸僧，到建康后，应该也会传授宋境信众。刘宋时期求那跋摩（367—431）译《菩萨善戒经》，宋文帝曾从之受戒。《菩萨善戒经》为《地持经》同本异译，则宋文帝所受菩萨戒也应是《地持》系。梁武帝于天监五年（506）第一次受菩萨戒，应该也是《地持》系菩萨戒。《梵网经》应该是在北魏太武帝灭佛之后，由北方的中国僧人编撰的经典[④]。这一系统的菩萨戒在南北朝前期流传不广，在南朝大概是在梁武帝天监十六年[⑤]之后才引起上层社会的注意，并在梁武帝的提倡下逐渐流行。

梁武帝在《出家人受菩萨戒法》[⑥] 中提到了当时流传的六种菩萨戒法：“鸠摩罗什所出菩萨戒法。高昌昙景口所传受菩萨戒法。罗什是用《梵网经》。高昌云弥勒所集，亦《梵网经》。长沙寺玄畅所撰菩萨戒

---

① 僧祐：《出三藏记集》卷4，中华书局1995年点校本，第103—104页。

② 僧祐：《出三藏记集》卷4，中华书局1995年点校本，第489页。

③ 《高僧传·释慧览》：“仍于罽宾从达摩比丘咨受禅要。达摩曾入定往兜率天，从弥勒受菩萨戒，后以戒法授览。览还至于阗，复以戒法授彼方诸僧，后乃归。路由河南。河南吐谷浑慕延世子琼等敬览德问，遣使并资财，令于蜀立左军寺，览即居之。后移罗天宫寺。宋文请下都止钟山定林寺。孝武起中兴寺，复敕令移住。京邑禅僧皆随踵受业。”（《高僧传》卷11，第418页。）

④ 参见拙著《晋隋之际佛教戒律的两次变革——〈梵网经〉菩萨戒及智顗注疏研究》，中国社会科学出版社2015年版，第115—130页。

⑤ 《断酒肉文》中没有提到《梵网经》，《出家人受菩萨戒法》后面的题名是“天监十八年……敕写”，则《梵网经》被梁武帝注意应在517—519年之间。僧祐（445—518）《出三藏集记》没有著录《梵网经》，但却收录了《菩萨波罗提木叉后记》，慧皎（497—554）曾作《梵网经》义疏。齐梁士人在要求僧尼素食时，都没有提《梵网经》。这些都说明《梵网经》在南朝的流传正是始于梁武帝时代。

⑥ 《出家人受菩萨戒法》应为《在家出家人受菩萨戒法》的一部分，保留在敦煌写经中。这部经现藏于法国巴黎国民图书馆，编目为“伯希和2196号”。土桥高秀于1968年将这部残卷加以校读整理。此处录文即根据土桥高秀《戒律の研究》中著录的原文。

法。京师又有依《优婆塞戒经》撰菩萨戒法。复有依《璎珞本业经》撰菩萨戒法。复有依《观普贤行经》撰菩萨戒法。粗是所见，略出六家。”①

已经有这么多菩萨戒法流传，梁武帝仍然坚持亲自撰写菩萨戒法，直接的原因是他看到了流行的各种菩萨戒法有两个弊端，第一，因为“戒典东流，人各传受，所见偏执，妙法犹漏”。② 他希望在整理众经的基础上撰写一部标准的菩萨戒法。第二，他认为“世间所传菩萨戒法，似欲依二经（《地持经》和《梵网经》），多附小乘行事。”③ 所以，梁武帝要通过撰写《菩萨戒法》确立统一的菩萨戒规范，其基本原则是：“今所撰次，不定一经，随经所出，采以为证。于其中间，或有未具。参以所闻，不无因缘。不敢执己怀抱，妄有所作。唯有撰次，是自身力集。为在家出家受菩萨戒法。”遵循佛经所说，这是一个佛教徒的基本立场。但不同的佛经在同一问题上往往有不同的说法，采取何种说法，撰写者具有一定的自由。

在梁武帝的时代，菩萨戒虽有流传，但主要依附小乘，也就是说菩萨戒并没有取得独立地位，这与《地持》系菩萨戒作为加行戒的特点密切相关。出家人在僧团中的地位主要由所受声闻戒决定，而在家人即使受过菩萨戒，在佛教中的地位也远远低于出家人，这也是智藏敢于升御座，抗礼帝王的依据。④ 通过《出家人受菩萨戒法》，我们可以看到，梁武帝希望用菩萨戒法概括大乘菩萨的一切修行实践，通过抬高菩萨戒在整体戒律体系中的地位，抬高在家信众在佛教界的地位。

《出家人受菩萨戒法》征引了十四种佛经，完整叙述了菩萨戒的内容和受菩萨戒时的戒场布置、仪式过程等，体现了对当时存在的各种

---

① 《出家人受菩萨戒法》，第847页。智顗（538—597）《菩萨戒义疏》也提到了六种戒本：“一、《梵网》本，二、《地持本》，三、《高昌本》，四、《璎珞》本，五、新撰本，六、制旨本。《优婆塞戒经》偏受在家，《普贤观》受戒法，身似高位人自誓受法，今不具列。”智顗除了增加了梁武帝的制旨本和武帝以后出现的新撰本外，对于梁武帝提到了六种受戒法都有涉及，只是将那些不怎么流行的没有单独列出。

② 《续高僧传》卷6，中华书局2014年校点本，第180页。

③ 《出家人受菩萨戒法·序》。

④ 见《续高僧传》卷5《智藏传》，中华书局2014年校点本，第170页。

戒律的融合。纵观《出家人受菩萨戒法》的内容，我们可以看出，虽然这里的菩萨戒基本框架是依据《地持经》，但其中对菩萨戒的重视程度远远超过《地持经》。在《地持经》中三种戒是指律仪戒、摄善法戒，摄众生戒。《出家人受菩萨戒法》却称：摄大威仪戒（或调御戒）、摄善法戒、摄众生戒，将《地持经》中的三种戒合称“菩萨律仪戒”，这不仅仅是简单的名称变化，而是具有将菩萨一些修行活动都纳入戒律范畴的意向，也就是用菩萨戒来整合佛教所有理论和实践的意向。

大威仪戒的内容指声闻戒（三归、十戒、具足戒），但却需要重受或转受。重受戒，相当于否认原来所受戒，需要重新依次受戒（三归、十戒、具足戒、菩萨戒）：

> 出家人重受调御戒，不如初受法，依和尚受，三归十戒，三师七证，受具足戒，重受调御戒者，受菩萨戒日，即于坛上次第具受。请佛为和尚（《观普贤行经》以佛为和尚）智者为阇梨，大地菩萨为证。出家人，若重受调御戒者，如前法，先忏悔（忏法异转戒忏，转戒忏法，如别说）次发菩提心（忏悔，如前说。皆是未受菩萨戒日）然后具足受菩萨律仪戒。

重受调御戒的方法与受声闻戒相比，已经发生了很大变化，授戒师不再是声闻戒的和尚、三师七证等，而以佛为和尚，以智者为阇梨，以大地菩萨为证人。这从理论上取消了声闻戒中戒师的重要性。重受戒之前还需要忏悔、发菩提心，这都是对菩萨的更高要求。转受调御戒的做法，虽承认原来所受声闻戒继续有效，体现了对声闻戒的继承和尊重，但也表明对菩萨戒更为重视，如忏悔时，最好向智者忏悔，在没有智者（授菩萨戒的戒师）的情况下，才向有德行的大比丘（或比丘尼）忏悔。这些创新做法表明：菩萨戒不仅高于声闻戒，而且正是菩萨戒赋予了声闻戒以权威性和神圣性。

摄善法戒、摄众生戒的内容，虽是集合《地持经》《大集经》和《发菩提心经》而成，但从名称看，更多采用《大集经》和《发菩提心经》的说法，把菩萨的六度四摄等都包含在菩萨戒中。此外，在“羯磨”部分，智者询问受菩萨戒者能否行菩萨戒时，详细列举了摄众生、摄善法的二十种舍身苦行行为，对菩萨精神高度赞扬。正式受戒之前，还要先立菩萨名：“善男子，受菩萨戒，是生在佛家，应当有名以自建立。”这些都体现了对菩萨精神及菩萨戒的高度重视。

《出家人受菩萨戒法》虽承认《地持经》在菩萨戒中的地位，但对《梵网经》似乎更为重视。最后一部分“略说罪相九”指出：“法弟住律仪戒，菩萨有十波罗夷处法。”而十波罗夷法的内容，完全等同于《梵网经》中的“十重波罗提木叉”。如果参照《地持经·方便处戒品》的结构，智者授完菩萨戒后，说“菩萨住律仪戒者，有四波罗夷处法。”四波罗夷以下才是《地持》系菩萨戒的戒条（四重四十三轻）内容。那么，《出家人受菩萨戒法》中真正属于戒条的应该就是十波罗夷法，而这正来源于《梵网经》。梁武帝重视《梵网》系菩萨戒，为汉传佛教戒律体系的最终完成确定了方向。

梁武帝不仅通过撰写菩萨戒法来抬高菩萨戒，而且亲自受戒，身体力行地推广菩萨戒。天监十八年四月八日，梁武帝受菩萨戒。在他的感召下，“皇储以下爰至王姬，道俗士庶，咸希度脱。弟子着籍者，凡四万八千人。”① 这无疑大大促进了菩萨戒在社会不同阶层的流行。突出菩萨戒的重要性和殊胜性，这就提高了在家信众在佛教中的地位。对于梁武帝个人来说，以国王身份受菩萨戒，为他获得在佛教中的至高无上地位提供了经典依据。大同年间（535—546），梁武帝打算自任“白衣僧正”，也是这一思路的延续。这个没有实现的愿望，恰恰真实反映了梁武帝通过协调声闻戒与菩萨戒关系，通过抬高菩萨戒地位，进而抬高在家信众在佛教中的地位，建立政权和教权统一的新型政教关系的意图。

（本文发表于《世界宗教文化》2016 年第 3 期）

① 《续高僧传》卷 6，第 184 页。

智顗《菩萨戒义疏》与法藏《梵网经菩萨戒本疏》比较研究

《梵网经》菩萨戒是汉传佛教菩萨戒的主要依据，在佛教戒律史上具有重要地位。《梵网经》菩萨戒曾引起跨地区、跨时代、跨宗派僧人的广泛关注，从隋代智顗到清代德玉，现存的《梵网经》注疏共有29家34种，这些注疏者包括中国、新罗（今韩国和朝鲜）、日本的很多大师级人物，包括天台、华严、唯识、律宗、禅宗、净土宗各派有影响的高僧。其中，天台宗创立者智顗（538—598）《菩萨戒义疏》是现存最早的《梵网经》菩萨戒注疏，被称为“旧疏”，后世诸多《梵网经》注疏以此为基础；华严宗三祖法藏（643—712）《梵网经菩萨戒本疏》开创了《梵网经》注疏的新传统，被称为“新疏”，历史上也有不少注疏以此为依据。

一　智顗《菩萨戒义疏》与法藏《梵网经菩萨戒本疏》

《菩萨戒义疏》（以下简称《义疏》）两卷，《大正藏》本列著者为“隋天台智者大师说　门人灌顶记”。从现存资料看，近代以前没有人怀疑《菩萨戒义疏》为智顗所作。20世纪中期，日本学者提出了不同看法，代表性人物主要有佐藤哲英，他在《天台大师之研究》一书中指出《菩萨戒义疏》不是智顗著作，但在8世纪初已经存在。[①] 对此台

① ［日］佐藤哲英：《天臺大師の研究》，京都：百華苑1961年版，第414—415页。

湾学者陈英善进行了批驳。[①] 笔者在《智顗与〈菩萨戒义疏〉关系考辨》一文中补充了陈英善的观点，认为无论从《菩萨戒义疏》出现的时间，其中所体现的天台宗思想，还是智顗对《梵网经》的重视，都可以将《菩萨戒义疏》看作智顗著作。[②]

《梵网经菩萨戒本疏》（以下简称《疏》）六卷，《大正藏》本列著者为“魏国西寺沙门法藏撰”。自古以来，对于这部注疏的作者没有疑问。法藏之前，现存的《梵网经》注疏还有新罗僧人元晓（617—?）的《梵网经菩萨戒本私记》一卷和《菩萨戒本持犯要记》一卷。《梵网经菩萨戒本私记》中有几处似乎与《义疏》有关，如：“（杀法）《疏》云，以杀具刀杖等为法。然而无合于义。”[③] 考察《私记》所涉及的内容，此处的《疏》应该就是指《义疏》。《私记》中有：“今此卷者，《梵网经》大部中一品，上卷者明菩萨心地法门，此下卷中明菩萨戒相。”[④] 与《义疏》相关论述基本相同。另外，杀戒中约三品众生辨非、六种杀的分类以及构成重罪的条件等内容与《义疏》也非常相似。元晓生活的时代基本在唐前期，公元644年曾与义湘一起计划入唐求法，但未成行。法藏在《大方广佛华严经疏》卷二列举各种判教：

> 三、唐初海东元晓法师，亦立四教：一、三乘别教，如四谛缘起经等。二、三乘通教，如《般若》《深密经》等。三、一乘分教，如《梵网经》等。四、一乘满教，如《华严经》等。然三乘共学，名三乘教。于中未明法空，名别相教。说诸法空，是为通教。不共二乘，名一乘教。于中未显普法，名随分教。具明普法，名圆满教。然此大同天台，但合别圆，加一乘分耳。[⑤]

---

① 陈英善：《天台智者的戒体论与〈菩萨戒义疏〉》，《佛学研究中心学报》2007年第5期。

② 夏德美：《智顗与〈菩萨戒义疏〉关系考辨》，中华宗教文化交流协会主编：《汉传佛教祖庭文化国际学术研讨会文集》，宗教文化出版社2016年版，第735—738页。

③ 元晓：《梵网经菩萨戒本私记》，《卍续藏》，第38册，第281页。

④ 元晓：《梵网经菩萨戒本私记》，《卍续藏》，第38册，第274页。

⑤ 《大正藏》，第35册，第509页。

在元晓的判教中，《梵网经》属于仅次于《华严经》的“一乘分教”，其对《梵网经》是非常重视的。法藏对元晓的判教是不满意的，他认为元晓的判教和天台宗基本相同。可见，元晓虽为华严宗僧人，却深受天台宗影响，其《私记》作为对《梵网经》的一种注疏，应该参考了智顗《义疏》的内容。

法藏《疏》中却几乎看不到《义疏》的影响，《疏》中有言：

> 又闻西国诸小乘寺，以宾头卢为上座。诸大乘寺以文殊师利为上座，令众同持菩萨戒，羯磨说戒，皆作菩萨法事，律藏常诵不绝。然声闻五律四部，东传此土，流行其来久矣。其于菩萨律藏迥不东流，昙无谶言于斯已验。致使古来诸德或有发心受戒，于持犯暗尔无所闻。悲叹良深，不能已已。藏虽有微心，冀兹胜行，每慨其斥阙，志愿西求，既不果遂，情莫能已。后备寻藏经，捃摭遗躅，集菩萨毗尼藏二十卷，遂见有菩萨戒本，自古诸贤未广解释。今敢竭愚诚，聊为述赞，庶同业者粗识持犯耳。①

法藏羡慕西国大乘寺菩萨戒的普遍传诵，感慨汉地菩萨律藏的缺失，想西行寻求，但没有如愿以偿，于是遍寻藏经，从中集出 20 卷菩萨毗尼藏，并发现了菩萨戒本，即《梵网经》菩萨戒本。对这一戒本，他认为自古以来没有人进行详细的解释。据此，法藏生活的时代，汉地不仅《菩萨戒义疏》，就连《梵网经》菩萨戒也流传不广。

但新罗义寂所作《菩萨戒本疏》，则既参考法藏注疏，也多处直接使用智顗《义疏》的内容。义寂应为法相宗僧人，曾问学于义湘（625—702）。义湘是新罗华严宗创立者，年长法藏 18 岁，与法藏同学于智俨门下。义寂《菩萨戒本疏》撰述时间应该略晚于法藏。可见唐朝前期，《义疏》和法藏《疏》在新罗都已有一定流传。天台宗九祖荆溪湛然（711—782）门下弟子明旷作《天台菩萨戒疏》，虽“以天台为

① 法藏：《梵网经菩萨戒本疏》，《大正藏》，第 40 册，第 605 页。

宗骨"[1]，却已经多处使用法藏《疏》的内容。可以说，唐中期，《义疏》和法藏《疏》在汉地都广泛流传。

近代以弘扬戒律为己任的弘一法师将《梵网经》注疏分为旧疏和新疏，并对各种注疏进行了评价，认为："习旧疏者，以智者《义疏》为主，明旷《戒疏删补》、藕益《合注》补之。(莲池《发隐》等可缓阅。)元晓《私记》及《持犯要记》甚有精义，并宜详研。藕益而后诸家著作，有明弘赞《略疏》、寂光《直解》、清德玉《顺朱》、书玉《初津》等，以弘赞、书玉之作较胜。（亦宜缓阅。）新疏中以贤首《疏》、义寂《疏》、太贤《记》三种为最精湛。……学者应专宗一种为主，而以他二种辅之。胜庄《述记》可参阅。(若习贤首《疏》者，并宜参阅法铣《疏》残本。)元晓《私记》及《持犯要记》虽随宜判入旧疏，然其书甚有精义，习新疏者亦宜学之。其他如唐传奥《记》、宋慧因《注》等，皆可不阅。"[2]

旧疏与新疏的划分不完全以著作者的宗派属性为标准，比如元晓为华严宗僧人，其注疏却属于旧疏。那么，新疏与旧疏区分的最重要依据是什么呢？圣严法师认为："旧疏与新疏的最大不同点，是在于对十条重戒条文的判别；旧疏大体是比照声闻戒立论的，以为十条戒的条文中所指者，有重也有轻；举轻而况重，比如杀人犯重，杀异类众生犯轻。盗五钱以上犯重，盗五钱以下犯轻。大妄语犯重，小妄语则为轻罪。但以新疏而言，以为菩萨之重，重于声闻，所以'乃至有命者，不得故杀'；'乃至鬼神有主劫贼物，一切财物，一针一草，不得故盗'；'乃至见言不见，不见言见，身心妄语'若犯者均得波罗夷罪。"[3] 笔者认为这种观点大致是合理的，但并没有充分论证，对旧疏与新疏的差异没有系统说明。接下来我们将通过比对《义疏》与法藏《疏》的相关内容，探讨旧疏与新疏的具体差异，展现天台与华严思想对两种注疏的影响。

---

① 明旷：《天台菩萨戒疏》卷1，《大正藏》，第40册，第580页。

② 弘一：《梵网十重戒诸疏所判罪相缓急异同表》，《弘一大师全集》（修订版）编辑委员会编：《弘一大师全集》（第一册），福建人民出版社2010年版，第261—262页。

③ 圣严：《戒律学纲要》，宗教文化出版社2006年版，第355页。

二 对重戒的判释——以杀戒为例

《梵网经》菩萨戒包括十种重戒（杀戒、盗戒、淫戒、妄语戒、酤酒戒、说四众过戒、自赞毁他戒、悭惜加毁戒、嗔心不受毁戒、谤三宝戒）和四十八种轻戒。十重戒是在总结各种经律基础上形成的，包括了所有大小乘经律中涉及的重戒，把佛教最为反对、最为痛恨的违背道德规范的内容都包罗殆尽，把佛教认为对修行解脱、对僧团团结最具破坏力的内容都概括无遗。[①] 我们以杀戒为例，看一下《义疏》和法藏《疏》的特色。

（一）构成犯重戒的条件

对于重戒而言，构成重戒的条件（在佛教中称为“因缘”）非常重要，缺少任何一个条件，都不构成重戒，因此《义疏》在对每一重戒的解释中都详细列举了构成重戒的各种要素。在“杀戒”中，关于怎样才构成重罪，《义疏》列举了四个条件：一、是众生，二、众生想，三、杀害（后面的解释中为“杀心”，杀心应该更为准确），四、命断。声闻广律在讨论构成波罗夷罪（即重罪）时，也都详细分析各种要素，但只有《摩诃僧祇律》进行了言简意赅的总结：

> 有五事具足，杀人犯波罗夷。何等五：一者人，二者人想，三者兴方便，四者杀心，五者断命，是名五事。[②]

《优婆塞戒经·业品》在分析十恶业道时也对构成要素进行了总结：

> 善男子，是十业道，一一事中各有三事：一者根本，二者方

① 参见拙著《晋隋之际佛教戒律的两次变革》，中国社会科学出版社2015年版，第38页。

② 《摩诃僧祇律》卷4，《大正藏》，第22册，第257页。

便，三者成已。根本者，若有他想，有众生想，若以疑心断其命根，若动身作相，或口说杀，是名根本。求刀磨利，置毒作索，是名方便。杀已手触，称量提持，若自食噉，若与人食，得物用度，任意施与，欢喜受乐，无有惭愧，心不悔恨，自赞其身，生大骄慢，是名成已。①

《十地经论》在解释第二地“离垢地”成就十善业道时，提出了五个方面的内容：

《经》曰：诸佛子，菩萨住菩萨离垢地，自性成就十善业道，远离一切杀生，舍弃刀杖，无嗔恨心，有惭有愧，具足怜悯于一切众生，生安隐心、慈心，是菩萨尚不恶心恼诸众生，何况于他众生起众生想故起重心身行加害?②

《论》曰：于中粗行有五种：一者身，如《经》他故。二者事，如《经》众生故。三者想，如《经》众生想故。四者行，如《经》故起重心故。五者体，如《经》身行加害故。③

净影慧远《十地义记》解释以上内容时，提到：

四粗有五下，就粗分别具杀因缘，依余经论，杀有四缘：一是众生，二众生想，三者杀心，四断相续。今初缘中离分为二：初言身者，简自取他，所杀之体名为身也。二言事者，简异非情，明可杀事。三言想者，知是众生。四言行者，故起杀心，思心起杀，故名为行。五言体者，杀业正体。④

《瑜伽师地论·摄决择分中有寻有伺等三地之二》：

① 《优婆塞戒经》卷6，《大正藏》，第24册，第1067页。
② 《十地经论》卷2，《大正藏》，第23册，第145页。
③ 《十地经论》卷2，《大正藏》，第23册，第146页。
④ 慧远著：《十地义记》卷3，《卍续藏》，第45册，第118页。

> 复次，若广建立十恶业道自性差别，复由五相。何等为五？一、事，二、想，三、欲乐，四、烦恼，五、方便究竟。事者，一一业道各别决定所依处事，或有情数，或非有情数，随其所应十恶业道依之而转。想者，有四，谓于彼非彼想，非于彼彼想，于彼彼想，非于彼非彼想。欲乐者，或有倒想，或无倒想，乐所作欲。烦恼者，或贪、或嗔、或痴，或贪嗔、或贪痴、或嗔痴，或贪嗔痴一切皆具。方便究竟者，即于所欲作业随起方便，或于尔时，或于后时而得究竟。由此五相于杀生乃至邪见诸业道中，随其所应当广建立圆满自性十种差别。①

很明显，《义疏》采用了慧远《十地义记》提到的说法，来解释杀戒中构成重戒的要素。

法藏《疏》从十个方面解释“杀戒”，其中第四“具缘”部分说明了构成重罪的条件，分为通缘和别缘：

> 第四具缘者，有二：一通，二别。通缘有三：一是受菩萨戒人，以不受戒无犯故。《经》云：有犯名菩萨，无犯名外道。二是住自性，谓非颠狂等，以彼无犯故。三无开缘，谓即救生无间苦等。此三通诸戒。三别缘者，依《地论》五缘：一、是他身，简自故。二、是众生，简机等故。三、有众生想，简迷心故。四、起害心，简无杀意故。五、正加害，简未害故。依《对法论》亦五缘：一、事，谓有情数。二、意乐，谓起此想及必害意。三、方便，谓为害故加刀杖等。四、烦恼，谓贪、嗔、痴。五、究竟，谓彼有情由方便故或无间死或后时死。合此二论，通具七缘：一、他身，二、众生，三、起众生想，四、杀心，五、加刀杖等，六、有三毒，七、断正命。并上通缘，总有十种，可知。②

---

① 《瑜伽师地论》卷59，《大正藏》，第30册，第630页。

② 法藏：《梵网经菩萨戒本疏》，《大正藏》，第40册，第610页。

法藏关于通缘和别缘的区分应该是依据法砺（569—635）《四分律疏》，法砺疏是现存最早的《四分律》疏，其中有：

> 三具缘成犯，亦有通别。言通者，人解具缘，一切诸戒咸具五缘，谓：一、是比丘，二、有所对，三、有心，四、心境相应，五、事成究竟。唯除淫、酒，阙无相应。非无此义，太成漫该，不存此说。今者解释，自有通别。通缘有三：一、是大比丘，简非所被，文言若比丘故。二、制广教后，以其初人教未摄故。三、无量病坏心，简痴狂等。①

关于别缘的具体内容，《疏》则综合了《十地经论》和《对法论》的说法，概括了七项，显得比较繁琐。

（二）杀的对象

对于杀戒构成重罪的第一个条件，即杀的对象，《义疏》和《疏》有着不同的要求，按照《义疏》的理解，众生可以分为三品：一、上品（诸佛、圣人、父母、师僧），杀则犯逆。其中圣人究竟何指，《义疏》没有具体列出，只讨论了杀三果人是逆还是重的问题，列举了两种相反的观点，并未取舍。关于菩萨，则取“不作二乘为毕定位，或取七心以上”为圣人，杀则成逆。关于杀养胎母，《义疏》也列举了两种相反的观点。二、中品，人、天，杀则犯重。三、下品，即四趣众生，杀下品众生是否成重，《义疏》也列举了两种相反的观点，根据其下文“乃至一切有命下，第三举重况轻”之文，以及其他戒条中“上中境重，下境轻”的解释，智顗应该倾向于认为杀四趣众生不成重罪。这种观点被旧系注疏所沿用，或者说在这个问题上的不同意见是判断旧疏与新疏的重要标准。

法藏《疏》中，关于众生，列举了两种观点：一、七种众生，二、

---

① 法砺：《四分律疏》卷2，《卍续藏》第41册，第566页。

有情众生。根据前面“缺缘”部分中“次缺第二缘（众生），有二差别：一若诸趣相差俱得重，以七缘不缺故。二若非情来替，有二罪……得重方便……得中方便”，“轻重”部分中“一约生，断命一切皆夷”及总论十重部分第四明犯境中“一、约情非情境者，谓前九全及，第十少分。……杀、妄、说、毁，此四通七，除佛、法、非情”，法藏应该倾向于第二种观点，即认为杀有情众生才构成重罪。

《义疏》与《疏》，分歧最大的地方在于，杀四趣众生是重罪还是轻罪的问题，《义疏》倾向于轻，不是重，这符合声闻律的原则，具有可操作性。法藏《疏》则倾向于认为杀一切有情众生都是重罪，体现了对菩萨的更高要求，在实践中却很难实行。

（三）杀的种类

关于杀的种类，《义疏》的解释遵循了《梵网经》的思路，明显不符合逻辑，却影响了此后大多数注疏的解释方式。法藏《疏》纠正了《梵网经》中矛盾的表述，做出了清晰的说明。

关于杀戒的具体规定及杀的种类，《十诵律》规定：“若比丘，若人，若人类，故自夺命，若持刀与，教死、叹死。作如是言：人用恶活为，宁死胜生。随彼心乐死，种种因缘教死、叹死。死者，是比丘波罗夷，不应共住。”[①] 关于杀的种类，《十诵律》依据能杀之人和使用的“工具”进行了两种分类，“比丘有三种夺人命波罗夷：一者自，二者教，三者遣使。复有三种夺人命：一者用内色，二者用非内色，三者用内非内色”[②]。然后详细列举了十五种杀的方法。《僧祇律》规定：“若比丘自手夺人命，求持刀与杀者，教死、叹死：咄！人用恶活，为死胜生。作是意，作是想，方便叹誉死，快令彼人死。非余者，是比丘波罗夷，不应共住。”也列举了杀的各种方法：“比丘杀人者，若用刀杀，若毒杀，若涂杀，若吐杀，若下杀，若堕胎杀，若说相杀，叹誉杀。”[③]

---

① 《十诵律》卷2，第7页。

② 《十诵律》卷2，第8页。

③ 《摩诃僧祇律》卷4，《大正藏》，第22册，第254页。

《四分律》规定："若比丘，故自手断人命，持刀与人，叹誉死、快劝死：咄！男子，用此恶活为？宁死不生。作如是心思惟，种种方便叹誉死、快劝死。是比丘波罗夷，不共住。"列举了杀的方式："杀者若自杀，若教杀，若遣使杀，若往来使杀，若重使杀，若展转遣使杀，若求男子杀，若教人求男子杀，若求持刀人杀，若教求持刀人杀，若身现相，若口说，若身口俱现相，若遣书，若教遣使书，若坑陷，若倚发，若与药，若安杀具。"[①] 综合这几种广律关于杀戒的规定，可以看到从能动者的角度来看，杀可以分为自杀和教人杀，唐代法砺和道宣的注疏也都是从这个角度来分析。[②] 在三种广律中，关于杀的种类，《十诵律》概括得比较有条理，这种概括也被《佛说优婆塞五戒相经》沿用，[③] 但遣使杀实际上可以包含在教他杀之中。

《梵网经》关于杀戒的规定，明显参考了广律的文字，现存的《梵网经》版本所列的杀法不同，有的版本（如《高丽初雕本》《法隆寺本》等）列了六种，将方便杀列为一种，有的版本（如《大正藏本》《碛砂藏》等）则列为五种，方便作为修饰词修饰赞叹。根据上引文，《僧祇律》和《四分律》中提到的"方便"都不是单独的一种杀法，而是指用种种方法叹誉死。《十诵律》相应位置使用的是"种种因缘"，正可以体现"方便"在此处的本义。《梵网经》杀戒中提到的"方便赞叹杀"虽有不同的表达，但结合盗戒中提到"方便盗"，妄语戒中提到"方便妄语"，则《梵网经》应该是将"方便"作为一种独立的方法。显然，《梵网经》对各种杀法的描述并不是在一个逻辑层次上，方便杀可以归入自杀或教他杀，赞叹杀属于教他，咒杀涉及更具体的杀的工具，当然也可以划分为自作咒语和教他作咒语。"见作随喜"，意思就是看到别人杀生，自己心里高兴，这在广律中没有被作为杀的种类，也

① 《四分律》卷2，《大正藏》，第22册，第576页。

② 法砺：《四分律疏》："戒本六句：一、人。二、故自手自煞业。三、人命者，所害境。四、持刀下，教煞业，文二：初举教煞，于中持刀与人者。安煞具煞。叹誉死，口赞煞。劝死下，是劝煞。二作如是心下，总以结前三句。五、结罪。六、治摈。"道宣：《四分律删繁补缺行事钞》："杀有二种：一者自杀……而教他而杀。"（《大正藏》，第40册，第582页）

③ 《佛说优婆塞五戒相经》卷1："犯杀有三种夺人命：一者自作，二者教人，三者遣使。"（《大正藏》，第24册，第939页）

就是说是不构成杀戒的，《梵网经》中却将其列为杀戒之一种，充分体现了菩萨戒重视心法的特点。求诸经籍，这也不完全是新的创造，《杂阿含经》卷三十七“一〇五九经”：“有四十法成就，如铁枪投水，身坏命终，下生恶趣泥黎中。何等为四十法？谓手自杀，教人令杀，赞叹杀生，见人杀生心随欢喜……”[①] 这里列出四种杀的种类，其中第四种就是“见作随喜”。或许《梵网经》正是参考了《杂阿含经》所提到的地狱之业而认为杀戒之中也应该包括“见作随喜”。总之，不管这是《梵网经》的独创，还是受到《杂阿含经》的启发，都表明《梵网经》菩萨戒要求更为严格，对菩萨而言，不仅要控制自己的行为，更要控制自己的内心。

《义疏》并没有纠正《梵网经》中比较混乱的说法，只是顺着《梵网经》的思路给出了一定解释，其解释“方便杀”为：“即杀前方便，所谓束缚系等。”[②] 对何为赞叹杀，《义疏》没做具体解释，对于“随喜”解释为“奖劝令命断”，这相当于《四分律》中的“快劝死”，体现了智顗依据声闻律解释《梵网经》的原则，反而掩盖了《梵网经》中更高的要求（“快劝死”是指在他人没死之前，劝其死。“见作随喜”，是指看到别人做杀生之事，跟着欢喜）。

法藏《疏》似乎意识到了《梵网经》的矛盾之处，给出了较为合理的解释。他将杀戒中“举过”部分科判为四项，其中前两项（一，明能杀位，二，杀相差别）是对“若自杀、教人杀，方便赞叹杀、见作随喜，乃至咒杀”的解释，其将杀的种类分成四种：一，自杀，二，教他杀，三，方便赞叹杀，四，见作随喜。将方便赞叹作为一种，符合了广律的规定，又将咒杀作为杀相中的一种，克服了《梵网经》中逻辑不清的缺点，并对后三种杀（都属于教他的范围）进行了区分：“有二别：一，约三时，谓初约未杀教遣杀，次约正杀赞有德，后约已杀生随喜。二，约三类，初约下位人便令杀，次约中位人虽不可使杀方便赞

① 《杂阿含经》卷37，《大正藏》，第2册，第275页下栏。

② 智顗：《菩萨戒义疏》，《大正藏》，第40册，第571页。

美令得成杀，后约上位不可对赞但见彼杀已还生随喜，俱得重罪。”[①]这里将方便赞叹杀、见作随喜与教他杀联系到一起，将其理解为教他中的两项内容，显得比较有逻辑。此外法藏显然是将“见作随喜”理解为对已进行或已完成的杀事随喜，这种解释更符合《梵网经》对菩萨提出的更为严格的要求。

总之，对于重戒的解释，《义疏》以声闻戒为标准，尽量将《梵网经》过高的要求落实到实处，使之具有可操作性。法藏《疏》则沿着《梵网经》的思路，强调菩萨戒重视心法的特点，突出菩萨戒的更高要求，又对《梵网经》菩萨戒的一些不合适表述进行更正。

三　对轻戒的解释——以对小乘的态度为中心

《梵网经》四十八轻戒主要涉及个人和僧团生活方面的具体要求，还包括对待小乘佛教的态度。总体而言，《梵网经》戒条虽然吸取了声闻戒律的不少内容，但却舍弃了更多内容，在态度上更是明显排斥小乘。在四十八轻戒中，涉及对小乘态度的主要有第八戒、第十五戒、第二十四戒、第三十四戒，另外第三十八戒关于座次问题，也涉及对大小乘的态度。以下我们将详细比较、分析《义疏》与《疏》解释这五戒的相关内容。

（一）第八戒

《义疏》列戒名为“背大向小戒”[②]，依次解释了四个方面：（1）心背大乘经律，《义疏》认为如果心里对于大小乘的优劣犹豫不决，还没有最终判断，犯轻垢；如果认为大乘一定劣于小乘，就失去菩萨戒（也就是犯重戒）了。（2）言非佛说，《义疏》认为有两种情况，“若法相说戒善已谢，正犯性罪；若非法相说，犯第十重”。此句非常难

① 法藏：《菩萨戒本疏》卷1，第612页。
② 智顗：《菩萨戒义疏》卷2，第575页。

解，根据义寂《菩萨戒本疏》的引用，“法相”当为“法想”，则这几句话的意思应为：如果心里认为大乘经律是佛法，却说出不是佛说的话来，就犯性罪（应为妄语）；如果心里不认为大乘经律是佛法，说出不是佛说的话来，就犯谤三宝罪。总之，这两种情况都犯重罪。（3）受持二乘，《义疏》认为这里是指“欲受”。（4）外道恶见，《义疏》列举了两种观点：一种认为二乘相对于大乘都是外道，一种认为外道恶见是指六师法。《义疏》对此戒的解释并没有列出适用范围和大小乘的区别。

法藏《疏》列此戒名为“背正向邪戒”①，从内容上看，似乎更为合理。法藏对轻戒的解释，与对重戒的解释（从十个方面）略有不同，是从制意、次第、释名、具缘、缺缘②、轻重、通塞、释文八个方面进行解释（下同）。法藏在解释中特别强调了对二乘的态度，在“制意”中，他首先指出：“菩萨理弃舍二乘，受持大乘真实之法，方名菩萨。而今乃弃大归小，失其正行，乖理之极，故须制也。”然后又引用《涅槃经》《大品般若经》，极言对二乘的排斥，又在“通塞”部分中指出：“此戒一向不开，以诸菩萨无有暂时舍大乘故。”在解释“一切禁戒”时，指出：“或是外道乌鸡、鹿、狗戒等，或小乘乖大之戒。”相比之下，《义疏》对于“一切禁戒”究竟何指，没有任何解释。这些都表明法藏秉持了《梵网经》对声闻戒的排斥态度。但法藏在谈到此戒的“具缘”问题时，列举的第四项是“舍此受彼”，似乎只有具备四项条件，才构成轻垢罪。这与《义疏》认为心中谋划就成轻垢，而决定认为大劣小胜就失戒相比，反倒更为宽松。

总之，对于此戒的解释，《义疏》认为此戒是适用于大乘众的，对怀疑大乘经律的态度比较严格，但是对小乘经律却没有特别的批判。法藏《疏》一方面对构成此戒的条件有所放松，另一方面对小乘戒律却极为排斥。

---

① 法藏：《梵网经菩萨戒本疏》卷5，第638页。

② 犯重罪，缺缘可以构成轻罪，或者不犯。犯轻垢罪，如果缺缘，可以不犯，但有的情况也会犯，其中如何区分就比较麻烦，所以《义疏》在轻罪中并没有列出构成要素，法藏却依然列出，其采取的方式是在轻罪中再分上罪、中罪和小罪。显得过于烦琐。

（二）第十五戒

《义疏》列戒名为“僻教戒”[①]，指出了制定此戒的原因：“使人失正道故制。”《义疏》指出此戒的适用范围，“七众同犯，大小乘不共，以所习异故”，对大小乘提出了不同要求。对内容的科判分为三项：一、举所应教人，二、明应，三、明不应。最后指出开缘：“若见机益物，不犯。”

法藏《疏》列此戒名为“法化违宗戒”[②]，仍然从八个方面解释此戒。其中颇可注意者，是其特别强调不应以二乘小法教化，指出这种做法“违理违愿”，“违本所宗”，在最后还特别引用《大集经》中“劝学小乘是魔业”之语，可见其排斥小乘的严厉态度。《疏》中还依据《瑜伽·戒品》列举了开缘不犯的情况，具有一定的灵活性。《疏》对内容的科判与《义疏》不同，分为两项：一、顺理应行，二、违教结犯。

（三）第二十四戒

《义疏》列戒名为“不习学佛戒”[③]，解释制戒之意为：“不务所务，不应学者，乖出要之道，故制。”适用范围为：“七众同犯，大小不全共。”接着指出大小乘的区别：“菩萨应大乘在先，不限时节。声闻五岁未满，五法未明，若学失所非急，犯第七聚，此外不制，以自修自满故。”此处对经文的理解显然有误，《梵网经》此戒明显针对的是大乘众。小乘只是在受戒五年内应专心学律，不能学经论，但却没有学大乘经论的要求。科判，文中说有三项，却只列两项：一、应学而不学，三、举非结过。当有遗漏。最后列举开遮情况：习小助大不犯，为伏外道读其经书亦不犯，学二乘法，为引化二乘令入大乘不犯。并特别指出：如果认为不存在二乘，也犯戒。《义疏》对声闻戒的态度明显受

---

① 智顗：《菩萨戒义疏》卷2，第576页。
② 法藏：《梵网经菩萨戒本疏》卷5，第640页。
③ 智顗：《菩萨戒义疏》卷2，第577页。

了《菩萨地持经》的影响。

法藏《疏》列此戒名为“背正向邪戒”[1]，与第八戒名称相同，也是从八个方面来解释，其中“释名”中充分体现了对小乘的态度：“任己无知，随诸恶友，舍大乘之珍宝，习邪小之瓦砾，戒防此失，故以为名。”“释文”中，科判有五项：一、学真正，二、明背舍，三、习邪小，四、辨过失，五、结成犯。其中明确认为“正法者，是大乘教法”，对于“二乘”的理解，法藏认为《梵网经》采用了《十地论》七种邪见中“异乘邪见”，《楞伽》二十种外道中“小乘外道”的观点，而未采用《法华经》中“汝等（声闻）行处是菩萨道”的说法，所以“诃不令学”。这也体现了法藏的倾向。关于开缘的情况，法藏列举了三种：为众生暂学；为成自广智；同事调彼，不舍自行。

（四）第三十四戒

《义疏》列戒名为“暂念小乘戒”[2]，指出制戒的原因，“乖本所习，故制”。此戒的适用范围：七众同犯，大小不共。此戒与第八戒“背大向小戒”的区别：第八戒是欲背大向小，心计未成，如果已成，则犯重戒。此戒所制的情况是不想背大，只是认为小乘容易实行，想先学小乘，自己断结之后，再化度众生。科判为二：一、应（包括三项内容：护大乘戒、生大乘信、发大乘心），二、不应。将“二乘外道”理解为：“外道者，指二乘为外道。”最后指出了开缘情况：“若权入此道为化，非所制也。”

法藏《疏》列戒名为“坚持守心戒”[3]，从名称上看，与《义疏》的侧重点明显不同，“制意”部分也体现了这种不同：“谓大菩提心是众行之本，成佛之因，若忘此心则匿其万德，既坏三聚，失于五位，何菩萨之有？故须制也。”可见法藏认为此戒主要是要求坚守菩提心。“具缘”部分，《疏》列出了三缘：一、厌自大行，二、缘彼果宗，三、

---

① 法藏：《梵网经菩萨戒本疏》卷5，第645页。

② 智顗：《菩萨戒义疏》卷2，第378页。

③ 法藏：《梵网经菩萨戒本疏》卷5，第649页。

舍此求彼，一念便犯。但在“缺缘”部分则指出“各缺皆重方便”，也就是说上列三项，违犯了任意一项都犯轻垢罪。在“通塞”部分列了四种开缘情况：若宿习力暂起现行，若新发心暂失念，若示同彼，若调众生。与《义疏》相比，开缘的情况更多，要求似乎有所放松。《疏》科判为四项：一、制坚持戒，二、制守大信，三、制护大心，四、故违结犯。所说内容与《义疏》基本相同，只是四项放在一个逻辑层次上，而《义疏》则将前三项放在一个层次，总称为“应”，将后面部分列为“不应”，这也体现了二者关注的重点不一样。此外，《疏》最后再次（在对轻戒第八戒的解释中引用过）引用《大品般若经》的说法，强调“起一念二乘心则名毁犯菩萨净戒”，对“二乘外道”没有明确解释。

（五）第三十八戒

《义疏》列戒名为“乖尊卑次序戒”①，认为制戒原因为防止“乖乱失仪”。此戒适用范围为“七众同，大小俱制”，却没有涉及大小乘的区别。科判三项：一、应次第，二、不应，三、总结应不应义。接着，《义疏》指出“声闻次序出律部”，并列出《十诵律》的一些说法，如卧具法以戒为次，道俗九众的次序不能乱。《义疏》对于菩萨戒的次序未作任何说明。或许这是因为智顗既然认为菩萨戒是声闻戒的加行戒，其次序自然应该按照声闻戒的次序。但有几种情况却需要说明，如果分别受了在家菩萨戒和声闻具足戒，其次序应该如何排列？如果出家后未受具足戒，却受了菩萨戒，其与受具足戒的僧众，次序如何排列？智顗对这些问题似乎都没有考虑。

法藏《疏》列戒名为“众坐乖仪戒”②，认为制戒原因为“显出世之胜范，摧我慢于世间，顺成三聚之行，故须制也。”在“释文”部分，科判为四项：一，举法总制，二，就人辨定，三，呵违赞顺，四，故违结犯。在第二项中，法藏首先列举了一种观点：“有人释云：令四众等杂合通坐以明长幼。”四众是指出家比丘、比丘尼和在家优婆塞、

① 智顗：《菩萨戒义疏》卷2，第378页。
② 法藏：《梵网经菩萨戒本疏》卷5，第651页。

优婆夷，这种观点似乎符合《梵网经》的本意，也就是不分出家、在家，一律按受菩萨戒的顺序排座次。接着，法藏提出了自己的观点："比丘众中自辨尊卑，余众皆尔。是则大小宛然，男女道俗不相合杂。"可见法藏认为出家众和在家众应该分开来坐，出家众按照受戒次序，至于在家众的次序，这里没有涉及，至于受菩萨戒后的情况，也没有探讨。

四 结语

通过以上分析，我们可以看出《义疏》对声闻（戒）的态度与《梵网经》有很大不同，《梵网经》中对小乘的排斥是很明显的，《义疏》却通过各种方式淡化大小乘之间的矛盾，既指出大小乘之间的差别，又不否定声闻戒的意义，进而将菩萨戒作为声闻戒的重要补充和更高要求，并以声闻戒的广律为依据，通过对每一戒条开遮持犯情况的详细说明，将《梵网经》中过高的要求落实为可以操作的内容。这种做法既是因为智顗曾跟随南朝著名律师慧旷学律，对律藏非常精通，也是因为智顗认识到了声闻律在汉地已经有了很长时间的实践，不能完全抛开。这正体现了天台宗将一切佛法融会在自宗体系内的特色。法藏《疏》与《梵网经》的思路更为接近，对菩萨的要求更为严格，更为强调菩萨意业的重要性，对小乘的态度更多批判和排斥，这与华严宗强调"一即一切"，本质即是现象，部分和整体同样重要的思路是一致的。

总之，智顗《义疏》与法藏《疏》作为对《梵网经》的重要注疏，都对《梵网经》过于简单的，甚至存在矛盾的戒条进行了解释、梳理，为《梵网经》菩萨戒的实践提供了依据。比较而言，《义疏》是站在声闻戒立场对菩萨戒进行的阐释，试图将声闻戒与菩萨戒融会贯通，形成有次第的整体，增强了《梵网经》菩萨戒的操作性、实践性。法藏《疏》则站在菩萨戒的立场，沿着《梵网经》既有的思路，强调菩萨戒与声闻戒的差异，突出菩萨戒的更高要求，展现了菩萨戒的殊胜。

《义疏》作为现存最早的一本《梵网经》注疏，对此后的注疏有深远影响，基本奠定了此后注疏的解释模式，此后大多数注疏在戒条轻重的判释、在构成重戒的要素、在大小乘要求的异同等方面基本沿用《义疏》的框架，这些注疏被称为“旧疏”，构成了中国《梵网经》注疏的主流。到明末云栖袾宏（1535—1615）生活的年代，能见到的《梵网经》菩萨戒注疏就只有以智𫖮《义疏》为代表的旧疏了。法藏《疏》在后代远没有《义疏》那样受重视，一方面，这与经典的保存情况有关，更重要的是因为《疏》对于菩萨戒的过高要求不符合中国佛教的状况，特别是唐代以后在《四分律》成为律学主导的情况下，排斥声闻律的《梵网经》必须缓和立场才能在实践中得到应用。相比之下，《梵网经》菩萨戒盛行的日本佛教界，新疏似乎更为流行。1684年，日本僧人洞空发现了义寂的《菩萨戒本疏》，刊刻流通，在《序》中指出“以故注疏节分殆十有余家，今之存者唯法藏、天台、明旷、太贤也已，余皆成废典。于戏可惜矣。四家之述作兰菊擅美，即世戒子多附贤师也。然彼疏中往往引法藏、义寂两疏证义解文。不倦周览之学士不往窥之者盖鲜矣。但恨藏疏虽存，寂疏已亡也。”① 可见当时日本最为流行的《梵网经》注疏是主要参考法藏、义寂两家注疏的太贤注疏。

（本文发表于《宗教学研究》2019年第2期）

① 《大正藏》，第40册，第656页。

东亚佛教视野中的义寂《菩萨戒本疏》

《梵网经》是五世纪后半期至六世纪初在中国北方形成的大乘菩萨戒经典，隋唐以后逐渐成为中国佛教菩萨戒的主要授受典据。隋唐时期义学诸宗派著名法师先后对《梵网经》进行注疏，为佛教义学增添了影响深远的新内容，并且促动了梵网系菩萨戒在东亚僧俗社会的流行。义寂所著的《菩萨戒本疏》影响遍及中日韩，可以说是隋唐时期“中韩佛教文化共建”中的一个范例①。

韩国、日本学者对于义寂的生平、著述、宗派隶属及其《菩萨戒本疏》已有一定研究②，国内学术界对这些问题基本上还没有专门研究。笔者认为，将义寂及其《菩萨戒本疏》放到整个东亚佛教发展的历程中考察，对于深化认识隋唐佛教，尤其是认识菩萨戒思想及其影响大有裨益。

一 义寂派系隶属与著述考辨

义寂生平事迹没有明确记载，关于他的宗派隶属现在有两种说法：一种认为他是新罗华严宗僧人，海东华严宗初祖义湘（625—702）门

① 参见魏道儒《人类文明和谐共生的样板：中韩佛教文化共建》，《世界宗教研究》2020 年第 1 期。

② 参见［韩］睦楨培《義寂の菩薩戒本疏の研究》，博士学位論文，東国大学，1987 年；［日］吉津宜英《華厳一乗思想の研究》，大東出版社 1991 年版，第 563—579 页；［韩］崔源植《新羅菩薩戒思想史研究》，民族社 1999 年版；［韩］師茂樹《義寂と新羅の唯識思想》，《東国史学》2014 年，第 65—91 页；法長（李忠煥）《義寂の戒律思想一〈菩薩戒本疏〉の菩薩戒観と影響関係について一》，《印度学佛教学研究》，2018 年。

下十大弟子之一。[①] 这种说法主要依据高丽时期一然（1206—1289）编纂的《三国遗事》“义湘传教”条：“（义湘）徒弟悟真、智通、表训、真定、真藏、道融、良圆、相源、能仁、义寂等十大德为领首，皆亚圣也。各有传。”[②] 但宋代赞宁（919—1002）《宋高僧传·唐新罗国义湘传》记义湘弟子，只列智通、表训、梵体、道身[③]，并没有义寂。另一种观点认为义寂是法相宗僧人。如丁福保《佛学大辞典》“义寂”：“（人名）新罗国人，年代事迹未详，或云玄奘门人，与元晓等同时出。”韩国学者金相铉《新罗华严思想史研究》也认为义寂属于法相宗，或者由法相宗转向华严宗，主要依据是：一、义寂作品中有大量关于唯识学的内容，却没有华严宗著述；二、法相宗将义寂列为唯识学六大家之一。[④] 除此之外，金相铉没有展开论证。本文拟在更广泛考察相关资料的基础上，进一步明确义寂宗派隶属，同时梳理出义寂著作的流行情况和思想影响范围。

与义寂同时或稍后的法相宗僧人经常引用义寂观点，将他的唯识思想作为唯识学中的重要一支。窥基（632—682）弟子慧沼（650—714）《成唯识论了义灯》极力维护其师思想，对圆测（613—696，新罗人）、道证（圆测弟子，692 年回新罗）一系及其他人的说法一一评斥。其中，有两处引用义寂《未详决》，即该书卷三：“《未详决》云：唯简第七，狭而无文，亦破初说。”[⑤] 卷七：“《未详决》云：根识不共，境即是共。”[⑥] 道证《唯识论要集》列举六家唯识思想虽已经佚失，日本僧人善珠（723—797）《唯识义灯增明记》引述了其中的文字：

《要集》六卷，总寄六家语，共演一部之文，一者有说（基法

① 参见［日］吉津宜英《華厳一乘思想の研究》，大東出版社 1991 年版，第 574 页；《佛光大辞典》电子版；金煐泰：《韩国佛教概说》，社会科学文献出版社 1993 年版，第 51 页。

② 《大正藏》第 49 册，第 1006c 页。

③ 《宋高僧传》卷四：“登堂覩奥者则智通、表训、梵体、道身等数人。”（赞宁著，范祥雍点校，中华书局 1987 年版，第 76 页。）

④ ［韩］金相铉：《新罗华严思想史研究》，社会科学文献出版社 2014 年版，第 12 页。

⑤ 《大正藏》第 43 册，第 720c 页。

⑥ 《大正藏》第 43 册，第 749b 页。

> 师也）；二者有释（测法师也）；三者钞（光法师也）；四者有解（观法师也）；五［者］有云（范法师［也］）；六未详决（寂法师也）。集序云：然以慈教当时盛行，发迹开章，形言有六。通涂取则，不踰于二。且如慈恩良匠，石鼓鸣山，即以有说标其称也。西明大师，雷声启蛰，故以有释著其名也。若京地法将，光也。阿曲宗师，观也。往往得其环中，时时举其精义。更有山东之范，以钩琐得度；汾阳之寂，由穿鉴见知，皆舍其所长，贵其所知。光佳有钞之主，观彰有解之宾，范握有云之声，寂表未详之号，并备穷佳释，皆亲自展。①

道证所列唯识学六家中，基法师，即窥基；测法师，即圆测；光法师，即普光；观法师，不知何指；范法师，即玄范；寂法师，即义寂。窥基、圆测、普光、玄范都是玄奘门下，义寂也很可能是玄奘门下。《集序》中称“汾阳之寂”，义寂很有可能曾在山西一带传法。道证弟子太贤（新罗人，大致活动在8世纪）《成唯识论学记》中记载：“无漏不增应成佛者，旧来二义，寂师存彼增熏胜种，证师存彼唯熏等品”②，也把义寂观点作为唯识学中的重要一派。

日本佛教史上一直将义寂作为法相宗僧人。日本天台宗创立者最澄《守护国界章》（818年成书）中有：“又法相宗沙门义寂云：问：《法华》《胜鬘》皆说一乘。二经所说，有何差别?”③ 明确将义寂作为法相宗僧人。日本天台宗僧人释安然（841—?）《教时诤论》：

> 大唐贞观玄奘法师，……门人三千，入室四人。……三藏门人，义寂法师，作《义林章》一十二卷，以破基师《法苑林章》。④

据此，义寂不仅曾跟随玄奘学习，且是四大入室弟子之一。此后，

---

① 《大正藏》第65册，第342a—b页。
② 《卍新续藏》50册，第124c页。
③ 《大正藏》第74册，第240b页。
④ 《大正藏》第75册，第365c页。

日本平祚《法相宗章疏》(914)、藏俊《注进法相宗章疏》(1176)专门列法相宗僧人章疏，都将义寂作为“大唐祖师”之一。

高丽时期，均如(923—973)《释华严教分记圆通钞》有这样一段记载：

> 章主欲息他人之谤，又恐错翻大经以误后人，遂隐秘料简，造《纲目章》，附于《探玄》，替为料简，寄相德云：请上人详捡藏否，流通于世。于是相德命真定、智通等令习此文。时义寂师等从法相来，曾不信和尚极果回心之义，及见《性起疏》中“十千已过，僧祇未满，应是三贤位人”之文，白和尚言：“疏文如是，愿和尚自今已后使不行此义。”相德云：“此必随他语耳。法师之意，远则远矣。”仍遣芬皇寺纯梵师问于章主。章主送此《大料简》，义寂师等及见此文，然后决其疑也。①

这里的“章主”指法藏，法藏将自己的作品《华严教分记》(又称《华严五教章》)寄给义湘(相)，希望能够流通。义湘让弟子真定、智通等人学习此作。当时义寂等来自法相宗的僧人对义湘“极果回心”的观点有疑问，看到法藏的作品与义湘不同，劝义湘放弃自己的观点。义湘认为法藏的说法只是一种“随他语”(即一种方便说法，并非究竟之言)，并派纯梵法师前去询问法藏。法藏又寄送《大料简》，果然和义湘的说法一致，由此解决了义寂的疑问。《三国遗事》很可能据此将义寂作为义湘弟子。金相铉据此认为义寂可能从法相宗转向了华严宗。这种可能性我们无法完全排除，但更合理的解释是：这一资料出现时间相对较晚，很有可能是尊崇华严学的高丽佛教界的一种比附(将历史上有影响力的法师都归属于华严宗)。结合中、日早期的材料和义寂的著述范围，将其作为法相宗僧人是证据充分。

由于资料缺乏，义寂的生平很难完整勾勒出来，我们可以大致推测他生活在7世纪后半期到8世纪初，与义湘、法藏、圆测、窥基等是同

① 《大藏经补编》第2册《均如大师华严学全书》，第45b页。

时代人。义寂著作在现存中国人目录书中不见踪影，但在敦煌文书中却发现了义寂《菩萨戒本疏》的写本,[①] 说明义寂思想对中国佛教，尤其是唐代佛教也曾产生过一定影响。另一方面，义寂著作名称大量存在于韩国、日本的佛教目录书中。关于义寂著述的数量，学术界有不同看法，金煐泰《韩国佛教概说》列出了 25 种 71 卷[②]，闵泳珪认为义寂有 30 余部 80 余卷著作[③]，日本学者春日礼智列出 30 种[④]。不管具体数目如何，义寂著述的基本范围是确定的，除了法相唯识类注疏，义寂对当时流行的《般若》《涅槃》《法华》《梵网经》《无量寿经》《弥勒经》《璎珞经》等都进行过注疏，可见他治学范围宽广，有一种全面研究佛学的追求。可惜这些注疏之作大都遗失，现在保留下来的只有《梵网经菩萨戒本疏》（即《梵网经疏》）二卷、《法华经论述记》上卷、《无量寿经述记》卷一（部分）[⑤]、《法华经集验记》下卷（部分）[⑥]。从义寂的著述目录可以看出，义寂研究了当时中日韩佛教界最流行的各种大乘典籍，这就决定了他对《梵网经》菩萨戒的诠释有能力从整体佛学出发，而不是只能用唯识一家义理诠释这部经典。另外，根据对《韩国佛教全书》的检索，义寂的著作在后世韩国佛教注疏中引用不多，除了上面提到的道证、太贤作品，未见于其他人著作。但在日本佛教著述中义寂作品却被频繁引用，其净土类、唯识类、菩萨戒著作在日本都很受重视。另外，日本有些华严类注疏中虽引用义寂观点，但所引内容都不是有关《华严》的作品，这也再次证明义寂并没有华

---

① 王招国：《敦煌遗书所见新罗义寂〈菩萨戒本疏〉写本考述》对敦煌本《菩萨戒义疏》进行了详细的文本考述，对本研究很有启发。王文认为："在敦煌遗书中，被定名为义寂疏的写本有 BD11127 号、BD11213 号，以及 S2500 号，但经笔者确认，真正属于义寂疏的写本目前仅有 S2500 号。此号遗书抄写于唐天宝十四年（755），是目前所知现存义寂疏的最早写本……大正藏本与 S2500 号之间业已构成不同的文本系统。"（［韩］《佛教学报》第 82 辑，第 30—52 页。）

② ［韩］金煐泰：《韩国佛教概说》，第 61—61 页。

③ ［韩］闵泳珪：《新罗章疏录长编》，《白性郁博士颂寿纪念　佛教学论文集》，1959 年，第 367—369 页。

④ 参见〔日〕春日礼智：《新罗の义寂とその〈无量寿经述义记〉》，金知见、蔡印幻编：《新罗佛教研究》，东京：山喜房佛书林，1973 年，第 39—41 页。

⑤ 日本古写经善本丛刊第五辑《玄一撰 无量寿经述记 义寂撰 无量寿经述记》，东京，国际佛教学大学院大学日本古写经研究所 2013 年版。

⑥ 现存东京大学附属图书馆。

严学著作。

总之，根据现在能够找到的资料来判断，义寂应是法相宗僧人，曾跟随玄奘学习，并被认为是玄奘门下与窥基、圆测并列的重要唯识一家。义寂可能曾向新罗华严宗开创者义湘请教，也可能接触过法藏的著作，但我们找不到他在宗派上隶属华严宗的证据。他撰写了大量唯识、净土、法华、涅槃、戒律等类别著作，广泛研究佛学义理，从中日韩众多佛教目录书著录其著作来看，从很多后世注疏著作引用其观点来看，义寂不但在中韩佛教界有一定影响，对日本佛教影响更为突出。从中韩佛教文化共建的角度讲，义寂堪称是一位重要代表。

二　义寂与法相宗奉持菩萨戒系统的转换

义寂的《菩萨戒本疏》是法相宗第一部《梵网经》注疏，我们将其放到唐代法相宗与菩萨戒的关系中考察，会发现很多新问题，得出有价值的新观点。

在现存隋唐时期菩萨戒注疏（包括受戒仪式等）中，法相宗僧人的作品数量最多。隋唐时期流行的菩萨戒主要有两个系统，一是瑜伽系菩萨戒，开始于北凉昙无谶（385—433）翻译《菩萨地持经》（《瑜伽师地论·菩萨地》异译）。南北朝前期，这一系统的菩萨戒比较流行。二是梵网系菩萨戒，开始于5世纪后半期《梵网经》的出现，在梁武帝（464—549）、智顗（538—597）等人的提倡下，逐渐流行。贞观二十一年（647）玄奘译出《瑜伽师地论》，二十三年（649）又从中单独译出《菩萨戒本》和《菩萨戒羯磨文》，至此瑜伽系菩萨戒的经典、仪式都完整、准确翻译出来。那么法相宗代表人物对于两个系统的菩萨戒持什么态度呢？

玄奘如何看待《梵网经》，文献中没有明确记载。但从玄奘始终坚持印度瑜伽行派观点来分析，他可能不会赞成产生于中国的《梵网经》菩萨戒。因为，他抽译瑜伽菩萨戒本和羯磨文的举动，可以表明他专门弘扬瑜伽系菩萨戒的态度。玄奘弟子们对唯识学的理解存在很大差异，逐渐形成不同的派系。其中窥基—慧沼一系逐渐成为唯识宗的正统，圆测一系后来成为新罗唯识宗的主流。窥基弟子慧沼曾对圆测一系思想展开激烈批评。直接继承圆测思想，并将其传播到新罗的是道证。道证也是新罗僧人，曾到长安跟随圆测学习，唐中宗嗣圣九年（692）归国。道证回国后，圆测另一弟子胜庄继续留在长安，并在圆测去世后，参与义净等人的译场。慧沼及其弟子利贞也长期参与义净译场，与胜庄有很多交集。义寂如果是玄奘弟子，应该是代表着窥基、圆测之外的一个支脉。从现存资料分析，他应该是留学长安，后来返回新罗。那么玄奘门下不同的派系对菩萨戒的态度究竟是怎样的呢？我们可以列一个表格予以说明。

表 1　**玄奘门下与菩萨戒关系表**

<table>
<tr><th>师</th><th>第一代弟子</th><th>再传弟子</th><th>三传弟子</th></tr>
<tr><td rowspan="5">玄奘（600/602—664）
译《菩萨戒本》
《菩萨戒羯磨》</td><td rowspan="2">圆测</td><td>道证</td><td>太贤
《梵网经古迹记》</td></tr>
<tr><td>胜庄
《梵网经述记》</td><td></td></tr>
<tr><td rowspan="2">窥基
《受菩萨戒法》</td><td>慧沼
《劝发菩提心集》</td><td>智周
《梵网经菩萨戒本疏》</td></tr>
<tr><td>遁伦
《菩萨戒羯磨记》</td><td></td></tr>
<tr><td>义寂
《菩萨戒本疏》</td><td></td><td></td></tr>
</table>

由表 1 可见，玄奘弟子中，无论是窥基系，圆测系，还是义寂，对菩萨戒都是非常重视的。那么他们对于菩萨戒的侧重点是什么，是否存在某些差别？

窥基非常重视菩萨戒，唐代江满昌《大唐大慈恩寺大师画赞》中描写窥基“每月必造慈氏像，一生偏慕兜率身。每日必诵菩萨戒，唯杖木叉制波旬”。[1] 日本大谷大学所藏写本《菩萨戒纲要钞》表明窥基曾撰有《受菩萨戒法》：“其中基法师尤为上足，乃亲受三藏口说，广

① 《卍新续藏》第 88 册，第 382b 页。

制章疏，就中戒门，殊以详审，是以或委述业体，即如《表无表章》等是也，或正教受法，即如《受菩萨戒法》等是也。”雒少锋认为法藏敦煌 P. 2147 号抄本中的《受菩萨戒文》可能就是窥基所作。[1] 慧沼《劝发菩提心集》中有一篇《大唐三藏法师传西域正法藏受菩萨戒法》，内容与 P. 2147 基本相同。比对《大唐三藏法师传西域正法藏受菩萨戒法》与玄奘译《菩萨戒羯磨文》内容并不一致。《大唐三藏法师传西域正法藏受菩萨戒法》坚持瑜伽系菩萨戒授受“四他胜处法”（四重戒）的传统，但已经融合了《佛说观普贤菩萨行法经》（即《普贤观》受戒法，这一受戒法在智顗《菩萨戒义疏》中也提到）的内容。《佛说观普贤菩萨行法经》一般被认为是形成于中土的经典，这一菩萨戒受戒法不应该是玄奘所传的，或所创立的，应该是窥基，或者慧沼以玄奘名义创作的。《劝发菩提心集》中详细介绍了《观普贤经》受戒法、《菩萨本业璎珞经》受戒法、《文殊师利问经》受戒法，但对《梵网经》只简单说明：“若依《梵网经》，说十重戒与《璎珞经》同。然彼具说自作教他随喜杀因杀缘杀业等，广略别尔。”[2] 窥基另一弟子遁伦作《菩萨戒羯磨记》，对《菩萨戒羯磨文》进行阐释，其中两次提到《梵网经》，只是说明《梵网经》重戒、轻戒与瑜伽系菩萨戒条数的不同。可以说，窥基及其弟子在义理上努力保持瑜伽唯识学的纯粹性，在受菩萨戒方面已经开始融合中国佛教已经形成的一些传统，但他们对《梵网经》抱有某种排斥态度。或者可以认为，窥基及其弟子们试图通过与其他菩萨戒传统的结合，确立瑜伽菩萨戒的主导地位，以此抗衡梵网系菩萨戒。

圆测一系本来就有旧唯识学的传统，他们对南北朝以来的佛教采取更为兼容并蓄的态度，其弟子胜庄，再传弟子太贤专门注释《梵网经》就体现了这样的倾向。义寂明显是唯识学派中比较能融会新旧的一支，他是现有记载中第一位对《梵网经》进行注释的法相宗僧人，这既是对已有传统的尊重，也是想用唯识思想对这部盛行的菩萨戒经典进行

① 雒少锋：《窥基〈受菩萨戒法〉的发现及其学术价值》，《中国社会科学报》2018 年 6 月 19 日第 1474 期。

② 《大正藏》第 45 册，第 387b 页。

改造，使新传入的唯识思想更容易被人接受。当时注释《梵网经》的还有华严宗法藏，撰写菩萨戒法的还有道世（？—683）[①] 等，可见菩萨戒问题在8世纪左右再次成为一个热点问题，一些重要人物都想对其进行重新阐释。每种解释都有自己的立场和观点，但融合与互相借鉴是主流。到了慧沼弟子智周（668—723）那里，我们看到，他不再努力维护瑜伽系菩萨戒，已经开始转变前辈固有的立场。智周注释作品文字上大量借用法藏注疏，同时又吸收天台宗的教义[②]，可见他对《梵网经》不能再像前辈那样视而不见，不能用瑜伽系思想来改造这部经典，而是有了借鉴华严、天台等宗派思想诠释《梵网经》的倾向，这实际上是法相宗迎合唐代佛教界菩萨戒信奉主流的表现。8世纪后半期，再经过天台湛然（711—782）、明旷师徒的极力提倡，由天台宗历代祖师倡导，为其他派系重要人物响应的梵网系菩萨戒最终成为汉传菩萨戒的主流。因此，作为玄奘第一代弟子的义寂撰写《菩萨戒本疏》，开唯识宗人重视梵网系菩萨戒之先河，在唯识宗人从重视瑜伽系菩萨戒转变为重视梵网系菩萨戒的过程中扮演了重要角色，起到了枢纽作用。

三　义寂《疏》的融合气象与宗派立场

《菩萨戒本疏》（以下简称义寂《疏》）是对《梵网经》菩萨戒本的注疏，是义寂流传至今的最重要作品。义寂《疏》现存三个系统的本子，除了《大正藏》（贞享元年刻本，1684）本，还有敦煌本（S2500，755年写）和金泽文库藏文永六年（1269）写本[③]。从文献学角度讲，敦煌本抄写时间最早，一般认为文献价值最高。但是，在对一

① 道世《法苑珠林》《毘尼讨要》都有受菩萨戒法，其授戒内容和程序与慧沼所记有很多相似处。道世曾参与玄奘译场，很可能对玄奘一系授菩萨戒法有所了解。

② 凝然《三国佛法传通缘起》卷下："而扑扬师依天台义广作义疏，后学法相专弘彼宗。"《大藏经补编》第32册，第670b页。

③ 参见［韩］朴姚娟《义寂〈菩萨戒本疏〉的基础研究——兼论称名寺金泽文库藏写本》，《韩国思想史学》第56辑，韩国思想史学会，2017年。

些重要问题的论述方面，三种本子并没有本质差别，所以，敦煌本并不一定最能反映义寂原本的本来面貌，我们还是选用保存完整、校订仔细的大正藏本作为分析的依据。比义寂《疏》早出或基本同时的《梵网经》菩萨戒注疏主要有智顗（538—597）《菩萨戒义疏》（以下简称智顗《疏》）、元晓（617—?）《梵网经菩萨戒本私记》（以下简称元晓《私记》）、法藏（643—712）《梵网经菩萨戒本疏》（以下简称法藏《疏》）和胜庄《梵网经述记》（以下简称胜庄《述记》），我们首先确定义寂疏与这几种注疏的关系，然后再探讨义寂菩萨戒思想的特色。

在几种《梵网经》注疏中，智顗《疏》出现最早，义寂《疏》在注释的基本结构、具体内容上多处使用智顗《疏》的论述，如“障戒之恶”部分、授戒师“五德”部分，将众生分为三品等部分都来自于智顗《疏》。但义寂对智顗《疏》的重要观点却往往持不同意见，比如重戒构成条件等。此外，义寂《疏》中经常提到的“古说”“古云”“古疏”[①]，大部分情况都是指智顗《疏》，义寂的观点往往与之不同。可见，义寂既不能忽视智顗《疏》的存在和重要影响，又要根据自己的理解作出新解释。

元晓《私记》晚于智顗《疏》，早于义寂《疏》，基本思想与智顗《疏》一致，如对重戒的判定。但对智顗《疏》，元晓也有批判，如“《疏》云：以煞具刀杖等为法，然而无合于义。若虽无刀杖等具，而得煞故，是故以命根为法。”[②] 义寂稍晚于元晓，应该参考过元晓《私记》。

义寂与法藏、胜庄基本活动在同一时期，都受到玄奘新译唯识学影响。义寂与胜庄都是新罗僧人，都在长安留学。法藏和胜庄都曾参与义净译场。胜庄的生平记载也很少，据考察，文献记载他最后一次出现是在公元710年，参与义净译场。[③] 法藏逝世于712年，胜庄与法藏的生活年代应该大体相当。这三人的《梵网经》注疏存在怎样的时间顺序

① 《大正藏》第40册。

② 《卍新续藏》第38册，第281c页。

③ 参见［日］池田温《中国古代写本识语集录》，东京大学东阳文化研究所1990年版，第283页。

呢？日本学者一般采用义寂、胜庄、法藏的排列顺序，[①]但并没有给出明确的原因和确切证据。笔者并不赞同这种观点，认为正确的顺序应为法藏、义寂、胜庄。胜庄《疏》在义寂《疏》之后是比较明确的，因为，玄奘再传弟子道证非常熟悉义寂的唯识思想，胜庄作为道证同学，也是义寂的晚辈。胜庄《述记》中有不少借鉴义寂《疏》的地方，可以明确看出二者之间的前后关系。比较难以确定的是法藏《疏》与义寂《疏》的关系。

法藏《疏》中提到："藏虽有微心冀兹胜行，每慨其斥阙，志愿西求，既不果遂，情莫能已，后备寻藏经，捃摭遗躅，集菩萨毘尼藏二十卷，遂见有《菩萨戒本》，自古诸贤未广解释，今敢竭愚诚，聊为述赞，庶同业者粗识持犯耳。"[②]似乎法藏为《梵网经》作疏时，并没有看到其他《梵网经》注疏。智顗《疏》，元晓《私记》明显都早于法藏《疏》，法藏没有提到，很可能这些注疏当时在汉地并不流行。参照元晓、义寂对智顗《疏》的引用，智顗《疏》在新罗应该非常流行，但为何法藏没有注意到？元晓年长于法藏，当时唐朝与新罗交往频繁，元晓其他著作对法藏有很大影响[③]，但菩萨戒方面见不到影响，可能是因为智顗疏随着天台宗的沉寂而蕴于一隅，元晓《私记》一开始并没有传入汉地。义寂、胜庄都曾在长安留学，很有可能都和法藏有接触。尤其是胜庄，与法藏一起参与过义净译场，不可能毫无接触。[④]如果义寂《疏》、胜庄《疏》早出，法藏不可能视而不见。义寂《疏》、胜庄《疏》在重要观点上与法藏《疏》比较一致，在注释结构、具体内容上也有相似处，因此我们认为将法藏《疏》放在义寂《疏》、胜庄《疏》之前，后两种注疏受法藏《疏》影响，这应该是比较合理的推论。另外稍后一点的新罗法相宗僧人太贤（道证弟子）作《梵网经古迹记》，

---

① ［日］吉津宜英：《華厳一乗思想の研究》，大東出版社1991年版，第564页。

② 《大正藏》第40册，第605b页。

③ 参见［韩］福士慈稔《元晓著述对韩、中、日三国佛教的影响》，博士学位论文，圈光大学，2001年。

④ 参见［日］池田温《中国古代写本识语集录》，东京大学东阳文化研究所1990年版，第242页。

其中多处引用法藏、义寂观点，每处同时引用时，都是法藏在前、义寂在后①。这应该也是一种时间顺序排列，可以作为法藏《疏》在前的一个佐证。

综合比对义寂《疏》与其他几种注疏的内容，我们认为义寂《疏》具有两个明显的特色。

第一，义寂《疏》属于法藏开创的新疏系统，却对属于旧疏的智顗《疏》、元晓《私记》多有借鉴和汇通，具有融通新旧疏系统，广泛借鉴中韩各派学说的宏大气象。

近代以弘扬戒律为己任的弘一法师将《梵网经》注疏分为旧疏和新疏，并对各种注疏进行了评价，认为："习旧疏者，以智者《义疏》为主，明旷《戒疏删补》、蕅益《合注》补之。（莲池《发隐》等可缓阅。）元晓《私记》及《持犯要记》甚有精义，并宜详研。蕅益而后诸家著作，有明弘赞《略疏》、寂光《直解》、清德玉《顺朱》、书玉《初津》等，以弘赞、书玉之作较胜。（亦宜缓阅。）新疏中以贤首《疏》、义寂《疏》、太贤《记》三种为最精湛。"② 关于新疏与旧疏的区别，圣严法师指出，"旧疏与新疏的最大不同点，是在于对十条重戒条文的判别；旧疏大体是比照声闻戒立论的，以为十条戒的条文中所指者，有重也有轻；举轻而况重，比如杀人犯重，杀异类众生犯轻。盗五钱以上犯重，盗五钱以下犯轻。大妄语犯重，小妄语则为轻罪。但以新疏而言，以为菩萨之重，重于声闻，所以'乃至有命者，不得故杀'；'乃至鬼神有主劫贼物，一切财物，一针一草，不得故盗'；'乃至见言不见，不见言见，身心妄语'若犯者均得波罗夷罪。"③ 笔者也曾以智顗《疏》和法藏《疏》为主比较了旧疏与新疏的不同，认为："《义疏》是站在声闻戒立场对菩萨戒进行的阐释，试图将声闻戒与菩萨戒融会贯通，形成有次第的整体，增强了《梵网经》菩萨戒的操作

① 如《梵网经古迹记》卷2："言非道者，法藏师云：除其产门余二处也。义寂师云：除三重处余支分等。"《大正藏》第40册，第705c页。

② 弘一著：《梵网十重戒诸疏所判罪相缓急异同表》，《弘一大师全集》（修订版）编辑委员会编：《弘一大师全集》（第一册），福建人民出版社2010年版，第261、262页。

③ 圣严：《戒律学纲要》，宗教文化出版社2006年版，第355页。

性、实践性。法藏《疏》则站在菩萨戒的立场，沿着《梵网经》既有的思路，强调菩萨戒与声闻戒的差异，突出菩萨戒的更高要求，展现了菩萨戒的殊胜。”①

义寂《疏》作为新疏中的一种，在基本观点上与法藏疏一致，但在结构和形式上对旧疏多有借用，如关于杀戒中杀生的对象问题：

> 杀中事者，谓有情数众生为事。此有三品：一上品，谓佛、圣人、父母、师僧，害即犯逆并重。下三果人，一云非逆，《涅槃经》中入中杀故，毕定菩萨同上杀科。一云是逆，下七逆中唯言杀圣人，不云无学故。杀养胎母，一云犯逆，于菩萨过重故。一云唯重，非生本故。二中品，谓人天害唯犯重。三下品，谓下四趣。一云，若害但犯轻垢，非道器故。文云一切有命者，举轻况重耳。声闻戒中亦云乃至蚁子不应夺命，岂即成重？一云成重，文无简故。声闻戒中初虽总说，下则简别。此中不尔，曾无简别，故知是重。②

杀一切众生都构成重罪，这是法藏疏的基本观点，也是判断新疏、旧疏的重要标准，义寂在这个问题上与法藏是一致的。但有关三品众生的区分和论述显然是依据智顗、元晓的传统。从这里，我们看到了义寂对已有《梵网经》注疏进行融会贯通的努力。

第二，义寂《疏》坚持法相宗独有的“五种姓”说，反对“人人皆有佛性”的观点，并明确贯彻在对《梵网经》菩萨戒的理论诠释之中。

义寂《疏》在解释每一戒条时，都会引用《瑜伽师地论》作论据，这充分体现了义寂作为法相宗僧人对自宗经典的重视。义寂《疏》中有一部分内容专门列出菩萨戒受戒方法，《疏》中明确说明：“正受方

① 夏德美：《智顗〈菩萨戒义疏〉与法藏〈梵网经菩萨戒本疏〉比较研究》，《宗教学研究》2019年第2期。

② 《大正藏》第40册，第664a页。

法者，依《菩萨地》。”[①] 其内容与玄奘单独摘译出的《菩萨戒本》完全一致。这说明，在菩萨戒实践领域，义寂是完全遵从法相宗立场的。通过比较智顗《疏》、法藏《疏》对一些重要问题的论述，我们也能看到义寂的立场。

受戒者资格是菩萨戒授受的重要问题，《梵网经》第41轻戒指出了不能受戒的几种情况：一，犯了七遮（即七逆，这是《梵网经》的独特说法），不能受菩萨戒。二，犯了十重，忏悔，如果见到好相，就可以受菩萨戒。三，犯了四十八轻戒，忏悔，可以受戒。[②]

几种菩萨戒注疏都对这一问题作了重点论述。智顗《疏》在总论部分重点讨论：

> 一须信心，二无三障……信心者，依三藏门略举三种：一、信因果，善恶必有所招。二、信观谛得道，我能观谛，必得圣道。三、信有戒，是观谛入道初门，依方等戒故。宜备此三信，复加三种：一、信自他心识皆有佛性，二、信勤行胜善必能得果，三、信所得果常、乐、我、净。
>
> ……次无三障者，众生障阂，乃有三种。烦恼常有，故不说障。业障乃有轻重，重业障戒，防因之义，谓七逸十重，现身有此，是则为障。前身非复可知，隔生事远。七逆，一云忏灭非障；二云犯一，悔与不悔，悉皆是障。十重，一云：前四性罪事同七逆，悔与不悔悉障；后六悔者非障，不悔则障。二云：前四须悔，见相非障；后六不悔亦不障。三云：十重不悔悉障，悔已悉非障。报障者，地狱、饿鬼二道，重苦自隔，从多例判，不说为因。非人、畜生但能解语，皆得受戒。非人是鬼神修罗，龙是畜生。人中男、女、黄门、二根，天从六欲天，上至十八梵，皆说为因。四空处既能听法，亦应得戒，但业报虚妙，故略不说。非想倒执，脱若回心慕善，亦能得戒。《经》说三涂、长寿天、边地为难地，据不

① 《菩萨戒本疏》卷1，《大正藏》第40册，第658b页。

② 《大正藏》第24册，第1008c页。

> 能修道义耳。萨婆多记云：龙等受八斋，止是得善，不得名斋。今依文准理，五戒既是菩萨戒根本，又不表定佛法，五戒菩萨戒许四道皆得，从八戒已上至具足戒，既是出家表定威仪，唯人中三天下能感，余道悉非因也。《大论》龙即得八斋戒。[①]

智顗认为受菩萨戒需要具有两方面的条件：一，有信心，这是从积极的方面讲；二，无三障，这是从消极的方面讲。信心方面，列了六种，主要要求对佛教的基本观念（因果）、对修行的基本方法（观、戒等）、对修行目标有信心。其中“信自他心识皆有佛性”非常重要，也就是说要坚信人人都有佛性，这是成佛的前提。三障指烦恼障、业障和报障。智顗认为烦恼常有，所以烦恼障不妨碍受菩萨戒。业障有轻有重，重业不能受菩萨戒，这里的重业指七逆十重。关于七逆十重忏悔之后，是否可以受菩萨戒；十重之中，前四重与后六重是否有区别，智顗列了各种观点，并没有指出自己的倾向。报障之中，地狱、恶鬼不能受戒，非人（指鬼神、修罗）、畜生只要能理解佛语，都能受戒。人道、天道都能受戒。但智顗又指出，四道（非人、畜生、人、天）都能受的菩萨戒只有五戒，从八戒以上到具足戒，只有三天下（除掉北部郁单越，是边地）的人道可以受。

法藏《疏》将受戒资格作为整部疏的十个重要问题之一：

> 第四显所被机，有四种：一约种姓，二约遮难，三约发心，四约现在位。初中有二：先约权教。五种姓中定姓二乘及无种姓非此所为，以彼于此非其器故。菩萨种姓正是所为，其不定性亦兼摄，如《瑜伽》等说。二、约实教。五种种姓俱此所为，以许佛性皆悉有，以于此身定入寂故，名定性二乘，非谓寂后而不趣向于大菩提，如《法华》《楞伽》《宝性论》等说。又为谤大乘人是一阐提因，依无量时故说无性，非谓究竟无清净性，如《宝性》及《佛性论》说。又依《佛性论》自断说无佛性为不了教，余如前说。

① 《大正藏》第40册，第567b页。

是故一切众生皆是所为耳。二、约遮难者，亦二：一、虽欲发心，若具七遮，现身非器。二、要须深心忏悔，除灭遮难，好相相应，发心纯直，方堪为器。三、约发心者，亦二：一、虽内有种姓，若未能发大菩提心，现在前时，亦未堪为菩萨戒器。二、要须发心直趣正行，不有邪求名利等过，方堪为器，是此所为。四、约现在位者，亦二：一终，二始。终者，如三贤已上，法云已还，终位菩萨，虽亦受持菩萨净戒，然经生所受，不名新得，具性戒故，非此正为。始者，从初发意十信已还，于此戒品，有受有随，有持有犯，故是正为。以《本业经》中，十信初心，受此十戒，其入位已去，但增修为异故也。①

法藏从四个方面列举受菩萨戒人的资格：一，种姓。从权教来看，只有菩萨种姓的人才能受菩萨戒，这是受《瑜伽师地论》种姓说的影响。从实教看，五种种姓都可以受菩萨戒，这是依据《法华》《楞伽》《宝性论》《佛性论》等经典，也是受南北朝以来最为流行的众生皆有佛性说的影响。显然，法藏认为这种说法更合理。二，遮难。具有七遮，现身不能受戒。如果深切忏悔，出现好相，七遮可以除灭，仍然可以受戒。三，发心。具有菩萨种姓，还要发心正行，才能受戒。四，现在位（哪个阶位的菩萨可以受菩萨戒）。三贤（十住、十行、十回向）以上的菩萨，是已经受过菩萨戒的人。所以说受菩萨戒，应该是指初发心的十信菩萨。

义寂《疏》在总论部分单独讨论这个问题：

初简器者，要具二缘，堪为受戒之器：一有感戒之善，二无障戒之恶。感戒之善，凡有二种：一菩萨种姓，二发菩提愿。《菩萨地》云：住无种姓补特伽罗，无种姓故，虽有发心，及行加行，定不堪任圆满无上正等菩提。若不发心，不修加行，虽有堪任，而不速证无上菩提。……有说具三方得感戒：一有胜种姓，二有胜期

① 《大正藏》第40册，第603b页。

> 愿，三有胜行心。……此三即是菩萨三持：胜姓为堪任持，胜愿为行加行持，胜行为大菩提持。前所引文即此证也。故具此三，方得感戒。将欲受时，义须具问难。大本中无问第三，而别法中具问三故。

义寂将受菩萨戒的资格概括了两个方面：一有感戒之善，二无障戒之恶。第一个方面包括：菩萨种姓和菩提愿（心）。智顗没有提到“种姓”问题，法藏、义寂对这一问题给予特别重视，可以看出当时玄奘所传唯识学思想已经有很大影响。法藏对种姓说作了回应，但仍然坚持中国佛教中传统的“人人皆有佛性”说。义寂则直接采用《瑜伽师地论》的观点，认为只有菩萨种姓的人才能受菩萨戒，更体现了作为法相宗僧人对自宗基本立场的坚持。自东晋以降，众生皆有佛性、众生皆能成佛的信念与中国固有的性善论相契合，互相促进，逐渐成为佛教界的主流。在隋唐时期产生的诸多宗派，只有玄奘的法相唯识宗继承印度瑜伽行派的“五种姓”说，认为有一种“无种姓”众生，善根断尽，永远不能成佛，直接与“人人皆可成佛”的主流观点唱反调。义寂若不是唯识宗的虔诚信仰者，不可能把“无种姓说”如此彻底地贯彻到对菩萨戒的理论诠释中。

余　论

作为法相宗僧人撰写的第一部《梵网经》注疏，义寂《疏》具有承前启后的里程碑性质：既表现了法相宗人开始重视中国原有的戒律学传统，又凸显出他们构建新的菩萨戒精神的尝试。义寂《疏》接受了法藏《疏》站在菩萨立场上而不是声闻立场上阐发菩萨戒的传统，更强调对菩萨的严格要求，更重视对菩萨精神的弘扬，成为新疏系统中一种重要著作。义寂《疏》充分吸取智顗《疏》具体实用的特点，在结构、内容等方面大量借鉴智顗《疏》，成为既能融合新旧两类注疏，又能独立创新的一种菩萨戒注疏。

从整个东亚佛教发展史上考察，我们更能清楚看到义寂《疏》的重要价值。义寂《疏》在隋唐时期应该有一定流传，但后来长期不见于记载。近代以来，一些唐代注疏从日本返回中国，义寂《疏》作为其中之一，再次进入中国人的视野。弘一法师对义寂《疏》非常重视，精心点校："数年前居永嘉时，曾校点数过，今复再勘，仍未详尽，俟后当更研耳。癸酉十二月二十一日演音书。"① 弘一法师所作《菩萨戒受随纲要表》② 集中体现了他在菩萨戒思想方面的研究成果。考察这一表格的内容，我们不难发现"受、随"这样的结构正是来自于义寂的《菩萨戒本疏》。③ 可以说，《菩萨戒受随纲要表》是以义寂《菩萨戒本疏》为主，参用法藏《梵网经菩萨戒本疏》内容而成的（如重方便、轻方便的区别）④。可见，义寂《疏》对弘一法师菩萨戒思想的形成也产生过重要作用。

新罗胜庄（相当长时间在中国）、太贤等人的菩萨戒注疏都吸收了义寂《疏》的内容和观点。《梵网经》菩萨戒盛行的日本佛教界对义寂《疏》更为重视，历代菩萨戒著作都大量引用义寂《疏》的观点。⑤ 8到12世纪的日本、韩国经录，如《奈良朝现在一切经疏目录》《律宗章疏》《新编诸宗教藏总录》《注进法相宗章疏》等都著录了义寂《疏》，说明义寂《疏》在日本、韩国是非常流行的。金泽文库藏有文永六年（1269）写本，说明13世纪，义寂《疏》仍然在日本流行。1684年，日本僧人洞空重刻义寂《疏》，并作序。在序中，他提到当时在日本流行的几种菩萨戒疏："《梵网经菩萨戒本》者，盖三世出兴之鸿规，七众入位之要门也。以故注疏节分殆十有余家，今之存者，唯法藏、天台、明旷、太贤也已，余皆成废典。于戏可惜矣。四家之述作兰菊擅美，即世戒子多附贤师也。然彼疏中，往往引法藏、义寂两疏证义

---

① 《弘一大师全集》第7册，第613页。

② 《弘一大师全集》第1册，第278页。

③ 《菩萨戒本疏》卷1，《大正藏》第40册，第656—663页。

④ 《梵网经菩萨戒本疏》卷1，《大正藏》第40册，第610页。

⑤ 如《梵网戒本疏日珠钞》（《大正藏》第62册）引用83次，《梵网古迹钞》（台湾国家图书馆藏善本佛典）引用302次，《菩萨戒通受遣疑钞》（《大正藏》第74册）引用7次，《表无表章诠要钞》（台湾国家图书馆藏善本佛典）引用5次，等等。

解文。不倦周览之学士不往窥之者，盖鲜矣。但恨藏疏虽存，寂疏已亡也。”[①] 从洞空的叙述我们知道，义寂《疏》曾在日本佛教界湮没无闻三百多年，后经洞空等人的努力才再度被重视。

（本文发表于《中国史研究》2022 年第 2 期）

---

① 《大正藏》第 40 册，第 656a 页。

新罗胜庄与《梵网经述记》

隋唐时期，很多新罗僧人到中国留学，积极参与到中国佛教的创建中去，几乎在每一个重要宗派中，都能看到新罗僧人的身影①；他们有的留在了中国，为中国佛教贡献毕生精力；有的学成之后回到新罗，积极弘扬佛法，开创新罗佛教的新倾向；他们的作品和思想又广泛传播到日本，对日本佛教的发展产生深刻影响。胜庄就是其中非常重要的一位。但由于资料相对缺乏，学术界对胜庄的研究非常稀少，专门的研究几乎没有。本文将通过对一些零散资料的梳理，勾勒胜庄的主要经历、著作及所属宗派，并对其现存唯一作品《梵网经述记》进行初步研究，希望可以弥补胜庄研究的不足，可以构建隋唐菩萨戒注疏研究的重要一环。

一　胜庄的生平与著述

在中、韩、日三国现存资料中，都没有胜庄传记，其生平见于记载的也非常少。但如果我们仔细勾勒相关材料，仍然可以对胜庄形成一些基本认识。

（一）翻译工作

从武则天久视元年（700）至唐中宗景云四年（710），胜庄参与了义净（635—713）译场，是参与时间最长、参与译经种类最多的证义僧人，在义净译场中发挥了重要作用。

---

① 参见魏道儒《隋唐五代中韩佛教文化共建》，《世界宗教研究》2020 年第 1 期。

在久视元年十二月二十三日（701 年 2 月 5 日）[①] 译成的《根本萨婆多部律摄卷一》后所附“译场列位”中，我们发现了胜庄的名字，这是现存资料中第一次提到他。此后，直到 710 年，义净重要译经“译场列位”中，证义僧一类中胜庄都是必不可少的。我们不妨先依据池田温收集的中国古代写本“译场列位”[②]，并参考《开元释教录》列一个简表，看一下胜庄参与义净译经的具体情况。为了有所对比，我们把统计时间延长至从武则天即位（690）开始。

表 1　**译场列位表（690—710）**

<table>
<tr><th></th><th>梵文</th><th>证义</th><th>笔受</th><th>缀文</th></tr>
<tr><td rowspan="10">1.《佛说宝雨经》佛授记寺（693）</td><td>南印度沙门达摩流志</td><td>佛授记寺都维那赞皇县开国公沙门知静</td><td>大周东寺都维那清源县开国公沙门处一</td><td>佛授记寺沙门思玄</td></tr>
<tr><td>中印度王使沙门梵摩</td><td>佛授记寺主渤海县开国公行感</td><td rowspan="9">佛授记寺都维那昌平线开国公沙门德感</td><td rowspan="9">长寿寺沙门智激</td></tr>
<tr><td>京济法寺沙门战陀</td><td>大周东寺都维那豫章县开国公沙门惠俨</td></tr>
<tr><td>佛授记寺沙门慧智</td><td>天宫寺上座沙门知道</td></tr>
<tr><td>佛授记寺沙门道昌</td><td>大周东寺上座江陵县开国公沙门法明</td></tr>
<tr><td>天宫寺沙门达摩难陀</td><td>长寿寺上座沙门知机</td></tr>
<tr><td></td><td>大奉先寺上座当阳县开国公沙门惠棱</td></tr>
<tr><td></td><td>佛授记寺沙门神英</td></tr>
<tr><td rowspan="2"></td><td>京西明寺沙门圆测</td></tr>
<tr><td>婆罗门僧般若</td></tr>
<tr><td rowspan="3">2.《大方广佛华严经》东都大内大遍空寺（695—699）</td><td>实叉难陀</td><td rowspan="3"></td><td rowspan="3"></td><td>沙门复礼</td></tr>
<tr><td>菩提流志</td><td rowspan="2">沙门法藏</td></tr>
<tr><td>义净</td></tr>
</table>

① 统一上奏时间应为“大足元年（701）九月二十三日”。

② ［日］池田温编，『中國古代寫本識語集録』，東洋文化研究所叢刊第 11 輯，東京：大藏出版，1990 年，第 238—283 頁。

续表

<table>
<tr><th></th><th>梵文</th><th>证义</th><th>笔受</th><th>缀文</th></tr>
<tr><td>3. 《大周刊定众经目录》（695）编纂列位中专门列翻经大德</td><td colspan="4">翻经大德授记寺都维那　玄疑
翻经大德崇光寺都维那　文彻
翻经大德中大云寺都维那象城县开国公　玄范
翻经大德佛授记寺主昌平县开国公　德感
翻经大德大白马寺都维那　义合
翻经大德大福光寺都维那豫章县开国公　惠俨
翻经大德长寿寺主　智激
翻经大德佛授记寺　文才
翻经大德大慈恩寺　英芝
翻经大德大福光（先）寺　波仑
翻经大德大福光（先）寺　复礼
翻经大德荆州王泉寺　弘景
翻经大德崇先寺上座　法宝
翻经大德佛授记寺　神英
翻经大德大福光（先）寺　圆测
汉三藏翻经大德大福光（先）寺　义净
婆罗门翻经三藏法师　菩提留志
婆罗门翻经三藏法师　宝思惟</td></tr>
<tr><td>4. 《大方广佛华严经总目》翻经大德大福先寺僧复礼撰录（699）</td><td colspan="4">审覆：
翻经大德崇先寺上座僧法宝
翻经大德秦州大云寺主僧灵叡
翻经大德荆州玉泉府（寺）僧弘景
翻经大德大福先寺上座僧波仑
翻经大德长寿寺主僧智激
翻经大德大福先寺维那僧惠俨
翻经大德佛授记寺上座僧玄度
翻经大德大周西寺僧法藏
翻经大德佛授记寺主僧德感
翻经大德中大云寺都维那僧云轨
三藏沙门于阗国僧实叉难陀
三藏沙门大福先寺僧义净</td></tr>
<tr><td rowspan="9">5. 《大方广如来不思议境界经》（699）</td><td>实叉难陀</td><td>崇先寺上座僧法宝</td><td rowspan="9">大周西寺僧法藏</td><td rowspan="9">授记寺上座僧玄度</td></tr>
<tr><td rowspan="8">义净</td><td>秦州大云寺主僧灵叡</td></tr>
<tr><td>荆州玉泉寺僧弘景</td></tr>
<tr><td>大福先寺僧复礼</td></tr>
<tr><td>大福先寺上座僧波仑</td></tr>
<tr><td>长寿寺僧智激</td></tr>
<tr><td>大福先寺都维那僧慧俨</td></tr>
<tr><td>佛授记寺主僧德感</td></tr>
<tr><td>大云寺都维那僧云轨</td></tr>
</table>

续表

	梵文	证义	笔受	缀文
6.《大乘入楞伽经》（700—704，东都三阳宫）	实叉难陀	沙门法宝	沙门波仑	沙门复礼
		沙门弘景	沙门玄范	
7.《根本萨婆多部律摄》（701，洛阳大福先寺）	义净	大福先寺主沙门法藏	佛授记寺沙门惠表	
	宝思惟	崇先寺上座沙门法宝		
	尸利末多	佛授记寺主沙门德感		
		大福先寺上座沙门波仑		
		崇先寺沙门神英		
		大福先寺沙门胜庄		
		大周西寺沙门仁亮		
		大福先寺沙门慈训		
8.《金光明最胜王经》（703，长安西明寺）	义净	七宝台上坐法宝	大福先寺上座波仑	
	宝思惟	荆州玉泉寺弘景	佛授记寺都维那惠表	
	尸利末多	大福先寺主法明		
		崇先寺神英		
		大兴善寺伏礼		
		清禅寺寺主德感证义		
		大周西寺仁亮		
		大总持寺上座大仪		
		大周西寺寺主法藏		
		大福先寺胜庄		
		大福先寺都维那慈训		
9.《根本说一切有部毗奈耶》（703，长安西明寺）	同 7	同 7	同 7	
10.《一切法功德庄严经》（705，大福先寺）	义净	翻经沙门荆州大唐龙兴寺大德景证文	翻经沙门相州禅河寺大德玄伞	
	盘度	翻经沙门大总持寺上座大宣证义		
		翻经沙门大荐福寺大德胜庄		
		缁州大云寺大德慧沼		
		翻经沙门大唐龙兴寺大德智积		

续表

<table>
<tr><th></th><th>梵文</th><th>证义</th><th>笔受</th><th>缀文</th></tr>
<tr><td rowspan="6">11.《大宝积经》（706—713，大内佛先殿）</td><td>菩提流志</td><td>沙门胜严</td><td>和帝（唐中宗）</td><td>（次文）
沙门承礼</td></tr>
<tr><td>思忠</td><td>沙门法藏</td><td>睿宗</td><td>沙门神暕</td></tr>
<tr><td>达摩</td><td>沙门尘外</td><td>沙门宗一</td><td rowspan="4">沙门玄观</td></tr>
<tr><td rowspan="3">波若丘多</td><td>沙门无著</td><td rowspan="3">沙门普敬</td></tr>
<tr><td>沙门怀迪</td></tr>
<tr><td>沙门深亮</td></tr>
<tr><td rowspan="6">12.《新译药师琉璃光七佛本愿功德经》（707，内道场）</td><td>义净</td><td>荆州大唐龙兴寺大德景证义</td><td rowspan="6">相州禅河寺大德玄伞</td><td rowspan="6"></td></tr>
<tr><td rowspan="5">盘度</td><td>大总持寺上座大宣证文</td></tr>
<tr><td>大荐福寺上座道岸</td></tr>
<tr><td>大福先寺大德胜庄</td></tr>
<tr><td>大唐龙兴寺大德智积</td></tr>
<tr><td>大唐龙兴寺大德利明证义</td></tr>
<tr><td rowspan="8">13.《根本说一切有部毗奈耶尼陀那颂》（710，大荐福寺）</td><td>义净</td><td>缁州大云寺大德慧沼</td><td rowspan="8"></td><td rowspan="8"></td></tr>
<tr><td>达摩秣磨</td><td>洛州崇先寺大德律师道琳</td></tr>
<tr><td>拔努</td><td>福寿寺大德利明</td></tr>
<tr><td>达摩难陀</td><td>洛州太平寺大德律师道恪</td></tr>
<tr><td rowspan="4">慧积读梵本</td><td>大荐福寺大德胜庄</td></tr>
<tr><td>相州禅河寺大德玄伞证义正字</td></tr>
<tr><td>大荐福寺大德律师智积证义正字</td></tr>
<tr><td>德州大云寺寺主慧伞</td></tr>
<tr><td rowspan="4">14.《根本说一切有部尼陀那》（710，大荐福寺）</td><td>义净</td><td rowspan="4">缁州大云寺大德慧沼证义</td><td rowspan="4"></td><td rowspan="4"></td></tr>
<tr><td>达摩秣磨</td></tr>
<tr><td>拔努</td></tr>
<tr><td>达摩难陀</td></tr>
</table>

续表

	梵文	证义	笔受	缀文
15.《根本说一切有部尼陀那目得迦》（710，大荐福寺）	义净	缁州大云寺大德慧沼		
	达摩秣磨	洛州崇先寺大德律师道琳		
	拔努	福寿寺寺主大德利明		
	达摩难陀	洛州大平等寺大德律师道恪		
	慧积读梵本	大荐福寺大德胜庄		
		相州禅河寺大德玄伞证义笔受		
		大荐福寺大德律师智积证义正字		
		德州大云寺寺主慧伞		
16.《一切有部苾刍尼毗奈耶》（710，大荐福寺）	义净	大崇圣寺大德律师文刚（纲）		
	达摩秣磨	缁州大云寺大德慧沼		
	拔努	洛州崇先寺大德律师道琳		
	达摩难陀	福寿寺主大德利明		
	慧积读梵本	大荐福寺大德律师思恒正字		
		洛州太平寺大德律师道恪		
		相州禅河寺大德玄伞证义笔受		
		大荐福寺大德胜庄		
		反极寺上座律师受同证义正字		
		招福寺大德律师怀志		
		西崇福寺大德律师昙表		
		西明寺大德律师崇业		
		新都寺大德律师惠明		
		观音寺大德律师大亮		
		大荐福寺大德律师智积证义正字		
		大般若寺大德云誓		
		德州大云寺寺主大德慧伞		
		大安国寺大德多子		
		龙兴寺大德律师道珪		
		大开业寺大德律师处寂		
		西崇福寺大德律师彼岸		
		西崇福寺大德律师秀璋		

续表

<table>
<tr><th></th><th>梵文</th><th>证义</th><th>笔受</th><th>缀文</th></tr>
<tr><td rowspan="8">17.《浴像功德经》等二十部（710，荐福寺）</td><td>义净</td><td>沙门文纲</td><td rowspan="8"></td><td rowspan="8"></td></tr>
<tr><td>达摩末（秣）磨</td><td>沙门慧沼</td></tr>
<tr><td>拔努</td><td>沙门利贞</td></tr>
<tr><td>达摩难陀</td><td>沙门胜庄</td></tr>
<tr><td rowspan="4">慧积</td><td>沙门爱同</td></tr>
<tr><td>沙门恩（思）恒</td></tr>
<tr><td>沙门玄伞</td></tr>
<tr><td>沙门智积</td></tr>
<tr><td>18.《拔除罪障咒王经》（710，大荐福寺）</td><td>义净</td><td></td><td></td><td></td></tr>
</table>

通过表1，结合《开元释教录》，我们可以看出，从武则天即位到唐睿宗即位（710）之初二十多年间最重要的译经僧人为实叉难陀（652—710）、义净和菩提流志（？—727），而胜庄参与了义净译场和菩提流志译场。

我们先来看义净译场的具体情况。义净回国后，首先参与了实叉难陀的译场，久视元年（700）后，开始独立翻译。义净所译经典的“译场列位”得到非常多的保留（见上表），我们结合这些资料和《开元释教录》，并参考现代学者的研究，可以对义净翻译情况有比较详细的了解。《开元释教录》卷九《义净传》将义净主持的翻译大致分为四个阶段，第一个阶段从久视元年（700）庚子至长安三年（703）癸卯，翻译地点在洛阳福先寺和长安西明寺，翻译的经典有《金光明最胜王经》等二十部一百一十五卷。参与的僧人有阿真那、波仑、复礼、慧表、智积（译场列位中无）、法宝、法藏、德感、胜庄、神英、仁亮、大仪、慈训、弘景、法明、伏礼、成均、太学。武则天为第一部翻译出来的《入定不定印经》作序，置于经首。现存的这一时期的三个译场列位表（上表7、8、9）中，第8、9条是同时上奏的经典，人员完全相同。第

7 条是在洛阳福先寺翻译，第 8、第 9 条是在长安西明寺翻译。两次翻译都参加的人员有：宝思惟、尸利末多、法藏（有学者认为此法藏并非华严宗法藏[①]）、法宝、德感、波仑、神英、胜庄、惠表、仁亮、慈训。

第二个阶段，唐中宗神龙元年（705），在东都内道场译《孔雀王经》，在大福先寺译《胜光天子香王菩萨咒》《香王菩萨咒》《一切功德庄严王》，共四部六卷。参与僧人，《开元释教录》提到：槃度、玄伞、大仪、胜庄、利贞等[②]。《一切法功德庄严经》“译场列位”，与此不完全相同，列槃度、大德景（即弘景）、大宣、胜庄、玄伞、慧沼、智积。与前一个阶段相比，一些僧人已经不再参加义净译场（或者已经去世），如法藏、惠表、复礼、法宝、波仑、神英等，一些新的僧人加入，如慧沼、大宣、玄伞等。神龙元年，唐中宗李显为义净做《三藏圣教序》，对义净翻译的前两个阶段进行总结：

> （义净）以证圣元年夏五月方届都焉。则天大圣皇帝……迎于上东之门，置于授记之寺。共于阗三藏及大福先寺主沙门复礼、西崇福寺主法藏等翻《华严经》，后至大福先寺，与天竺三藏宝思末多及授记寺主惠表、沙门胜庄、慈训等译《根本部律》。其大德等莫不四禅凝虑，六度冥怀，悬法镜于心台，朗戒珠于性海。词林挺秀，将觉树而联芳；慧炬扬辉，澄桂轮而合影。浑金璞玉，谅属其人。诚梵宇之栋梁，实法门之龙象。[③]

中宗提到参与义净译场的四位代表僧人，其中就有胜庄。中宗对他们在禅学、慧学、戒学，甚至文辞方面的造诣给予了高度评价。对照表 1，我们可以看出，四人之中只有胜庄完整参与了义净前两个阶段的翻译。

---

① 陈金华：《〈大唐龙兴三藏圣教序再考〉：兼论义净译经以及法藏同荐福寺与崇福寺之关系》，《佛教与中外交流》，中西书局 2016 年版，第 219 页。

② 智升撰，富世平点校：《开元释教录》卷 9，中华书局 2018 年版，第 599 页。

③ 《全唐文》卷 17，山西教育出版社 2002 年版，第 123 页。

第三个阶段，从神龙二年（706）义净随中宗回到长安，至景龙四年（710）中宗驾崩，翻译地点主要为荐福寺翻经院（除《药师琉璃光七佛本愿经》707 年在大佛光殿译成），翻译《根本说一切有部毗奈耶杂事》等二十二部八十八卷。对比《开元释教录》和上表 12、13、14、15、16、17 等条提供的参与人员名单，我们可以发现：一、参与翻译《药师经》的人员与参与神龙元年译经的人员基本一致，这可能是因为《药师经》是在大内翻译，当时中宗正邀请义净和翻经沙门“九旬夏坐”。710 年的翻译人员已经发生很大变化，负责梵文方面的僧人全部改变，参与证义、正字等的僧人最明显的变化是增加了几位律师，如文纲（636—727）、道琳、道恪等。二、法藏等早期参与人员的名字没有再出现过，710 年的几份名单中弘景、大宣（宜）的名字已经不见。三、胜庄、慧沼、玄伞、智积、利贞（利明）的名字出现频率最高，应是这一时期的主要翻译人员，在《开元释教录》中也全部被提到。

第四阶段，唐睿宗在位期间，景云二年（711），翻译地点是大荐福寺，翻译《称赞如来功德神咒》《佛为龙王说法印》《释因明理门》等一十二部二十一卷。《开元释教录》记参与僧人为玄伞、智积笔受，慧沼等证义。胜庄不见于此次翻译，可能是一种省略，但以胜庄在义净译场中的出现频率，加上胜庄 710 年后被称为“大荐福寺大德”，这次在大荐福寺的翻译没有提到胜庄，很可能这时胜庄已经圆寂或离开京城。

胜庄是参与义净译场时间最长的僧人，除了 711 年的翻译不能确定外，胜庄几乎参加了义净所有的翻译活动。有学者指出义净翻译地点的变化与帝王的行程密切相关，他一边翻译，一边跟随武则天和唐中宗往返于两京之间。① 那么我们也可以说，胜庄在这十几年间基本与义净的行程是一致的，长安、洛阳都留下了他翻译活动的身影。胜庄所隶属的寺院与义净也基本一致。义净回国（695）后，先后隶属三个寺院：洛阳佛授记寺（时间很短）、大福先寺，长安大荐福寺。我们看表 1，早期（701—703）的译场列位中，胜庄的身份是大福先寺沙门，说

① 陈金华：《〈大唐龙兴三藏圣教序再考〉：兼论义净译经以及法藏同荐福寺与崇福寺之关系》，中西书局 2016 年版，第 207 页。

明这时，胜庄是隶籍于大福先寺的僧人。701年底至703年，曾与义净一起跟随武则天到长安，在西明寺翻译，但隶属僧院没有改变。705年的译场列位（表1第10条）中，胜庄被称为“大荐福寺（长安）大德”，707年又被称为“大福先寺大德”，频繁改籍的可能性不大，这两处肯定有一处错误。考虑到705年的翻译是在洛阳，707年的翻译在长安，胜庄不大可能在洛阳翻译时，被改籍到长安的寺院，因此，705年胜庄的身份可能标注不对。710年的译场列位中，胜庄被称为“大荐福寺大德”。据《开元释教录》，神龙二年（706），义净和一些翻经沙门（应该包括胜庄）跟随中宗返回长安。中宗下敕在大荐福寺别置翻经院安置义净等人。胜庄应该在这时入住大荐福寺，具体改籍时间应该在707—710年之间。

另外，《宋高僧传》虽没有专门为胜庄作传，但在法藏、法宝、慧沼、德感等传中，都提到胜庄参与义净译场之事，这也说明在义净译场中，胜庄确实有比较重要的地位。

菩提流志的翻译可以分为三个阶段：第一阶段，长寿二年（693），菩提流志到达洛阳，开始翻译，翻译地点为佛授记寺和大周东寺，在佛授记寺译出《宝雨经》十卷，在大周东寺译出《实相般若》等19部20卷，参与翻译的沙门，《开元释教录》提到中印度王使沙门梵摩、战陀、慧智、处一、思玄、圆测、神英等。表1是更为详细的名单，增加道昌、达摩难陀、知静、行感、慧俨、知道、法明、知机、惠棱、德感、般若。在大周东寺的翻译，《开元释教录》只记“行感等同译”，具体人员不明。第二阶段从神龙二年（706）开始（跟随唐中宗返回长安）至景龙四年（710），翻译地点为西崇福寺，翻译经典为《不空羂索神变真言经》《千手千眼观世音菩萨姥陀罗尼身经》《如意轮陀罗尼》等密教经典和《大宝积经》（未完）。第三阶段从睿宗即位（710）开始，至先天二年（713），继续翻译《大宝积经》，据《开元释教录》：“逮睿宗嗣历，复于北苑莲花亭及大内甘露等殿别开会首，……沙门胜庄、法藏、尘外、无著、深亮、怀迪等证义，沙门承礼、神暕、云观等次文”[①]，似乎胜庄

① 《开元释教录》卷9，中华书局2018年版，第566页。

是在睿宗即位后（710）开始参与菩提流志译场的。表1第11条与《开元释教录》所列人物完全对应（胜严是胜庄误写），所列时间是神龙二年（706），这是《大宝积经》开始翻译的时间。菩提流志也在706年跟随唐中宗返回长安，被安置在西崇福寺翻译，直到先天二年（713）。胜庄可能在此期间的某一个时间参与过菩提流志的译场（通过表1，我们发现，在同一时间段内，出现在两个译场的情况也比较多），也可能在710年之后，转到菩提流志译场，所以在义净711年的翻译中没有提到他的名字。

总之，武则天至唐睿宗时期的译场同以往一样，也集中了当时大量杰出僧人，如华严宗法藏，天台宗弘景，唯识宗圆测（613—696）、法宝、慧沼（650—714）、利贞，律宗文纲（636—727）等。胜庄作为重要的译经僧人之一，为这一时期的佛经翻译做出了积极贡献。

（二）宗派属性与著作

一般认为胜庄是唯识宗僧人，是圆测弟子，[①] 也有学者指出："有说（胜庄）为玄奘门人或说为圆测弟子，但俱无确凿史料证实。"[②] 笔者认为，将胜庄作为圆测弟子是比较可靠的。《大周西明寺故大德圆测法师佛舍利塔铭（并序）》明确记载，胜庄是圆测弟子。我们通过胜庄的作品《梵网经述记》也能看到圆测的重要影响（下详）。《大周西明寺故大德圆测法师佛舍利塔铭（并序）》：

> 后又召（圆测）入东都讲译新华严经。卷轴未终，迁化于佛授记寺，实万岁通天元年七月二十二日也。春秋八十有四。以其月二十五日，燔于龙门香山寺北谷，便立白塔。在京学徒西明寺主慈善法师、大荐福寺大德胜庄法师等，当时已患礼奉无依，遂于香山葬所，分骸一节，盛以宝函石椁，别葬于终南山丰德寺东岭上法师

---

① 如《中国佛教百科全书》《佛光大辞典》《中华佛教百科全书》等。

② 刘素琴：《新罗僧侣对唐佛教贡献考略》，北京大学韩国学研究所编《韩国学论文集》第四辑，社会科学文献出版社1995年版。

尝昔往游之地。墓上起塔，塔基内安舍利四十九粒。[①]

这是唯一可见的记载胜庄为圆测弟子的材料。新译《华严经》，即实叉难陀译八十华严，695 年在洛阳大内大遍空寺译出，圆测于此时被征召到洛阳讲《华严经》。696 年，圆测在洛阳佛授记寺圆寂，被葬于洛阳香山寺，他在长安的弟子西明寺寺主慈善法师、大荐福寺大德胜庄法师到洛阳分取他的一部分骸骨别葬于终南山丰德寺东岭。塔铭为宋人所作，其中提到的时间、人物身份不一定完全符合事实，将胜庄作为大荐福寺僧人，很有可能是根据胜庄后来的身份。但这则材料告诉我们胜庄是圆测弟子，696 年左右，胜庄仍然在长安。据塔铭，圆测 695 年之后到达洛阳，但据表 1 第 1 条，圆测曾参与 693 年达摩流志（菩提流志）在佛授记寺（洛阳）翻译《佛说宝雨经》的活动。完成于 695 年的《大周刊定众经目录》（表 1 第 3 条）列圆测为大福光（先）寺僧人。很可能圆测曾往返于长安、洛阳两地，也可能《塔铭》记录有误，圆测 693 年之后就一直居于洛阳，并曾改籍大福光寺。如果是后一种情况，我们可以对胜庄的经历作一些推断：696 年，圆测弟子胜庄仍然居住在长安西明寺，这是他的师父长期居住之地。圆测去世后，胜庄曾与同门慈善法师从长安到洛阳分圆测骸骨归葬长安。此后，在 700 年之前的某一时间，胜庄到达洛阳，开始居住在圆测曾经居住的大福先寺，并改籍为大福先寺僧人，开始参与义净译场。

胜庄的著作，据《入唐新求圣教目录》《注进法相宗章疏》《华严宗章疏并因明录》《东域传灯目录》等记载，有：《金光明最胜王经疏》八卷，《菩萨戒本述记》四卷，《成唯识论决》三卷，《佛性论义》一卷，《大因明论述记》二卷，《起信论问答》一卷，《杂集论疏》十二卷。这些注疏基本都已经佚失，现存的只有《菩萨戒本述记》四卷。

胜庄著作大都传到日本，对日本佛教产生一定影响。根据《奈良朝现在一切经疏目录》，奈良时代（710—794），胜庄作品传到日本的

① 《卍新续藏》第 88 册，第 384 页下栏。

有：《金光明最胜王经疏》八卷，《梵网经疏》二卷，《起信论问答》一卷，《佛性论义》一卷。1094 年，日本永超编著《东域传灯目录》。全书收集流布于日本的经典目录，胜庄的《最胜王经疏》《梵网经述记》《杂集论疏》《成唯识论决》《因明正理门论述记》被著录[①]。这说明直到 11 世纪，胜庄的主要作品都在日本流传。其中，《金光明最胜王经疏》和《梵网经述记》比较受重视，在日本僧人作品中经常被引用。释明一在《金光明最胜王经注》中指出："释此经诸家良多，唯有大荐福寺胜庄法师，西明寺惠沼法师，新罗国憬兴法师者，并是人中龙象，域内英贤，遐迩称扬，缁索知识，俱起弘法志，咸各制义疏。"[②]将胜庄疏列为三种最重要《金光明经》疏之一。华严宗僧人凝然（1240—1321）作《梵网经本疏日珠钞》，这是对法藏《梵网经菩萨戒本疏》的疏钞，其中多次提到胜庄疏，在凝然的另一部作品《律宗纲要》中也引用了胜庄观点。现藏于台北国家图书馆的《梵网古迹钞》[③]是日本僧人对太贤《梵网经古迹记》的疏钞，其中也涉及胜庄思想。

二　胜庄《梵网经述记》研究

胜庄之前的《梵网经》注疏现存的有智顗《菩萨戒义疏》、元晓《梵网经菩萨戒本私记》、法藏《梵网经菩萨戒本疏》、义寂《菩萨戒本疏》。元晓应见过智顗疏，其内容对智顗疏有批评，也有借鉴。义寂参考过智顗疏、元晓疏，其内容对二种注疏有继承、有舍弃。法藏疏似横空出世，看不出对其他注疏的借鉴，但却产生了重要影响。义寂疏、胜庄疏应该都参考过法藏疏。义寂与胜庄都是来自新罗的唯识宗僧人，生活年代大致相当，他们的注疏先后次序是什么？重要思想会有哪些异同？我们将主要通过对法藏疏、义寂疏、胜庄疏的比较，回答这些问题，并展现胜庄疏的特点。

① 《大正藏》第 55 册。

② 《大正藏》第 56 册，第 717 页上栏。

③ （台湾）国家图书馆善本佛典第 15 册 No. 8853《梵网古迹抄》。

（一）注释的结构

从智顗以来，对《梵网经》的注疏基本都包括两个部分：一，对《梵网经》主旨、特点、缘起、受戒方式等内容的概括性说明，我们可以称之为“总论部分”。二，随文解释，对《梵网经》经文的逐句或逐段解释。我们先来比较一下法藏疏、义寂疏、胜庄疏中的总论。

法藏疏沿用华严宗释经的一贯特点，十门解释，即从十个方面进行阐释，“将释此经，略作十门：一教起所因，二诸藏所摄，三摄教分齐，四显所为机，五能诠教体，六所诠宗趣，七释经题目，八教起本末，九部类传译，十随文解释。”[①] 前九个方面都是对《梵网经》的总论。我们可以梳理一下这九个方面涉及的重要问题。

一、教起所因。说明为何要受《梵网经》菩萨戒，列举十项原因。

二、诸藏所摄。依据二藏、三藏、十藏、十二分教，判断《梵网经》的性质，指出《梵网经》既可以属于某一类，也可以通于所有类，如三藏，“一，唯是大乘毗奈耶藏，以具诠显调伏行故。二，或通余二，以戒具三聚，该于三学，成因五位，必具余故。”[②] 也就是说，《梵网经》既可以属于大乘律藏，也可以通于经藏、论藏，因为三聚净戒包括定学、慧学。这体现了华严宗圆融无碍的特点。

三、摄教分齐。实际上是判教。比较化教与制教的不同，判定此经属于制教。

四、显所为机。从种姓、遮难、发心、现在位四个方面论述受菩萨戒应该具备的条件。其中，种姓问题很有特点，“先约权教。五种姓中定姓二乘及无种姓非此所为，以彼于此非其器故。菩萨种姓正是所为，其不定性亦兼摄，如《瑜伽》等说。二、约实教。五种种姓俱此所为，以许佛性皆悉有。”[③] 法藏虽然非常熟悉玄奘所传瑜伽行派的种姓说，但还是坚持中国佛教“人人皆有佛性”传统。

① 《大正藏》第40册，第602页中栏。
② 《大正藏》第40册，第603页上栏。
③ 《大正藏》第40册，第603页中栏。

五、能诠教体。从十个方面，由浅入深分析菩萨戒的体性。前八门多受唯识学影响，“无碍门”“双泯门”体现了华严宗的特色。

六、所诠宗趣。诠释此经的宗旨、意趣。宗旨分为总、别。总以三聚净戒为宗。别从五个方面展开：“一约受随，二约止作，三约理事，四约造修，五约缘收。”[①] 指出本经最终意趣就是成就佛果。

七、释经题目。解释经名。

八、教起本末。介绍梵网菩萨戒和其他菩萨戒的缘起。

九、部类传译。《梵网经》的翻译情况。

义寂疏分为“标旨归”和“释经文”两个部分，“标旨归”是总论。

“标旨归”分为“受”“随”两部分。“受”指受菩萨戒，包括“顺缘得受”和“违缘失受”，也就是具备哪些条件可以受菩萨戒，违反了哪些条件就失去菩萨戒法。“顺缘”包括四项内容：“一简资器，二简师德，三受之方轨，四问答遣疑。”“违缘”部分，依据《瑜伽论》列出失戒的条件，又对《菩萨璎珞本业经》所说的菩萨戒“有受法而无舍法”进行融通，认为：“言失戒者，舍要期思所熏种上运运增上防摄功能。若论种体，一熏永在。若言功能，或违缘失。以体从功，故论言舍戒。以能从体，故经云不失。”[②] 菩萨戒从功能上说，可能失去；从体性上说，一经授受，永远存在。

“随”指受戒后随学随行，包括“随行相”和“体相”。随行相部分分别列摄律仪戒、摄善法、摄众生戒的各种行相。摄律仪戒行相依据玄奘翻译《大乘阿毘达磨集论》卷四相关文字。摄善法、摄众生戒完全使用《瑜伽师地论·菩萨地》文字。“体相”包括“体”和“相”。体指戒的自性，或者体性，义寂说的很简单，“即表无表，三业为体。不同声闻唯制七支，三业十支戒各有表无表。”[③] 也就是身三、口四、意三这十支都有表戒和无表戒，这是采用了《成实论》[④] 的观点。

---

① 《大正藏》第40册，第604页上栏。
② 《大正藏》第40册，第659页中栏。
③ 《大正藏》第40册，第660页中栏。
④ 《成实论》卷7《业相品》《无作品》。

“相”介绍了菩萨戒的数量，并说明了为何各种经典中菩萨重戒的种类不同，可以看出义寂融合各种菩萨戒的努力。义寂“解经题”内容没有体现在总论，而是在“随文释”部分。

胜庄从五个方面注释《梵网经》：“将释此经，五门分别：一教兴题目，二辨经宗体，三摄教分齐，四教所被机，五判文解释。”①

其中，前四门属于总论。第五门中“明受戒法”部分也是对菩萨戒的总体论述。

一、教兴题目，分“教兴题目”和“辨经得名”。“教兴题目”解释《梵网经》题目，言简意赅地解释了“梵网”“经”“卢舍那”“心地品”“菩萨”等关键词语。对比法藏疏、义寂疏，可以看出胜庄疏对二者都有借鉴，但更为简化。“辨经得名”列举了获得经名的七种方式，认为此经是“人喻为名”。

二、辨经宗体。先宗，后体。辨宗部分，先通辨诸教宗，后别显此经宗。

通辨，就是判教，“谓如来一代所说之宗，不过三种，一者隐空显有宗，二者隐有说空宗，三者远离二边宗。所言隐空显有宗者，谓四谛法轮等诸小乘经。隐有说空宗者，诸部般若等无相之教，此即名无相法轮，如《解深密经》……远离二边宗者，谓《解深密》等了义大乘，此即名为显了法轮，如《解深密》说……”② 将佛教从总体上分为：隐空显有宗，隐有显空宗，远离二边宗，并引用《解深密经》以作说明。这样的判教方式，是遵循了瑜伽行派三法轮（三时）判教的传统。无论是真谛为代表的摄论宗，还是以玄奘、圆测、窥基等为代表的唯识宗在判教方面都是以三时教为主。窥基《阿弥陀经通赞疏》引用真谛判教：

> 梁朝真谛三藏，判如来一代时教为三时：一有教、二空教、三非空非有教。且有教者，佛初成道七年已后说有教，五年度五俱

① 《卍新续藏》第38册，第392页上栏。
② 《卍新续藏》第38册，第392页中栏。

轮，第六年化舍利弗，第七年度三迦叶，总名有教。二空教，从第八年至三十八年已来总说八部《般若》等是。三非空非有教，从三十九年至临涅槃时说非空非有教，《法华》《楞伽》《思益》等是。①

圆测《解深密经疏》卷第一：

是故法王说三法轮。初为发起声闻乘者，波罗柰国施鹿林中，创开生死涅槃因果，此即第一四谛法轮。次为发趣菩萨乘者，鹫峰山等十六会中，说诸般若，此即第二无相法轮。后为发趣一切乘者，莲华藏等净秽土中，说深密等，此即第三了义大乘，是即如来教兴之意也。②

窥基《妙法莲华经玄赞》卷一：

教但三者：一多说有宗，诸《阿含》等小乘义是，虽多说有，亦不违空。二多说空宗，《中》《百》《十二门》《般若》等是，虽多说空，亦不违有。三非空有宗，《华严》《深密》《法华》等是，说有为、无为名之为有，我及我所名为空故，此等三教，如前引文。③

可见在判教上，胜庄是坚持唯识学的基本立场，在表述上却有自己的创造。

“别显此经所诠宗”，是显示此经宗趣，或者说应该判释《梵网经》究竟属于上面所列三种法轮中哪一种。但胜庄疏只是简单指出“心地法门为所诠宗”，也就是说此经是为了诠释“心地法门”，但却没有

---

① 《大正藏》第 37 册，第 330 页上栏。
② 《卍新续藏》第 21 册，第 171 页下栏。
③ 《大正藏》第 34 册，第 657 页上栏。

判教。

“明体”部分从四个角度展开：摄妄归真门（以真如为体），摄末归本门（以识为体），摄假从实门（音声为体），法数定体（列举萨婆多、经部师和《瑜伽师地论》关于体的观点）。“明体”部分文字繁琐，我们将其与圆测《解深密经疏》和《瑜伽师地论》对比，发现这一部分实际上是对圆测所提到的大唐三藏“五门出体”（一摄妄归真门，二摄相归识门，三以假从实门，第四三法定体门，第五法数出体）部分和《瑜伽师地论》卷八一相关部分的节略和改造。这一部分占了相当大的篇幅，可以看出胜庄试图将自己所传圆测唯识学的重要理论容纳在对菩萨戒的解释过程中。

三、摄教分齐。与法藏疏“诸藏所摄”部分内容相似，更简化。

四、教所被机。选取法藏疏此部分中与唯识宗一致的观点，即种姓说。

综合以上，我们可以看出，胜庄疏“教兴题目”“辨经宗体”采用了圆测注疏的名目，“摄教分齐”“教所被机”采用了法藏疏的名目。在解经结构上，胜庄疏与法藏疏有很多相似，都会把本宗的一些基本理论放到对菩萨戒的注释中去。相比之下，胜庄疏大量借用唯识宗的经典原文。这样，宗派特点更明显，但一些地方与菩萨戒相关度不高，显得枝蔓太多。义寂虽然也是唯识宗僧人，但更侧重于对菩萨戒本身理论的阐释，虽然也经常引用《瑜伽师地论》说明具体问题，但没有把宗派思想直接放入，显得层次更为清晰，主次更加分明。

（二）受菩萨戒仪式

《梵网经》中没有单独列出受戒仪式，但第二十三轻戒、第四十一轻戒都是有关受戒仪式的内容。

第二十三轻戒：

> 若佛子，佛灭度后，欲心、好心受菩萨戒时，于佛菩萨形像前自誓受戒，当七日佛前忏悔，得见好相便得戒。若不得好相，应二七、三七，乃至一年，要得好相。得好相已，便得佛菩萨形像前受

戒。若不得好相，虽佛像前受戒，不得戒。若现前先受菩萨戒法师前受戒时，不须要见好相。何以故？以是法师师师相授故，不须好相。是以法师前受戒，即得戒，以生重心，故便得戒。若千里内无能授戒师，得佛菩萨形像前受戒，而要见好相。[①]

提到了两种受戒方法：一、在佛菩萨形象前自誓受，二、在先受菩萨戒法师前受。千里内没有授戒师的情况才可以自誓受，需要忏悔见到好相，受戒才有效果。

第四十一轻戒：

若佛子，教化人起信心时，菩萨与他人作教诫法师者，见欲受戒人，应教请二师和上、阿阇梨。二师应问言：汝有七遮罪不？若现身有七遮，师不应与受戒。无七遮者得受。若有犯十戒者，应教忏悔，在佛、菩萨形像前，日夜六时诵十重四十八轻戒。若到礼三世千佛，得见相。若一七日、二、三七日，乃至一年要见好相。好相者，佛来摩顶，见光见华，种种异相，便得灭罪。若无好相，虽忏无益。是人现身，亦不得戒，而得增受戒。若犯四十八轻戒者，对首忏，罪灭，不同七遮。[②]

受菩萨戒，需要请和上、阿阇梨两位授戒师。二师应先问七遮，有七遮不能受戒。若犯有十重戒，应在佛菩萨像前忏悔，见好相，才可以得戒。犯四十八轻戒，如果在授戒师面前忏悔，就可以灭罪得戒。

智顗《菩萨戒义疏》提到六种受菩萨戒仪，第一种就是《梵网》本，其受戒仪式为：

先受三归云：我某甲，从今身至佛身，于其中间归依常住佛，归依常住法，归依常住僧（三说）。次三结已（三说），次悔十不善

① 《大正藏》第24册，第1006页下栏。

② 《大正藏》第24册，第1008页下栏。

业（更起三拜），次赞叹受约敕谛听（三说）。直说十重相，问能持不（次第答能），然后结撮赞叹发愿，余所未解问或师（便散）。①

第二种是《地持》本，其受戒仪式为：

第四戒品出受戒法，若菩萨发无上菩提愿已，于同法菩萨已发愿者，有智有力善义、能诵能持，于此人所，先礼足已，作是言：我某甲，从大德乞受菩萨戒，大德于我不惮劳苦，哀愍听许（三说）。次起礼十方诸佛，更请师云：雅愿大德授我某甲菩萨戒（三说）。次生念，不久当得无尽无量大功德聚。师应问言：汝是菩萨不？已发菩提愿未？问竟应言：法弟听，汝欲于我受一切菩萨戒，谓律仪戒、摄善法戒、饶益有情戒。此戒是过去、未来、现在一切菩萨所住戒。过去一切菩萨已学，未来一切菩萨当学，现在一切菩萨今学。汝能受不（答能。三说）？师应起自礼佛竟，作是言：某甲菩萨，于我某甲菩萨前，三说受菩萨戒，我为作证，一切十方无量诸佛，第一无上大师，于一切众生一切诸法现前见学者，证知某甲菩萨于我某甲菩萨前三说受菩萨戒（三说）。然后结撮赞叹，便散席。②

玄奘翻译的《菩萨戒羯磨文》受戒基本次序与《地持》本大致相同。

法藏疏没有专门列受戒仪式，疏中提到：“（《梵网经》）慧融等从笔受，亦同诵持，仍别录此下卷之中偈颂已后所说戒相独为一卷，名作《梵网经卢舍那佛说菩萨十重四十八轻戒》一卷，卷首别标当时受戒羯磨等事。”③ 可见，法藏看到的《梵网戒》前面有羯磨文，应该就是智顗提到的“梵网本”受戒法。

① 《大正藏》第40册，第568页上栏。
② 《大正藏》第40册，第568页上栏。
③ 《大正藏》第40册，第605页中栏。

义寂专门列受戒方法："受戒方轨略有六门：一显德劝受，二对缘优劣，三七众总别，四大小先后，五正明受法，六校量显胜。"①

"显德劝受"部分依据《梵网经》《菩萨璎珞本业经》说明受菩萨戒的利益、不受戒的损失。"对缘优劣"依据《菩萨璎珞本业经》介绍三种受戒法：佛菩萨前受（上品戒），受戒法师前受（中品戒），自誓受（下品戒）。"七众总别"说明道俗受三聚净戒的异同。"大小先后"指出受小乘戒与菩萨戒的先后顺序。"正名受法"是重点，依据《瑜伽师地论·菩萨地》，将受戒过程总结为八个程序：请师、求力、乞戒、长养净心、问缘、正受、启白请证、礼退。每个程序中具体文字完全引用《瑜伽师地论·菩萨地》。"较量显胜"使用《瑜伽师地论》的文字说明受菩萨戒的功德。

胜庄也专门列出受戒法："第一明受戒法，复有二种：一明依师受法，二明自誓受法。前中有三：初请戒师，次明正羯磨，后明请证。就戒师中，复分有二：初明戒师相，后明请相。"②

胜庄提到两种受戒法，都是依据《瑜伽师地论》，但关于自誓受的论述，先引《瑜伽师地论》相关论述，再用《梵网经》自誓受必须忏悔见好相的内容来补充。关于受菩萨戒法的分类，智顗《菩萨戒义疏》提到："三种得菩萨戒：一、诸佛，二、圣人，三、凡师。"其中诸佛包括真佛和像佛，圣人包括真圣和像圣，所以诸佛、圣人前受戒，就是指诸佛圣人和诸佛圣人形像前，也就等同于《菩萨璎珞本业经》所提到的三种受戒法中的佛菩萨前受和自誓受。义寂直接采用《菩萨璎珞本业经》的说法，与智顗思路是一致的。法藏疏没有专门说明这个问题，在解释第二十三轻戒时，提到了"自誓受"和"从师受"两种，胜庄在这个问题上与法藏是一致的，都采用了两种受戒法的说法。

"戒师"中分两个部分，第一部分"戒师相"，即授戒师应该具备的德行。智顗疏："次论德业，《梵网经》中言，为师必是出家菩萨，具足五德：一、持戒，二、十腊，三、解律藏，四、通禅思，五、慧藏

① 《大正藏》第40册，第657页下栏。

② 《卍新续藏》第38册，第402页下栏。

穷玄。什师所传，融师笔受，流传至今，此其正说。次《地持》云：必须戒德严明，善解三藏，堪能发彼敬心，方可从受，不尔得罪也。”[①]分别介绍《梵网经》和《地持经》提出的师德，但对照经文，我们发现两种说法都不是两种经典的原文。前者可能是智顗自己的总结，也可能来自更早的《梵网经》注疏，后者是对《地持经》中说法的总结[②]。法藏疏没有讨论这个问题。义寂疏在“受戒方轨”前专列“师德”，依据《瑜伽师地论》中提到的授戒师特点总结出“四德”：“一同法菩萨，简异二乘。二已发大愿，简未发心。三有智有力，谓于文义能解能持。四于语表义能授能开，谓言语辩了，说法授人，开心令解。”[③] 又引用智顗疏中提到的“五德”（认为是鸠摩罗什所说），再引用《瑜伽师地论》关于不能担任菩萨戒师的情况。胜庄疏直接罗列《瑜伽师地论》原文和智顗疏中的五德，没有进行概括。

胜庄疏“请戒师”的第二项内容“正请师”和第二“羯磨”、第三“请证”合在一起与义寂疏“正受方法”部分内容是基本对应的。比对义寂“正受方法”与玄奘译《菩萨戒羯磨文》，二者完全一致，只不过义寂根据自己的理解，总结出八个阶段，放在前面，作为标题。胜庄疏引用《瑜伽师地论》的内容与义寂基本相同，总结的程序比较简单，只有三项，不如义寂疏明晰。还有一个重要不同就是胜庄疏在这一部分，也对比了《梵网经》的说法，体现出对《梵网经》受戒仪式的会通：“若依此经，应请二师，故下经云见欲受戒人，应教而请二师，和上、阿阇梨。解云：若有师处，应具请二。若无师处，未必具二。”[④]“若依此经（《梵网经》），和上问七遮故。下经云，若欲受戒时，法师问言现身不作七逆罪耶？不。菩萨法师不得与七逆人现身受戒。七逆者，出佛身血、杀父、杀母、害杀和上、杀阿阇梨、破羯磨转法轮僧、

① 《大正藏》第40册，第568页上栏。

② 《菩萨地持经》卷5：“若在家，若出家，发无上菩提愿已，于同法菩萨，已发愿者，有智有力，善语善义，能诵能持，如是菩萨所，先礼足已，作是言：我于大德乞受菩萨戒。”《大正藏》第30册，第912页中栏。

③ 《大正藏》第40册，第657页中栏。

④ 《卍新续藏》第38册，第403页上栏。

杀圣人。若具七遮，即身不得戒，余一切得受戒。而《瑜伽论》云：不说七遮者，作忏悔亦得戒故。非如声闻犯边罪已，更不能受。各据一义，故不相违。谓此经中据不忏悔者说作七逆，现身不得戒。论中据忏悔亦有受义，故略不说。”①

通过对受戒仪式的比较，我们发现，义寂虽然在注释《梵网经》时融合各种说法，但在受戒仪式上，是坚持瑜伽戒立场的，胜庄却试图对两种受戒法进行融会贯通。

（三）对杀戒的注释

杀戒是《梵网经》菩萨戒重戒的第一条，也是历来注家最为关注的一条。法藏疏在解释重戒、轻戒具体戒条之前，对十重戒和轻戒分别进行总体阐释，很有深意。在解释重戒部分从十个方面展开，重点探讨了十戒与三毒、三业、十境界、三聚戒等对应关系以及十重戒中相对的轻重。法藏在解释每一条重戒时，都用十门，从十个方面进行解释：“一制意，二次第，三释名，四具缘，五阙缘，六轻重，七得报，八通塞，九对治，十释文。”②

第一项“制意”，即为何要制定杀戒，法藏列举十项原因，包括断生命业道重，违害大悲心，背恩养，乖胜缘，并有佛性，违失菩萨无畏施，乖四摄行，损过实，为报恩，法尔。

第二项“次第”，即为何把杀戒放在首位，法藏给出的原因是：“一谓菩萨万行无不以大悲为本，为存行本，故先制也。二有情所重，莫不以形命为先，为救物命，故先辨也。”③

第三项“释名”，解释何为“杀戒”。

第四项“具缘”，列举杀戒构成重罪的条件，分为“通缘”和“别缘”。通缘，“一是受菩萨戒人，以不受戒无犯故。《经》云：有犯名菩萨，无犯名外道。二是住自性，谓非颠狂等，以彼无犯故。三无开缘，

---

① 《卍新续藏》第38册，第403页上栏。

② 《大正藏》第40册，第611页上栏。

③ 《大正藏》第40册，第610页上栏。

谓即救生无间苦等。”[①] 别缘列举《十地经论》和《对法论》两种五缘说，综合成七缘：“合此二论，通具七缘：一他身，二众生，三起众生想，四杀心，五加刀杖等，六有三毒，七断正命。”[②]

第五项“阙缘”，分析如果缺少七缘中的一项，是否构成重罪。比较有特色的是，法藏在轻罪中又分出三个等级：重方便、中方便、轻方便。

第六项“轻重”，指出重戒之中依据不同情况，轻重有差别：“一约所杀生，二约能杀心，三所用杀法。”[③] 从所杀对象来说，四种情况：一切众生都有生命，杀众生都是重罪；众生的业报不同，杀人罪重于杀畜生等；所杀众生的德行不同，杀害发菩提心众生，业道更重；杀七逆中的父母、二师、圣人，犯逆罪和波罗夷罪。从杀心以及所用的方法看，杀罪轻重也有不同。

第七项“得报”，杀生所得业报，分两种情况：一，依据违反佛教规定，犯遮罪，引用《梵网经》说明：“下文云堕三恶道二劫三劫等。”二，依据业道，犯性罪，引用《十地经论》《对法论》《优婆塞戒经》《大智度论》等说明。

第八项“通塞”（局），“通”指虽然杀生，但不犯戒，引用《瑜伽师地论》开缘部分说明。“局”，就是虽然自己没有杀生，但仍然犯戒，有两种情况：“一违犯，谓见厄不救，见他杀己怨，不以悲救微起顺情，此等皆犯。二顺持，谓不常起大悲恩重身心，拟以身命代死代苦等，恒思不忘，不尔便犯。”[④] 这充分体现了菩萨戒重视发心，重视救度众生的精神。

第九项“对治”，就是如何避免犯杀戒，包括起心（发起什么心）和行相（列举菩萨爱护众生生命，不惜牺牲自己的例子）。

第十项“释文”，解释杀戒经文，分三个层次：一制令断恶，二制修善行，三违制结犯。

---

① 《大正藏》第40册，第610页中栏。
② 《大正藏》第40册，第610页中栏。
③ 《大正藏》第40册，第610页中栏。
④ 《大正藏》第40册，第612页中栏。

义寂疏从五个方面解释杀戒：

第一，制意释名。包括为何戒杀，为何杀戒在先，什么是杀生。法藏疏前三项内容在此都有体现，只不过义寂疏非常简练。

第二，具缘成犯。义寂也用通缘、别缘（这可能是受法藏影响），列举通缘、别缘各五项。通缘为："一受菩萨净戒。二住己自性，非狂乱等。三非重苦所逼，反此无犯。故《菩萨地》云：一切处无违犯者，谓若彼心增上狂乱，若重苦受之所逼切，若未曾受净戒律仪。义加二缘：一、有忆念，谓转生时若忆先受，随作成犯。若不忆念，虽作无犯。二、无利生缘。"① 前三项依据《瑜伽师地论》，后两项为义寂增加。别缘完全引用《瑜伽师地论》中的五项：事、想、欲乐、烦恼、方便究竟。然后结合杀戒分析这五项内容。其中，关于杀中"事"，列三品众生，与智𫖮疏、元晓疏同，但却认为杀一切众生都是重罪，与法藏观点相同。

第三，结犯轻重。非常简单，阙缘为轻，具缘为重，实际包含法藏疏中"阙缘""轻重"两部分。

第四，学处同异。比较大小乘受此戒的异同："一轻重异，声闻唯人是重，余皆为轻；大士三境俱重。二开遮异，声闻唯遮无开，大士有益便开。"②

第五，就文解释。分三部分，一标人，即佛子。二叙犯事，若自杀业等。三结罪名，是菩萨波罗夷罪。叙犯事中，又分为三个部分："一举不应，制不得作。二是菩萨下，举所应教，令常作。三而自恣心下，还举不应成犯事也。"③ 这样的科段结构明显借鉴了智𫖮疏。这部分具体内容也参照智𫖮疏，二者都没有涉及"举所应作"的内容。

对杀戒的解释，义寂疏基本按照智𫖮疏的内容次序，但智𫖮疏没有列出小标题。义寂专门列出"制意释名"等，这很可能是参考了法藏疏，这些名称与法藏疏看上去也非常相似。同时，在对轻重的判释方

① 《大正藏》第40册，第663页下栏。
② 《大正藏》第40册，第664页中栏。
③ 《大正藏》第40册，第664页下栏。

面，义寂认为杀一切众生都是重罪，这与法藏疏一致，而与智顗疏不同。所以，从文字上，虽然很难看出义寂疏对法藏疏的借鉴，但从注释结构和重要观点上看，义寂疏很可能参考了法藏疏。

胜庄疏对杀戒的解释直接就文解释，分为三个部分："初标人；次正释业道；后是菩萨下，结其罪名。"[①] 这样的结构与义寂疏更为接近。"正释业道"部分是重点，分为两个层次："初举业道相，明不应作。次是菩萨应起下，明结业道。"[②]

"举业道相"部分涉及三个问题：明杀差别，明其所杀，结不得杀。有具体内容的是前两项，"明杀差别"简单说明杀生的含义，大小乘杀生戒的不同，引用《瑜伽论》的开缘部分，相当于义寂疏"制意释名"和"学处同异"。在这一部分，胜庄还引用《弥勒菩萨所问经论》解答了"杀生业道何时成立"和"自杀是否有罪"两个问题。"名其所杀"，就是根据所杀对象判断轻重。胜庄使用三品众生的说法，与智顗疏、义寂疏相同。关于杀三恶趣众生是否成重罪，"杀三恶趣，自有两释：一云杀三途生，唯轻非重故。《四分》去，唯说杀人犯波罗夷，谓此三趣非道器故。一云杀傍生等，成重非轻。所以者何？谓诸菩萨于诸有情慈悲平等，无胜劣故。虽有两释，后说为胜故。此经云：一切有命者，不同《四分》等中，且说声闻，不论菩萨戒，故不相违。虽有两释，后释为胜，违慈悲故。"[③] 胜庄介绍两种观点（一种为智顗，一种为法藏、义寂等），认可第二种观点，也就是认为杀一切众生都成重罪。

"明结业道"部分包括"应起慈心"和"结业道"。"结业道"部分介绍了构成杀戒的五缘，使用了《瑜伽师地论》的说法："一事，二想，三欲乐，四烦恼，五方便究竟。"相当于义寂疏中的别缘。这一部分还讨论了误杀是否成重罪的问题，引用《大智度论》中杀生的十种罪报，引用经论说明菩萨戒的优胜。关于误杀，法藏疏："以想无双阙，如欲杀生机来替，此是阙境，于上（指所杀众生）起机想，此阙

① 《卍新续藏》第 38 册，第 405 页下栏。
② 《卍新续藏》第 38 册，第 405 页下栏。
③ 《卍新续藏》第 38 册，第 406 页下栏。

心，若害无罪。”[1] 也就是说误杀无罪。胜庄疏：“于杀生中，误谓为机，于中有三释：一云，杀众生故成业道。第二师云，若此处中本来无机，应须详审，不详审断者成根本业。若此处中，先有机，人忽补机处，以木相斫，即非成重也。第三师云，正轻非重，亦非业道。虽有三说，后说为胜。谓一切误杀不成业道，以阙缘故。”[2] 胜庄赞同第三师的说法，认为误杀是轻罪，不是重罪，与法藏疏不完全一致。

对比法藏、义寂、胜庄关于杀生的注释，我们可以看出法藏疏形式非常严密，注释内容非常细致，有的地方甚至过于烦琐。义寂疏应该是参考过智顗疏、法藏疏，层次非常清楚，对重要问题把握准确，在具体内容上多借鉴智顗疏，又学习法藏疏列标题的优点，能够纲举目张。胜庄疏在内容、结构上都参考智顗疏、法藏疏、义寂疏，但却显得比较混乱，对一些内容的科判不够清楚，与前三种疏相比，整体水平有明显差距。

总之，通过详细比对，我们可以基本确定胜庄疏的位置、它所借鉴的内容以及它所体现的唯识宗特色，归纳为以下几点：第一，从时间顺序上看，智顗疏、法藏疏、义寂疏、胜庄疏，这样的排序是比较合理的。智顗疏和法藏疏代表了不同的注释传统（弘一法师称为旧疏和新疏[3]），法藏疏虽晚于智顗疏，但并没有看到参考智顗疏的痕迹。法藏、义寂、胜庄差不多生活在同一个时代，但我们能够看到义寂疏参考智顗疏、法藏疏的痕迹，也能判断胜庄疏对前三种注疏的借鉴。第二，从宗派上看，智顗是天台宗创立者，法藏属于华严宗，义寂、胜庄属于唯识宗。每个宗派的核心观念或解经方式在这些注疏中，都得到充分体现，如天台的四教判释，华严的十门释经，唯识的三时判教等。义寂疏、胜庄疏大量引用《瑜伽师地论》，也是宗派性的体现。第三，在对一些重要问题的判断方面，华严宗与唯识宗更容易产生共识，如重戒的判定方面，智顗疏会按照声闻律的标准，强调只有杀人才构成重罪。法藏疏、义寂疏、胜庄疏却都坚持杀一切众生都是重罪。

---

① 《大正藏》第40册，第610页下栏。

② 《卍新续藏》第38册，第407页上栏。

③ 弘一：《梵网十重戒诸疏所判罪相缓急异同表》，《弘一大师全集》（第一册），福建人民出版社2010年版，第261、262页。

道宣《净心诫观法》研究

《净心诫观法》两卷，收于《大正藏》第四十五册，是道宣（596—667）为初出家弟子慈忍所作的一部佛教修行入门作品，此文献概括了佛教戒、定、慧三学的基本内容，突出了道宣戒学的基本特色，在佛教史上颇受重视，但现在学术界对此关注很少，陈怀宇《从罽宾到江南——道宣佛学之渊源》[①] 一文涉及对《净心诫观法》结构、内容和对象的分析，是较早对这一文本进行分析的现代学者。本文将在部分借鉴陈先生研究基础上，提出不同的看法，得出不同的结论。

一　名称与形式

《净心诫观法》整体上分为三十项内容，其中，第一项“净心诫观法五字释名法篇第一”解释了这五个字的具体含义。道宣把“净心”两个字放在一起解释。“净心”在佛经中经常出现，“净”有时是一个形容词，意为“清净的”，净心，就是指清净的心；有时包含有动作，意为“使清净”，净心就是使心清净。道宣可能更侧重第二种含义，他指出净心的核心要求就是：“始除烦恼，令戒清净，戒既完具，定复清净，以戒定净，令智慧净，智既净已，显自身源，有此义故，名为净心。”[②] 也就是通过戒、定、慧的依次修行，显示自身本来清净的根源，即佛性。那么，在这种解释中，“净心”就可以包括一切佛教的具体修

---

① 《新疆师范大学学报》（哲学社会科学版）2006 年第 4 期。

② 《大正藏》第 45 册，第 819 页下栏。

行方法和要达到的目标。

“诫观”作为一个词，在唐代以前文献中，只在法云《法华经义记》中检索到，其原文为：“然罗汉、辟支有三明之智，用天眼之智诫观未来犹有生死，自觉死后不得便入涅槃。”① 陈怀宇据此认为道宣此处受法云影响。本文认为这种看法不能成立，根据法云的文意，这里的“诫观”是指罗汉、辟支佛用天眼观察未来，这里“诫”字很难讲通，很可能是“谛”之误，“谛观”在佛经中随处可见，就是审谛观察，也就是仔细、认真观察的意思，谛是修饰观的。依据道宣自己的解释，道宣所说的“诫”和“观”是一种并列关系。“诫”是劝诫，也是警戒，“诫者，令汝识知对治初门，先除粗染根本恶业，知病知药，守心慎口，励己修道，离过患，故名诫。”② 这里的诫主要是要求除去恶业，也就是禁止错误的行为，与“戒”在内容上基本相通。据《说文解字》，“诫，敕也”，“戒，警也”，二字在很多情况下是可以通用的。“观”就是观察，道宣赋予“观”具体的内容：“观察此诫与佛法相应不相应，及障道过患，名字句偈，审谛思量，如实解心，得诫本意。又能随顺止观二门，此二法者定始慧初，生长一切禅支道品，故名观。”③ 观，包含了定、慧的内容，还涉及定、慧与戒的关系。可以说诫、观二字也可以包括佛教戒、定、慧三学。《净心诫观法》从第二项法门开始，最前面都有“诫观”两字，如“诫观序宗法第二”“诫观五停心观法第三”等，这里的“诫观”可以看作是第一部分标题中“净心诫观法”的省略，也就是指“净心诫观法”中的某某观法。或者，后面标题中的“诫观”也可理解为一种命令语气，劝诫（你们）观察，省略的主语是“我”，而不同于法云的用法。

“法”，“即此诫文首轴次第，殷勤晓示，欲使禁断烦恼，止诸恶业，加行胜进，住不退心，故名为法。”法，就是道宣在这里所提到的各种修行方法，道宣强调这些法是有次第的，讲说这些法的目的是断

① 《大正藏》第33册，第620页上栏。
② 《大正藏》第45册，第819页下栏。
③ 《大正藏》第45册，第819页下栏。

除烦恼，止恶、修善，达到不退转的境地。

“净心诫观法”五字中，净心主要讲修行目的，也包括了方法，诫观侧重修行方法，法指出修行的具体内容和次第，三个层面合在一起，可以看作道宣对整体佛法的一种简要概括。

《净心诫观法》三十项内容相对独立，每一部分（除了第一和第三十）基本上都由散文和偈颂构成，这样的一种形式显然是在模仿佛经。陈怀宇认为，这种形式受萧子良《净住子净行法门》影响，并详细比较了二者偈颂部分的异同。《净住子净行法门》有31个法门，本篇有30项内容，这可能受前者影响。但散文、偈颂结合的形式与其说借鉴了《净住子净行法门》，不如说是学习慧思作品的结果。现存《净住子净行法门》经过道宣的“统略”，道宣对此当然极为熟悉，但《净住子净行法门》虽然包括散文和颂两部分，却并非出于一人之手，散文是萧子良所作，颂是王融所作（前十一颂，都是四言，当为原作，后面的有五言、七言，可能不是王融所作），这里的“颂”更像是中国传统文体中的赞颂，而不是佛经中具有重复、补充散文内容性质的偈颂。

从现存材料看，刻意模仿佛陀说法形式进行弘法、写作的是南岳慧思，慧思现存的《法华经安乐行义》《诸法无诤三昧法门》《南岳思大禅师立誓愿文》等作品基本都采用了散文、偈颂结合的文体，而且明显在模仿佛陀的口气，如“欲重宣愿意，而说偈言：愿得身心证，般若波罗蜜，具足无量义，广为众生说”[①] 等等。道宣对慧思、智顗一系向来推崇，他在《续高僧传·习禅》篇论中，对隋唐以前禅学发展的历史进行了全面论述，其中对慧思、智顗的禅法格外重视：

> 向若才割世网、始预法门，博听论经、明闲慧戒；然后归神摄虑，凭准圣言：动则随戒策修，静则不忘前智。固当人法两镜、真俗四依。达智未知，宁存妄识。如斯习定，非智不禅。则衡岭台崖，扇其风也。[②]

① 《大正藏》第46册，第786—791页。

② 《大正藏》第50册，第597b页。

衡岭指慧思，台崖指智顗。“非智不禅”正是天台定慧双修的止观法门。在《续高僧传·慧思传》中道宣对慧思推崇有加：“自江东佛法，弘重义门，至于禅法，盖蔑如也。而思慨斯南服，定慧双开，昼谈理义，夜便思择，故所发言，无非致远，便验因定发慧，此旨不虚，南北禅宗，罕不承绪。”① 道宣认为慧思的禅法对于改变江东佛法的弊病有重要作用。道宣还专门作“妙法莲华经弘传序”，对《法华经》极为推崇：“自汉至唐六百余载，总历群籍四千余轴，受持盛者无出此经。将非机教相扣，并智胜之遗尘；闻而深敬，俱威王之余绩。”② 这与天台宗以《法华经》为宗经具有共同取向。因此，将道宣《净心诫观法》散文、偈颂结合的形式归结为受慧思影响可能更合理一些。

二 内容与特色

《净心诫观法》三十项内容，列表如下：

题目	基本内容	侧重三学中哪一种
1. 净心诫观法五字释名法	解释题目五字的含义。	
2. 诫观序宗法	序是开始，也是次序；宗是宗旨、宗要。这一部分讲出家修行的最开始、最重要的旨趣，那就是戒断财色。	侧重戒学
3. 诫观五停心观法	介绍不净观、慈悲观、十二因缘观、十八界观、数息观这五停心观法，指出这一观法是七方便中的第一方便。指出断财色与修五停心的关系，五部戒律中财色是宗要，能断财色就是奉律。要断财色，首先要修五停心，然后再学经论。	侧重定学
4. 诫观末法中校量心行法	进一步说明修学次第，批评了当时很多人为了名利，一味追求讲说的风气。	戒学、定学、慧学次第

① 《续高僧传》卷17，中华书局2014年校点本，第622页。

② 《大正藏》第9册，第1页中栏。

续表

题目	基本内容	侧重三学中哪一种
5. 诫观六难自庆修道法	庆幸自己已经具备六种难得之法：得人身、生中国、信正法、受男形、出家受戒、遵守戒法。①	侧重慧学
6. 诫观世相如梦修出世善根法	观察世间诸法如梦如幻、无常不净。	侧重慧学
7. 诫观破戒僧尼不修出世法	观察破戒僧尼的种种恶行，远离这些行为。	侧重戒学
8. 诫观外现威仪内起邪命法	列举外显威仪，内求名利的种种恶心、恶行。	侧重戒学
9. 诫观取相恃善诳佛法	认为凭借自己的善行看低别人，就是诳佛，是一种执著，应该用空、无相、无愿三解脱门破除这种执著。	侧重慧学
10. 诫观慢天惧人屏处造过法	禁止在无人之处做出各种不如法的行为，具有很强的现实针对性。	侧重戒学
11. 诫观女人十恶如实厌离解脱法	列举女人的种种过错，要求远离女人	侧重戒学
12. 诫观檀越四事从苦缘起出生法。	观察衣、食、房舍、卧具等难得，少欲知足。	侧重戒学
13. 诫观六道流转受报无穷法	观察六道轮回因果，勤求解脱之道。	侧重慧学
14. 诫观八风力大智者不动法	一切众生为八风所动。智者应当认识到十界诸法都是因缘而生的，都是空的，不能执著。	侧重慧学
15. 诫观身心相苦恼过患法	观察身心诸相的种种过患。观身主要是不净观，观心主要是因缘观、数息观。	侧重定学
16. 诫观诈善扬名口清心浊法	不要实际作恶，却假装行善，心口要一致。与第八项有重合处，从戒律角度看都是违犯妄语戒。	此项前面部分侧重于戒学，后半部分侧重慧学

① 关于各种难得之事，佛经中多处提到，有不同说法，《六度集经》提到九难："众生自投三涂，获人道难，处中国难，六情完具难，生有道国难，与菩萨亲难，睹经信之难，贯奥解微难，值高行沙门清心供养难，值佛受决难。"《三慧经》中提到五难：值佛世难、闻经难、得善师难、得善人难、得作人难。《四十二章经》提到八难：离三恶道为人难，去女即男难，六情完具难，生中国难，值佛奉道难，值有道之君难，生菩萨家难，信三尊、值佛世难。《长阿含经》提到八难：在地狱难、在饿鬼难、在畜生难，在长寿天难，在边地之郁单越难、盲聋喑哑难、世智辩聪难、生在佛前佛后难。《大般涅槃经》卷23有六难说，即：佛世难遇、正法难闻、善心难生、难生中国（指中印度之文化水准较高之地）、难得人身、诸根难具等六难。萧子良《净住子净行法门》使用八难是来自《长阿含经》说法。道宣的六难说应该是自己依据经典的创造，更强调了戒律的重要性。

续表

题目	基本内容	侧重三学中哪一种
17. 诫观众生各著依正二报法	观察三界众生各自贪著自己的依报和正报，以空观对治。	侧重定学、慧学
18. 诫观烦恼结使法	观察各种烦恼结使，修五停心观断结使。	侧重定学
19. 诫观十八界假缘生法	观察十八界是因缘所生。	侧重定学，属于五停心观
20. 诫观修习安那般那假相观法	介绍安般守意观的具体行法。	侧重定学，属于五停心观
21. 诫观善恶相资法	观察善恶平等，佛与众生互相成就。	侧重慧学
22. 诫观六道众生善恶因果法	观察十八种善恶因果。	侧重慧学
23. 诫观行者善护戒财尘贼止劫法	用比喻说明应依戒，修四念处、五停心，观空，离我、我所。	涉及戒、定、慧三学
24. 诫观世谛第一义谛法	观察俗谛如幻如化，修行证得第一义谛。	侧重慧学
25. 诫观晚出家人心行法	观察晚出家人容易产生的十种罪过。	侧重戒学
26. 诫观对发菩提心法	劝发菩提心，指出菩萨修行的基本纲目：四谛十二因缘、四弘誓愿、四摄、四无量心、六度等。	侧重慧学
27. 诫观教化众生法	详细说明教化众生的各项内容：四谛、十二因缘、六波罗蜜等，指出先自行道，然后化他，自利与利他是一体的。	侧重慧学
28. 诫观佛性不一二、非有无，含中道不著中法	观察众生都有佛性，不一不二、非有非无，是中道法。	侧重慧学
29. 诫观智差别福田不等法	观察不同境界的智慧不同，作为福田，得到的果报也不一样。诸佛智慧最高，应发心成佛。	侧重慧学
30. 诫观内行密修嘱咐殷勤受持法	嘱咐弟子慈忍按此诫法修行。	

通过这个表格，我们可以看出，除了第一项解释题名，最后一项嘱咐弟子慈忍遵照修行之外，其他 28 项都是关于修行的具体内容，在戒定慧三学中各有侧重。道宣在《净心诫观法》中对佛教修行内容的概括具有以下特点：

第一，注重修行各方面内容的均衡，注重戒定慧三学的修行次序，又注意三者之间的互相助发。

关于30项内容的总体结构，道宣在文中明确说明："已前二十五篇，对治诸垢烦恼业，净汝身心，心既净矣，名自利行。今更为汝略说大乘利他之行。汝可顺菩萨道自他俱利，名为净心。自除垢染，名真净心，自利利他，名广大净心。"也就是说前二十五项主要是自利行，26项之后是大乘利他之行。利他行比自利行更广大，但却要以自利行为基础。

在前25项中，说明戒定慧三学次第的有2项，戒慧、定慧并举的各有一项，侧重戒学的大致有7项，侧重定学的大致有6项，侧重慧学的大致有8项，可见三学的比例是均衡的。戒学中，四重罪都有涉及，而以财色最受重视。定学之中主要涉及五停心禅法，对其中的不净、数息、十八界观单独提出，更为重视。慧学之中，主要涉及因果、因缘、空等佛教的基本观念。对于三学的修学次第，道宣做了明确的说明："先净禁戒，后方听经"，"依次而学，不越毗尼，入道有方。五年习戒，夜则修定，摄心守境"。戒、定、慧依次修行，这符合早期佛教的基本要求。但这个顺序也不是固定的，而是互相融会贯通的，三学互相助发，不能孤立起来看。比如，只有修五停心，才能真正断财色，这说明定学对于戒学也是很有帮助的。

总之，道宣既注重修行次第，又注重各方面内容的互相促进；既有规则性，又有圆融性。

第二，强调自利、利他逻辑上的先后关系；注重大小乘佛法之间的融会贯通，将小乘与大乘纳入统一的修行体系。第26项以后，是道宣所说的大乘利他之行，包括发菩提心、教化众生、观佛性、观佛智等，这都属于慧学内容。这一部分的修行次第，道宣也有明确说明："已起大心，修自他利，兼观佛性，此是因相。次须观果，果是佛智。"在前25项内容中，道宣虽侧重小乘佛法，但却随时将小乘的修行内容与大乘结合起来。今以五停心观为例说明之。

在《净心诫观法》中五停心观法占了非常重要的位置，或者说，道宣为初学者介绍的定学主要就是五停心。"五停心"这一表述不见于现存的汉译佛经，但其内容在刘宋罽宾僧人昙摩蜜多翻译的《五门禅经要用法》中已经有系统说明："坐禅之法，要有五门：一者安般；二、不净；三、慈心；四、观缘；五、念佛。"①。这一系统的禅法应该主要来自说一切有部。根据现存资料，"五停心"的表述可能最早出现于敦煌本《维摩经疏》中：

> 若约位辩，五停心观七方便也。一不净观，二界分别观，三慈悲观，四因缘观，五数息观，六总别相念，七达分善根。经此七位，食大悲饭，能离烦恼，香饭息用，故云七日消也。若依萨婆多宗，一五停心观，二别相念，三总相，四暖，五顶，六忍，七世第一法，为七也。②

对于五停心、七方便有两种不同认识，道宣采用的显然是萨婆多部（即说一切有部）的说法："此是毗昙中七方便法：五停观成，名第一方便，自余别相念处、总相念处、暖法、顶法、忍法、世第一法，名七方便。"③ 南北朝后期至隋唐，一些高僧著作中都使用了"五停心"的表述，如僧稠《稠法师意》④、慧远《大般涅槃经义记》、智顗《法华玄义》《维摩经玄疏》等。这些高僧都关注五停心观，在具体修行实践中，也都使用这些禅法，但都会更强调它的小乘属性。署名智顗的《仁王护国般若经疏》明确把五停心观法看作小乘："七贤有二：一小乘，五停心观等是也。二大乘，一名初发心人，二名有相行，三名无相行人，四名方便行人，五名绝种性人，六性种性人，七道种性人。俱在地前，调心顺道，名为七贤。"⑤ 智顗更强调大乘的观法。道宣却指出"若初入道，大小乘人通修此观"，将小乘禅法作为一切禅修的基础，

---

① 《大正藏》第 15 册，第 325 页下栏。

② 《大正藏》第 85 册，第 406 页下栏。

③ 《大正藏》第 45 册，第 820 页下栏。

④ 《稠法师意》是否与僧稠有关，还需要进一步研究，但《续高僧传》卷 19《僧邕传》提到："稠抚邕谓诸门人曰：五停四念，将尽此生矣"。（第 714 页）僧稠与"五停心观"有联系，当无疑义。参见冉云华《敦煌文献与僧稠的禅法》，《华岗佛学学报》1983 年第 6 期。

⑤ 《大正藏》第 33 册，第 261 页下栏。

这与他在戒律方面强调以小乘《四分律》为基础，融会贯通大小乘是一致的。

总之，道宣在《净心诫观法》中对修行的基本内容进行了简要说明，包括了大小乘，涵盖了戒定慧，特别强调戒学、定学的基础作用。以自利行为基础，同时兼顾大乘利他精神的发扬，有利于初学者有次第的修行。

三　性质与影响

道宣为何撰写《净心诫观法》？这部作品的性质是什么？道宣在《净心诫观法》一开始和最后一部分，对此书的撰述缘由做了交代："时在随州兴唐伽蓝，夏安居撰，令送泰山灵岩寺，付慈忍受持。"[①]"告慈忍：'父母七生，师僧累劫，义深恩重，愚者莫知。汝始入道，方复别师，旦暮念汝，汝思吾否？彼若依止得好人，日夜有宜，如无善匠，心何所寄？汝既出家受如来戒，失意之间，长劫受苦。今时末法，众生心薄，背恩绝义，易厌师僧。乐独游居，适情自在，恐不如法，堕于恶道。无那缠怀，撰制斯诫，略述近标，表宣人事。'"[②] 可见，《净心诫观法》是道宣在随州（今湖北随州市）兴唐寺夏安居时所作，是为了教导刚出家、却又离开师僧的弟子慈忍而专门写作的。根据现有资料，道宣在兴唐寺的时间很难确定，其弟子慈忍也只留下了在这一文本中的记载。但据《宋高僧传》，道宣武德年间（618—626）已经进入终南山，此后主要活动在长安一代，此文很有可能是道宣早期作品。

关于《净心诫观法》的性质，道宣明确提到自己的弟子慈忍"始入道"，因此可以把《净心诫观法》看作教导初出家僧人的佛教入门作品。同时，《净心诫观法》涵盖了佛教修行的基本内容，又可以看作佛教修行的基本纲要。正因为此，后世佛教徒，尤其是律宗大德对其非常重视。

---

① 《大正藏》第 45 册，第 819 页中栏。

② 《大正藏》第 45 册，第 833 页中栏。

宋代复兴律宗的两位大师允堪（？—1061）、元照（1048—1116）都对《净心诫观法》给予特别关注。允堪在《四分律随机羯磨疏正源记》《新受戒比丘六念五观法》等著作中都曾引用《净心诫观法》的内容。宋仁宗庆历五年（1045），允堪作《净心诫观发真》六卷，进一步阐发《净心诫观法》的内容，在序中，允堪写道：

> 夫学道者以明己为本，立言者以益物为宗。在昔圣贤，率循此二。兹诫观者，乃明己益物之教乎！吾祖南山虽托训于慈忍，岂无意于将来？愚庆荷大师之道，凡二十载，所述诸科记仅将百卷。噫！著文字而忘理观者，不亦病乎！今年四十有一，知浮世之过半，遂用此观为治心之法。一日，讲次，学徒有昧，复立言以畅之，勒成三卷，题曰发真，欲使履于斯道而发真归源矣！若然则又跂于日，明己益物，得无意乎！①

允堪认为《净心诫观法》的宗旨是明己益物（即自度度人），道宣此作，不仅是为了训导慈忍，也是为了教导后来的僧人。允堪指出自己41岁之前注重文字注疏，这时才认识到治心的重要，于是采用了《净心诫观法》作为修行法门。这说明《净心诫观法》不仅适用于刚出家的僧人，也适应于一切修行者。或者说《净心诫观法》是一种佛教徒修行纲要。

元照在《遗教经论住法记》《四分律行事钞资持记》《芝园遗编》等著作中多次引用《净心诫观法》，又专门作《净心诫观法序》，其中写到："劳我圣师，提耳垂诲，曲留妙药，的指病根。囊括两乘，津通万行，托彼亲度，用表弘慈。"也认为《净心诫观法》能够包括大小二乘一切行法。

此后，了然（1077—1141）作的《释门归敬仪通真记》多处引用《净心诫观法》的内容。南宋时期僧人守一作《律宗会元》，在"诸文观法门"中有十个条目直接使用了《净心诫观法》的内容："遣障净心

① 《续藏经》第59册，第518页上栏。

则见佛性”“大小贤圣先修五停”“观身心相知妄求真”“详言结使修观除障”“示十八界为所观境”“达有即空常修有行”“菩萨观成智用无滞”“释谛缘度示轮回本”“欲见佛性略说十种”“示佛果智显能观体”①。在“诸文戒相门”中使用了《净心诫观法》中的“诫观六难自庆修道”②。

元代《缁门警训》中引用了《净心诫观法》中的“诫观檀越四事从苦缘起出生法”“诫观末法中校量心行法”“诫观破戒僧尼不修出世法”“诫观六难自庆修道法”等条目。

近代以来，一些高僧也非常重视《净心诫观法》，1925 年 11 月 9 日，弘一法师在致东严禅人信中提到：“《净心诫观法》一书，为南山道宣律祖所撰。书中具说初出家者修持之事，至为切要。”他建议东严禅人购买。1932 年，太虚大师为南海佛学苑制定课表，将《净心诫观法》列入第一年“五乘共教”中的律学经典之一。弘一被尊为律宗十一祖，以弘扬道宣南山律为己任，太虚是近代佛教革新派的代表，对中国近代佛教影响重大，他们对《净心诫观法》的提倡也提高了这一文本在佛教中的地位。

（本文发表于《法音》2019 年第 7 期）

① 《续藏经》第 60 册，第 26 页上栏。

② 《续藏经》第 60 册，第 50 页下栏。

早期禅宗戒律观的演进

近代以来，国内外学术界对于早期禅宗的研究，已经取得了丰硕的成果。中国的胡适、吕澂、印顺、杜继文、杨曾文、魏道儒，日本的池田大作、宇井伯寿、关口真大、柳田圣山等前辈学者对于早期禅宗都有很多精彩论述。21 世纪以来，关于早期禅宗研究的论著、文章更是数量众多、内容丰富。这些研究侧重于早期禅宗历史的梳理、禅思想的阐发、南宗北宗之间的差异等方面。关于早期禅宗与戒律的关系，现有的研究相对不足，较多涉及这一问题的有印顺、杨曾文等。印顺法师认为早期禅宗具有戒禅合一的特点。[①] 杨曾文详细分析了《坛经》无相戒的内容。[②] 此后，王月清《禅宗戒律思想初探——以“无相戒法”和〈百丈清规〉为中心》[③]、湛如《简论六祖坛经的无相忏悔——兼谈唐代禅宗忏法体系的形成》[④]、日本学者佐藤达玄《戒律在中国佛教的发展》[⑤]，田中良昭《敦煌禪宗文獻の研究》[⑥] 等作品也都涉及早期禅宗的戒律。本文试图在这些研究基础上，对早期禅宗涉及戒律的文本进行解读，并从中国戒律发展的历程中探讨早期禅宗在戒律问题上呈现出的特色，以及南能北秀在这一问题上的异同。

---

① 印顺：《中国禅宗史》，江西人民出版社 2007 年版，第 39—40 页。

② 杨曾文校写：《敦煌新本六祖坛经》附编，宗教文化出版社 2001 年版，第 315—320 页。

③ 《南京大学学报》2000 年第 5 期。

④ 《法音》1997 年第 3 期。

⑤ ［日］佐藤达玄：《戒律在中国佛教的发展》，（台湾）乡光书香出版社 1997 年版。

⑥ 東京都：大東出版社昭和五十八年版。

一 弘忍之前的祖师与戒律

佛教界一般把菩提达摩作为中国禅宗的创立者。学术界对于禅宗真正形成的时间有不同的看法，有的认为始于慧能，有的认为始于道信、弘忍，① 有的认为始于弘忍。② 如果按照宗派形成所应该具备的一些基本条件，菩提达摩时期，禅宗确实还没有形成，但达摩的一些思想和行为却明显对后世禅宗思想有很大影响。或者说，达摩思想是禅宗思想的重要来源。因此，我们首先梳理一下达摩一系禅师对待戒律的看法。

达摩思想主要保存在其弟子昙林所作的《略辨大乘入道四行》中，主要是“二入四行”的修行法门。二入指理入和行入，四行指报怨行、随缘行、无所求行、称法行。在“称法行”中提到：

> 法体无悭，于身命财，行檀舍施，心无吝惜，达解三空，不倚不著，但为去垢。摄化众生而不取相，此为自利，复能利他，亦能庄严菩提之道。檀度既尔，余度亦然。为除妄想，修行六度而无所行，是为称法行。

也就是说“称法行”的主要内容就是六度。这里以檀度（布施）为例，说明了怎样做才算符合正法。概括起来，就是要以空观行六度，不执著于“相”，也就是要无相行六度（这样的观点在般若经中常见）。以此类推，在六度之中，达摩对待戒律的态度也应该包含两个要点：一，持戒是必须的；二，持戒是不能执著于戒相的。

按照禅宗的说法，达摩传慧可，慧可传僧粲，僧粲传道信，道信传弘忍。《续高僧传·慧可传》说：“以可常行，兼奉头陀，故其所往，不参邑落。”③ 头陀行是出家人中生活最精苦的一流，慧可在持戒方面

---

① 参见杜继文、魏道儒《中国禅宗通史》，凤凰出版传媒集团 2008 年版，第 84 页。

② 参见魏道儒等著《世界佛教通史》第 4 卷，中国社会科学出版社 2015 年版，第 468 页。

③ 《续高僧传》卷 16，中华书局 2014 年版，第 589 页。

应该是精严的。僧粲事迹不见于《续高僧传》，在《楞伽师资记》中有这样几句话：“（僧粲）普眼之惠，如实能知。如猴著锁而停躁，蛇入筒而改曲，涉旷海以戒船，晓车幽以惠烛。”[①] 猴著锁、蛇入筒都是用来比喻戒律对心、行的约束作用。度过生死大海需要以戒律为船，可见僧粲在修行过程中是把戒律作为基础法门的。

道信（580—651）在中国禅宗史上具有重要位置，他在黄梅聚众传禅，为禅宗真正脱颖而出奠定了基础。在有关道信的传记资料中多处提到他与戒律的关系。《续高僧传》：“初，七岁时，经事一师，戒行不纯。信每陈谏，以不见从，密怀斋检，经于五载而师不知。”[②] 可见，道信一开始就是非常重视戒律的。《续高僧传》还提到道信为大猛兽授三归依戒。[③]《楞伽师资记》记载道信撰有《菩萨戒本》。《菩萨戒本》的内容已不可考，印顺法师认为应该是《梵网》戒本，并认为“道信的禅戒合一，是受了南方，极可能是天台学的影响”[④]《梵网》菩萨戒从南北朝后期开始盛行，梁武帝（464—549）曾撰《出家人受菩萨戒法》，慧皎（497—554）曾作《梵网经》义疏，天台宗的创立者智顗（531—597）作《菩萨戒义疏》，此后梵网菩萨戒盛行于大江南北。道信曾在庐山大林寺居住10年之久，大林寺创建者智锴（610年卒）是三论宗僧人，又曾跟随智顗学习禅法，[⑤] 道信《入道安心要方便门》中专门引用智顗（原文作“敏”，据印顺考证为“顗”）观点，道信在菩萨戒方面受智顗影响是极有可能的。从重视个人修行、注重出家人的头陀行，到兼顾自利、利他，兼摄出家、在家的菩萨戒，极大提高了禅宗的社会影响。在这一方面，道信做出了重要贡献。

弘忍（602—675）开创的东山法门，使禅宗大大兴盛起来，成为中国禅学的主流。他门下弟子众多，能够弘化一方、产生重大影响的就有十几位。较早记录弘忍生平事迹的资料，如杜朏《传法宝记》、净觉

---

① 《楞伽师资记》卷1，《大正藏》第85册，第1286页。
② 《续高僧传》卷21，中华书局2014年版，第807页。
③ 《续高僧传》卷21，中华书局2014年版，第807页。
④ 《中国禅宗史》，江西人民出版社2007年版，第40页。
⑤ 《续高僧传》卷17，中华书局2014年版，第649页。

《楞伽师资记》（约720年作）没有提到弘忍与戒律的关系。《宋高僧传》提到弘忍“洎受形俱，戒检精厉”[①]。现存传为弘忍所作的《导凡趣圣悟解脱宗修心要论》中也没有关于戒律的内容。我们很难知道弘忍对于戒律的具体看法。但通过其门下神秀（606—706）、慧能（638—713）等人对戒律的认识可以推测，弘忍是继承道信，重视菩萨戒传授的。

二　神秀及其门下的戒律观

神秀所传禅法被称为北宗，在后世慧能弟子所传材料中，对北宗禅法语焉不详，并多加指斥。幸好有敦煌文献的出土，为人们呈现了比较清晰的北宗禅法真实面貌。总体而言，在弘忍去世后的近百年中，神秀北宗禅法是东山法门中影响最大的一支。相对而言，北宗禅更多保留了达摩以来的传统，强调修禅过程中各种方便的重要性。在与戒律的关系上，神秀既继承了传统，又作了很多发挥，形成了有特色的戒律思想。张说《唐玉泉寺大通禅师碑铭并序》（708年作）记载神秀早年精通《四分律》[②]。《楞伽师资记》记唐中宗于神龙元年（705）三月十三日下敕，称神秀“定水内澄，戒珠外彻”。又记神秀遗嘱为“屈曲直”。[③]《传法宝记》云神秀：“二十受具戒，而锐志律仪，渐修定慧。”[④] 通过这些记载，我们可以看到神秀对戒律的重视和践行。

神秀戒律思想中最有特色的是菩萨戒思想。敦煌出土的《大乘无生方便门》和《观心论》体现了神秀及其门下的菩萨戒思想。以下试作分析。

《大乘无生方便门》主体讲禅法的五种方便。在授禅法之前，先授菩萨戒：

① 《宋高僧传》卷8，中华书局1987年版，第171页。
② 《全唐文》卷231，中华书局1983年版，第2434页。
③ 《大正藏》第85册，第1290页。
④ 杨曾文校写：《敦煌新本六祖坛经》附编，宗教文化出版社2001年版，第180页。

> 各各踋跪合掌，当教令发四弘誓愿：众生无边誓愿度，烦恼无边誓愿断，法门无尽誓愿学，无上佛道誓愿证。次请十方诸佛为和尚等，次请三世诸佛菩萨等，次教受三归，次问五能：一者汝从今日乃至菩提，能舍一切恶知识不？（能）二者亲近善知识不？（能）三能坐持禁戒乃至命终不犯戒不？（能）四能读诵大乘经，问甚深义不？（能）五能见苦众生随力能救护不？（能）次各称已名，忏悔罪言：过去未来及现在身口意业十恶罪，我今至心尽忏悔，愿罪除灭，永不起五逆罪障重罪（准前）。譬如明珠没浊水中，以珠力故水即澄清。佛性威德亦复如是，烦恼浊水皆得清净。汝等忏悔竟，三业清净，如净瑠璃，内外明彻，堪受净戒、菩萨戒。是持心戒，以佛性为戒。性心瞥起，即违佛性，是破菩萨戒。护持心不起，即顺佛性，是持菩萨戒（三说）。①

这段文字可以分为两项内容：一、受菩萨戒的顺序，包括：1. 发四弘誓愿。2. 请十方佛为和尚。3. 请三世诸菩萨。4. 受三归。5. 问五能。6. 忏悔（十恶、五逆罪障、重罪）。这里的重罪应该是指《梵网经》的十重罪。二、菩萨戒的性质。菩萨戒是心戒，以佛性为戒。心一起，就违反佛性，就破戒。心不起，就是顺佛性，就是持戒。

智顗《菩萨戒义疏》中提到当时流行的六种授菩萨戒法：“一、《梵网》本，二、《地持》本，三、高昌本，四、《璎珞》本，五、新撰本，六、制旨本。”②《梵网》本的授戒顺序为：1. 受三归。2. 悔十不善业。3. 说十重相，问能持不。4. 结撮赞叹发愿。《地持本》的授戒顺序为：1. 乞受菩萨戒。2. 礼十方诸佛。3. 请师。4. 师说戒，为作证。《高昌》本授戒顺序为：1. 乞戒。2. 问遮法。3. 师问能持不，师为作证。4. 说十重相。《璎珞》本授戒顺序为：1. 前礼三世三宝（三说）。2. 受四不坏信。3. 忏悔十恶五逆等（三说）。4. 次说十重戒。5. 问能持不。6. 结撮三归。新撰本比较详细：“第一，师初入道场礼

---

① 《大正藏》第 85 册，第 1273 页中栏。

② 《菩萨戒义疏》卷 1，《大正藏》第 40 册，第 563 页上栏。

佛，在佛边就座坐。第二，弟子入道场礼佛胡跪。第三，师请三宝。第四，令起心念三宝如在目前。第五，忏悔十不善业。第六，请诸圣作师。第七，请现前师。第八，师赞叹弟子能发胜心。第九，正乞是戒。第十，教发菩萨心。第十一，问遮法。第十二，想念得戒。第十三，发戒时立誓。第十四，受菩萨三归。第十五，缺。第十六，结竟。第十七，师还坐劝学。第十八，说十重相，结撮赞叹，作礼便去。”① 制旨本，就是梁武帝撰写的菩萨戒本，智顗没有列出其授戒顺序，根据现存的敦煌文献梁武帝《出家人受菩萨戒法》，授戒顺序比较复杂，大致包括：1. 受戒前的准备。包括筹量、忏悔、发菩提心，是否建戒坛等。2. 请戒。请智者说明戒相，自己观察能否受戒。3. 羯磨。临坛、乞戒、智者问询等。智者要为受者立菩萨名。此后就是在戒坛正式受戒。4. 受大威仪戒。有两种方式：重受（依次重受三归、十戒、具足戒），转戒（发露忏悔，转三归、十戒、具足戒）。5. 供养三宝戒。6. 摄善法戒。7. 略说罪相。依据《梵网经》说十种菩萨波罗夷。②

对比《大乘无生方便门》与上述六种戒本的授戒顺序，我们可以看到：一，神秀一系的菩萨戒授受次序不同于任何一种在隋代流行的菩萨戒本，应该是禅宗自己的创造和传承。二，神秀系菩萨戒继承了一般菩萨戒的基本内容：受三归、问遮、忏悔等，但也有自己的创造，最突出的是发四弘誓愿。三，神秀系菩萨戒接受了一般菩萨戒的基本仪式，但却将“授十重戒”这一最重要的菩萨戒内容省略了。也就是说，神秀系菩萨戒是没有任何戒律条文的。

关于菩萨戒的性质，神秀所传既有继承，又有创新。将菩萨戒作为佛性戒，是《梵网经》菩萨戒的重要特点之一。《梵网经》中说：“金刚宝戒，是一切佛本源，一切菩萨本源，佛性种子。一切众生，皆有佛性。一切意识色心，是情是心，皆入佛性戒中。”③ 将菩萨戒作为持心戒，则是根据《梵网经》的一些论述进行的创造。《梵网经》中说：

---

① 《菩萨戒义疏》卷 1，《大正藏》第 40 册，第 563 页上栏。

② 参见土橋秀高『戒律の研究』，京都：永田文昌堂 1980 年版，第 843—885 页。

③ 《大正藏》第 24 册，第 1003 页下栏。

“（释迦牟尼佛）为是中一切大众略开心地法门品竟……为此地上一切众生、凡夫、痴暗之人，说我本卢舍那佛心地中，初发心中常所诵一戒光明。”① 从“心地法门”到“持心戒”，更强调众生心的作用。《梵网经》说菩萨戒是佛性戒，是为了说明菩萨戒的根本性质；《梵网经》详细列出菩萨戒的具体戒条（十重四十八轻），说明《梵网经》也强调菩萨戒条的重要性。或者说，在《梵网经》看来，只有通过持守菩萨戒条，才能体现菩萨戒的根本性质。神秀的菩萨戒则完全以“心戒”取代了戒条，在他看来，只要保持心的不动，就能顺应佛性，就是持戒。在这里，戒律最为重视的具体戒条被消解了。

传为神秀所作的《观心论》保存并不完整。现存部分主要说明一切恶法都是由三毒造成的，通过观心，消除三毒，达到内心的清净，就是解脱。其中提到三聚净戒（菩萨戒），认为三聚净戒可以对应三毒和三学：

> 菩萨于过去因中修苦行时，对于三（据文意，应为“贪”）毒誓断一切恶常修戒，对于瞋毒誓修一切善故常修定，对于痴戒誓度一切众生故常修惠。由持如是戒、定、惠等三种净法故，能超彼三毒恶业，即成佛也。以制三毒，则诸恶消灭，故名之为断。以能持三戒，则诸善具足，名之为佛。以修能断，则万行成就，自他利己，普济群生，故名为度。既知所修戒行不离于心，若自清净故一切功德悉皆清净。又云：欲得净佛，云当净其心，随其心净，则佛土净。若能制得三种毒心，三聚净戒自然成就。②

三聚净戒指摄律仪戒、摄善法戒、饶益有情戒（或称摄众生戒），这是对菩萨戒的总概括。这里，三聚净戒对治三毒，对应三学（贪——摄律仪戒——戒，嗔——摄善法戒——定，痴——饶益有情戒——慧），也就囊括了佛教的一切修行方法。对治三毒，持三戒，修三学本质上都

① 《大正藏》第24册，第1003页下栏。

② 《大正藏》第85册，第1270页下栏。

是一致的，都是修心。戒行不离于心，心净则一切功德具足，就能达到解脱境界。这与《大乘无生方便门》的“持心戒”是一致的。但《观心论》在解释“铸佛形像”时又说：

> 又铸形像者，即是一切众生求佛道所为修诸觉行，昉像如来，岂遣铸写金铜之作也。是故求解脱者以身为炉，以法为火，智慧为工匠，三聚净戒，六波罗蜜以为画样，镕练身心真如佛性，遍入一切戒律模中，如教奉行，以无缺漏，自然成就真容之像。①

铸佛像，比喻成佛，需要借助身、法、智慧、三聚净戒、六波罗蜜，需要通过戒律熔炼佛性，这说明神秀一系并没有否定戒律等方便。也就是说，神秀虽然强调菩萨戒就是心戒，持心就是持戒，但也认为具体的戒律规定是一种不可缺少的方便。神秀弟子普寂、义福等都以持戒谨严著称，② 可以看出神秀一系对戒律的基本态度。

三　慧能与“无相戒”的提出

现存慧能传记资料中没有关于慧能持戒情况的描述，但多种资料都提到慧能曾广为大众授无相戒③。慧能思想主要保存在《坛经》中，《坛经》后世经过很多改动，不同版本之间存在很大差异，但其主体部分（大梵寺说法）是比较一致的。《坛经》主体内容可以分为两项：一，说摩诃般若波罗蜜法；二，授无相戒。可见“无相戒”在《坛经》中具有重要地位。

“无相戒”的表述，在现存汉译佛经中只有两处：第一，姚秦

---

① 《大正藏》第85册，第1271页下栏。

② 《楞伽师资记》（《大正藏》第85册，第1290页下栏）：“唐朝洛州嵩高山普寂禅师、嵩山敬贤禅师、长安兰山义福禅师、蓝田玉山惠福禅师，并同一师学，法侣应行，俱承大通和上后，少小出家，清净戒行。”

③ 除了各种版本的《坛经》提到慧能授“无相戒”外，《景德传灯录》卷5称慧能授“无相心地戒”、《韶州曹溪山释迦惠能辞疾表》称“大师在日，受（应为‘授’）戒开法度人三十六年。”（《续藏经》第86册，第52页。）

（384—417）圣坚翻译的《佛说罗摩伽经》中有："尔时，善财童子普见一切诸宝树下师子之座，一一座上有比丘尼，名师子奋迅，……如师子王威伏众兽，安住不动，无相戒故，其心清净消除烦恼，犹如香王灭除臭秽。"① 这里没有说明无相戒的内容，但持"无相戒"，就能"其心清净，消除烦恼"，说明"无相戒"是与心有关的。第二，东晋佛陀跋陀罗（359—429）翻译的《佛说观佛三昧海经》中有："诸佛光中说无相施、说无相戒、说无相忍、说无相精进、说无相定、说无相慧。"② 这里用"无相"修饰六度，强调无相行六度，也就是空观行六度，指行六度时不执著于具体的事项。这两处都没有阐述"无相戒"的具体内容。

"无相"一词，在佛经中经常使用，净影慧远（523—529）在《大乘义章》中总结了其基本含义：

> 言无相者，释有两义：一，就理彰名，理绝众相，故名无相。二，就涅槃法相解释。涅槃之法，舍离十相，故曰无相。③

"无相"可以是对"理"的一种描述，因为"理"没有形象，所以被称为"无相"。"无相"还可以专门指"涅槃"，"涅槃"没有十种相，所以被称为"无相"。《坛经》中多次使用"无相"一词，《坛经》中的偈颂都被称为"无相颂"，可以说"无相"是《坛经》中一个重要概念。那么，《坛经》中"无相"的具体含义是什么呢？慧能在讲摩诃般若波罗蜜法时，概括了其法门的基本宗旨：

> 我此法门从上以来，顿渐皆立无念为宗，无相为体，无住为本。何名无相，于相而离相。④

① 《大正藏》第10册，第855页中栏。

② 《大正藏》第15册，第665页上栏。

③ 《大乘义章》卷2，《大正藏》第44册，第488页下栏。

④ 杨曾文校写：《敦煌新本六祖坛经》，宗教文化出版社2001年版，第19页。

“无相为体”，是说“无相”的认识是《坛经》禅法的根本。“无相”的基本含义是“于相而离相”，也就是并不否认“相”的存在，而是要求人们在认识过程中不能执著于外在的相。如果用这种思路来解释“无相戒”，那么所谓“无相戒”就是指对具体有相的戒条不执著、不固守。这与达摩以来的传统是基本一致的。但考察无相戒的具体内容，我们发现无相戒包含着容易引起重大变革的因素。

按照敦煌本《坛经》，授无相戒包括四项内容：归依自三身佛、四弘大愿、无相忏悔、无相三归依戒。四弘誓愿、忏悔、三归，这些名目与神秀菩萨戒的名目是一致的，只不过顺序不同。归依自三身佛，这是慧能新加的名目。可以说，从形式上看，慧能“无相戒”和神秀菩萨戒是非常相似的，这大概是道信以来的传统。但仔细观察，我们却发现慧能赋予了菩萨戒全新的内涵。

“自三身佛”不是指外在的佛，而是指存在于自性中的三身佛：

何名清净法身佛？善知识！世人性本自净，万法在自性。思量一切恶事，即行于恶行；思量一切善事，便修于善行。知如是一切法尽在自性，自性常清净，日月常明。只为云覆盖，上明下暗，不能了见日月星辰，忽遇惠风吹散，卷尽云雾，万象森罗，一时皆现。世人性净，犹如清天。惠如日，智如月，智惠常明。于外著境，妄念浮云盖覆，自性不能明故。遇善知识，开真正法，吹却迷妄，内外明澈，于自性中，万法皆现。一切法在自性，名为清净法身。自归依者，除不善心与不善行，是名归依。何名为千百亿化身佛？不思量，性即空寂；思量，即是自化。思量恶法，化为地狱；思量善法，化为天堂；思量毒害，化为畜生；思量慈悲，化为菩萨。思量智惠，化为上界；思量愚痴，化为下方。自性变化甚多，迷人自不知见。一念善，知惠即生，此名自性化身佛。何名为圆满报身佛？一灯能除千年闇，一智能灭万年愚。莫思向前，常思于后，常后念善，名为报身。一念恶，报却千年善心；一念善，报却千年恶灭。无常以来，后念善，名为报身。从法身思量，即是化身；念念善，即是报身。[1]

自性常清净，不思善，不思恶，就是归依三身佛（法身、化身、报身）。

四弘誓愿指：

众生无边誓愿度，烦恼无边誓愿断，法门无边誓愿学，无上佛道誓愿成（三唱）。善知识！众生无边誓愿度，不是惠能度，善知识心中众生，各于自身自性自度。何名自性自度？自色身中，邪见烦恼，愚痴迷妄，自有本觉性，将正见度。既悟正见般若之智，除却愚痴迷妄。众生各各自度，邪来正度，迷来悟度，愚来智度，恶来善度，烦恼来菩提度，如是度者，是名真度。烦恼无边誓愿断，自心除虚妄。法门无边誓愿学，学无上正法。无上佛道誓愿成，常下心行，恭敬一切，远离迷执，觉智生般若，除却迷妄，即自悟佛道成，行誓愿力。[2]

这里的"众生"不再指其他的存在，完全变成了自心的烦恼，灭除烦恼就是度众生。发四弘誓愿不再是普度众生的菩萨行，而成了自净其心的自我修证。

无相忏悔指：

善知识！前念、后念及今念，念念不被愚迷染。从前恶行一时除，自性若除即是忏；前念后念及今念，念念不被愚痴染，除却从前矫诳心，永断名为自性忏。前念、后念及今念，念念不被疽疾染，除却从前嫉妒心，自性若除即是忏（已上三唱）。善知识！何名忏悔？忏者终身不作，悔者知于前非。恶业恒不离心，诸佛前口

① 杨曾文校写：《敦煌新本六祖坛经》，宗教文化出版社 2001 年版，第 24 页。
② 杨曾文校写：《敦煌新本六祖坛经》，宗教文化出版社 2001 年版，第 26 页。

> 说无益，我此法门中，永断不作，名为忏悔。[①]

忏悔不再是忏悔五逆（七逆）、十重等具体的罪障，变成了忏悔念念之中的愚痴杂染。

无相三归依戒：

> 善知识！归依觉，两足尊；归依正，离欲尊；归依净，众中尊。从今以后，称佛为师，更不归依余邪迷外道，愿自三宝慈悲证明。善知识！惠能劝善知识归依三宝。佛者，觉也；法者，正也；僧者，净也。自心归依觉，邪迷不生，少欲知足，离财离色，名两足尊。自心归依正，念念无邪故，即无爱著，以无爱著，名离欲尊。自心归依净，一切尘劳妄念，虽在自性，自性不染著，名众中尊。凡夫不解，从日至日，受三归依戒。若言归佛，佛在何处？若不见佛，即无所归；既无所归，言却是妄。善知识！各自观察，莫错用意，经中只言自归依佛，不言归依他佛。自性不归，无所依处。[②]

三归依是菩萨戒的初阶，是通过对佛、法、僧三宝的归依，培养起对佛法的信心。在这里，外在的三宝全部内化为自心的觉、正、净。

这些内容概括起来，所谓授无相戒，就是要求授戒者归依自己本来具有的佛性（自性、心性）。一切外在的佛、法、僧、众生都是虚妄的。持戒，就是要认识自心、自性，回归自心、自性。可以说，慧能无相戒在将戒的本质作为自性或佛性这方面与《梵网经》佛性戒、智顗戒体论、神秀菩萨戒是一致的。但慧能没有提到任何戒相，又在授戒的每一个环节将对象内在化，有着非常明显的忽视戒相倾向。这与《梵网经》、智顗等对戒条的重视是不同的，与神秀将戒条作为修行方便也是有差异的。

---

① 杨曾文校写：《敦煌新本六祖坛经》，宗教文化出版社 2001 年版，第 27 页。

② 杨曾文校写：《敦煌新本六祖坛经》，宗教文化出版社 2001 年版，第 29 页。

四 菩萨戒中国化进程中的“无相戒”

禅宗的显著特色是提高戒、定、慧三学之中定学的地位，以禅法统摄一切佛法，将戒学、慧学融汇到定学之中。早期禅宗并没有取消戒学的基础作用，从菩提达摩到僧粲的早期禅师们在个人修行中仍以持戒谨严为标准。从道信开始，禅师们除了注重个人持戒，开始重视菩萨戒的作用，在传禅之前，一般都授菩萨戒。道信、弘忍都曾广泛为僧俗大众授菩萨戒，极大提高了禅宗的影响力。神秀及其门下保持了授菩萨戒的传统，对菩萨戒的仪式和内容进行了某种创新，简化了菩萨戒的仪式，以持心守戒代替了对具体戒条的遵守，但仍然承认戒律是一种方便。《坛经》无相戒只保留了菩萨戒授受的形式，完全将戒学纳于心学之中，彻底抛弃了戒律的具体条文、事项。无相戒的提出是禅宗史上具有重要意义的变革，至此，禅宗在菩萨戒方面有了自己独特的理论表述。

如果我们追述一下中国菩萨戒的发展历程，就会更清楚无相戒的意义。我们大致把中国菩萨戒的发展划分为三个阶段，分别以三部著作为代表。

第一个阶段以《梵网经》出现为标志。《梵网经》是北魏太武帝灭佛（446）之后，中国僧尼为适应特殊的社会情况，综合大小乘戒律，结合中国佛教所面临的紧迫问题而创造的新的戒律经典。《梵网经》的形成，是对印度传来的佛教戒律的一次既有继承，又有创新的重大变革，是菩萨戒中国化开始的标志。《梵网经》菩萨戒是对声闻戒戒条的综合与简化，是对持戒要求的进一步提升。《梵网经》菩萨戒具有非常强烈的建立独立大乘戒的愿望。但《梵网经》只有戒条，没有系统的戒律理论，只提到菩萨戒是佛性戒。①

第二个阶段以智顗（538—597）《菩萨戒义疏》的出现为标志。《菩萨戒义疏》是现存最早、影响最大的《梵网经》注疏，它在两个方

① 参见拙文《〈梵网经〉菩萨戒的特点及现代启示》，《法音》2014 年第 3 期。

面具有重要价值：第一，在总结南北朝时期众多戒体理论基础上，提出戒体新说，弥补了《梵网经》戒律理论方面的不足，为中国戒律学重视戒体开了先河。第二，改变《梵网经》建立独立菩萨戒的意图，通过各种方式淡化大小乘戒律之间的矛盾，既指出菩萨戒与声闻戒之间的差别，又不否定声闻戒的意义，将菩萨戒作为声闻戒的重要补充和更高要求，并以声闻戒的广律为依据，通过对每一戒条开遮持犯情况的详细说明，将《梵网经》中过高的要求落实为可以操作的内容。《义疏》既重视戒条，又重视戒律理论，试图将二者完美结合，体现了来自印度的声闻戒传统与中国产生的《梵网经》菩萨戒之间的冲突与融合。①

第三个阶段以《坛经》无相戒的出现为标志。《坛经》无相戒继承早期禅宗禅戒合一的传统，保留了授戒的形式，却赋予菩萨戒全新的内容，将授戒的每一个环节都归于自心，将戒学完全纳入心学。一方面，无相戒的提出，表明中国大乘戒完全摆脱了印度佛教的束缚，是菩萨戒中国化理论完成的标志。另一方面，从某种意义上说，无相戒把规范僧尼行为的具体戒条放在了无足轻重的位置，是对戒律庄严性的严重消解，而对戒律的忽视是中国佛教衰落的内部原因之一。近代以来，一些高僧大德特别强调戒律的重要性，强调“以戒为师”，正是源于这样的思考。

（本文发表于《世界宗教文化》2020 年第 2 期）

① 参见拙著《晋隋之际佛教戒律的两次变革——〈梵网经〉菩萨戒与智𫖮注疏研究》，中国社会科学出版社 2015 年版，第 267—268 页。

郗超《奉法要》与早期居士佛教

东晋十六国时期是佛教在社会上全面展开的上升时期。在南方，名僧与名士交游唱和，佛学与玄学交映成辉。在北方，少数民族政权基本不受汉文化束缚，多位国王主动迎请高僧，建立道场，奉为国师，几乎将佛教奉为国教。这一时期，佛教的发展主要依靠一些有坚定信仰、有远大抱负、有丰富学识、有多方面组织交往才能的高僧大德，如道安、慧远、鸠摩罗什等。在他们的努力下，僧伽佛教的发展呈现出蒸蒸日上的局面：越来越多的经典被翻译、整理，越来越多的外国僧人来到中国，越来越多的本土人士出家，越来越多的僧团创立。佛教在社会经济、政治、文化诸多方面发挥的作用越来越重要。但佛教要想真正在文化已经相当发达的中国社会站稳脚跟，必须处理好与世俗政权之间的关系，必须争取更多帝王权贵、士大夫的信仰和支持。因此，居士佛教的发展至关重要。可以说大量信佛居士是佛教兴盛的社会基础。尤其作为传统社会中流砥柱的士人，其对佛教的态度，他们如何理解佛教，如何信奉佛教，如何将所受的文化传统与佛教观念融会贯通，实现佛教的中国化，是佛教能否真正在社会上发挥重大作用的关键。本文选取郗超这一重要的奉佛士人，对其代表作《奉法要》进行综合分析，以展现东晋居士佛教的内容、特色及其历史价值。

一　东晋门阀政治格局中的郗超行迹

郗超（约336—377）字景兴，一字嘉宾，祖籍高平金乡（今山东），在东晋历史上产生过比较重要的影响。按照田余庆先生的观点，东晋时期是门阀政治时代，所谓门阀政治，就是士族与皇权的共治，是一种特定条件下出现的皇权政治的变态。门阀政治的维系需要三个条件：一，一个成熟的有力量有影响的社会阶层即士族的存在；二，一个丧失了权威但尚有号召力的皇统存在；三，民族矛盾十分尖锐。[①] 东晋政权是由琅琊王氏为首的几家士族共同支持西晋皇室旁支司马睿建立起来的，“王与马，共天下”的格局，被皇权与士族共同接受，此后，庾氏、桓氏、谢氏先后入主中枢，与司马氏共天下，其他大族周旋期间，门阀大族在政权中的位置始终未变。两晋之际，高平郗氏门第并不高，但由于郗超祖父郗鉴在平定王敦之乱、苏峻之乱，稳定东晋初年政局中发挥过重要作用，郗氏成为东晋门阀政治初期琅琊王氏与颍川庾氏之外有重要影响的大族之一，在王、庾斗争中处于居中协调的位置；同时郗鉴作为流民帅，在京口长期经营，成为拱卫建康皇权的重要力量。[②] 郗鉴死后，郗氏在京口保持了几十年的影响，郗鉴子郗愔、郗昙都曾担任过徐州刺史，但郗昙早卒，郗愔“冲退”“简默”“无处世意”，缺少经世之才。维护郗氏家族门户利益的责任落到郗愔之子郗超肩上。

《晋书》卷六十七记载了郗超的主要生平事迹。郗超十几岁成为桓温（312—373）幕僚，直到四十二岁生命结束，一直是桓温最欣赏倚重的助手，被称为桓温的“入幕之宾”。桓温是继王导、庾亮之后影响东晋政局的重要人物，他经营荆州数十年，三次北伐，废海西公、立简文帝，其中都少不了郗超的谋划。桓温一代枭雄，却认为郗超深不可测。桓温入主建康后，郗超担任中书侍郎，权势炙手可热，“谢安尝与王文度共诣超，日旰未得前，文度便欲去，安曰：不能为性命忍俄顷邪！其权重当时如此。”[③] 宁康元年（373），桓温病故，取代司马氏皇权的野心付之东流。郗超作为桓温心腹，也受到沉重打击。《晋书·郗超传》记载，郗超在桓温死后，转司徒左长史，母丧去职。此后朝廷

① 参见田余庆《东晋门阀政治》，北京大学出版社 1989 年版，第 353 页。

② 参见田余庆《东晋门阀政治》，北京大学出版社 1989 年版，第 38—104 页。

③ 《晋书》卷 67，中华书局 1974 年版，第 1804 页。

曾拜其为散骑常侍、临海太守等职，拒不接受。377 年，郗超因病离世。

纵观郗超一生行迹，有几个方面值得关注：

第一，郗超精明强干，为桓温谋士，但其行事主要为了维护高平郗氏的家族地位和利益。桓温为控制建康朝廷，长期谋划，以北伐为名，削弱徐州、豫州兵力，为了控制徐州，桓温以各种借口不断更换徐州刺史，太和二年（367），以失地罪名奏免庾希，以郗愔担任徐州刺史。对桓温而言，这只是一个过渡，《晋书·郗愔传》言："时愔在北府，徐州人多劲悍，温恒云'京口酒可饮，兵可用'，深不欲愔居之。"[①] 郗愔却暗于事机，给桓温写信，"欲共奖王室，修复园陵。"这封信最先到了郗超手中，"超取视，寸寸毁裂，乃更作笺，自陈老病，甚不堪人间，乞闲地自养。温得笺大喜，即转愔为会稽太守。"面对权臣桓温，郗超替其父主动让出徐州，保全了郗氏家族实力。

郗超临终前为了避免父亲过度悲伤，令门下将自己与桓温谋划的书信交给父亲。《晋书·郗超传》详细记载这一事件：

> 初，超虽实党桓氏，以愔忠于王室，不令知之。将亡，出一箱书，付门生曰："本欲焚之，恐公年尊，必以伤愍为弊。我亡后，若大损眠食，可呈此箱。不尔，便烧之。"愔后果哀悼成疾，门生依旨呈之，则悉与温往反密计。愔于是大怒曰："小子死恨晚矣！"更不复哭。[②]

从后世，特别是赵宋以后的观念看，郗超党附桓温常受诟病。苏东坡就认为郗超的做法"此小人之孝"。但以魏晋门阀观念视之，门户利益本来就大于君权。建立晋朝的司马氏如此，东晋王、谢高门大族无一例外。郗超所作所为最大的目的就是维护高平郗氏的利益。在当时看来，并没有特别值得指责之处。

---

① 《晋书》卷 67，中华书局 1974 年版，第 1801 页。
② 《晋书》卷 67，中华书局 1974 年版，第 1804 页。

《晋书》还记载了一件事：

王献之兄弟，自超未亡，见愔，常蹑履问讯，甚修舅甥之礼。及超死，见愔慢怠，屐而候之，命席便迁延辞避。愔每慨然曰："使嘉宾不死，鼠子敢尔邪！"①

王氏兄弟对郗愔从恭敬到怠慢，完全取决于郗超的存亡，可见郗超在维护郗氏家族地位方面具有的重要作用。

第二，郗超善玄谈，广交游，既是一种个人爱好，也是东晋门阀政治的普遍要求。

玄学到东晋已经不再有思想上的创新，但却成为一种风流时尚，成为士人标榜唱和的文化主流。能在玄学清谈中占据一席之位，成为东晋名士的重要标志，一个家族中是否有玄学名士，也是其家族文化社会地位的重要指标。琅琊王氏、陈郡谢氏，成为东晋门阀大族的代表，既由于他们拥有权势和军队，建立了不朽的功勋，也因为他们家族名士辈出，引领了文化的风尚。权势与玄谈成为东晋大族长期保持门户优势的两根支柱。如果说，结党桓温是郗超为了保持郗氏家族的权势（虽最终随着桓温的病故而消失），玄谈交游则是郗超维持郗氏文化地位的手段。《晋书·郗超传》：

少卓荦不羁，有旷世之度，交游士林，每存胜拔，善谈论，义理精微。……愔又好聚敛，积钱数千万，尝开库，任超所取。超性好施，一日中散与亲故都尽。其任心独诣，皆此类也。

……凡超所交友，皆一时秀美，虽寒门后进，亦拔而友之。及死之日，贵贱操笔而为诔者四十余人，其为众所宗贵如此。

……性好闻人捷遁，有能辞荣拂衣者，超为之起屋宇，作器服，畜仆竖，费百金而不吝。②

① 《晋书》卷67，中华书局1974年版，第1804页。

② 《晋书》卷67，中华书局1974年版，第1804页。

通过这些记载，我们看到了一位卓尔不群、善谈好论、乐善好施的名士形象。《先秦汉魏晋南北朝诗》卷十二有郗超《答傅郎诗》：

森森群像，妙归玄同。原始无滞，孰云质通？悟之斯朗，执焉则封。器乖吹万，理贯一空。

昔在总角，有怀大方。虽乏超诣，性不比常。奇趣感心，虚飙流芳。始自践迹，遂登慧场。

迹以化形，慧以通神。时钦运钦，遘兹渊人。澄源领本，启此归津。投契凯入，挥刃擢新。发悟虽迹，反观已陈。

暧暧末叶，运钟交丧。绵绵虚宗，千载靡畅。谁能慭中，仰谐冥匠。并辔一方，明心绝向。

这些诗词应该属于当时的玄言诗。“玄同”“无滞”“大方”“领本”“虚宗”“冥匠”，这些文字透露出浓浓的玄学气息，展现出郗超深厚的玄学素养。

二　郗超与佛教

郗超维护门户利益的努力，很快随着郗氏家族的衰落而烟消云散，郗超的玄学水平也已经无法判断，在权势与玄谈两个方面，郗超虽然都达到了一定水平，但终究比不上人才济济的王、谢高门。如果仅有这两个方面，郗超在历史上的地位将大打折扣，幸好，郗超与佛教这一在东晋时期正蒸蒸日上的新思潮发生了诸多关联，从而在思想史上取得了不可取代的位置。

陈寅恪在《天师道与滨海地域的关系》一文中指出：“魏晋以来，一些世家大族如琅邪王氏，高平郗氏，吴郡杜氏，……等信奉天师道。”[①]《晋书·郗超传》明言：“愔事天师道，而超奉佛。”郗超出身

① 陈寅恪：《金明馆丛稿初编》，生活·读书·新知三联书店2001年版。

于天师道世家，为何对佛教情有独钟，史无明文，但东晋佛教伴随着玄学清谈逐渐兴盛，门阀子弟越来越被这一博大精深的思想所吸引，是一种趋势。郗超崇佛的事迹主要有交接高僧，谈论佛理；参与法事活动；撰写佛学著作等。

郗超与高僧交往甚多。北方佛教领袖道安（312—385）居襄阳（365 年道安至襄阳）时，郗超派人送米千斛，并修书累纸，表示钦敬。郗超精通当时佛教界流行的般若义理，竺法汰（320—387）曾与其讨论般若“本无义”。郗超交往最多的可能是当时活跃于建康、会稽一带的支遁。《高僧传 · 支遁》：

> 支遁字道林。……王洽、刘恢、殷浩、许询、郗超、孙绰、桓彦表、王敬仁、何次道、王文度、谢长遐、袁彦伯等，并一代名流，皆著尘外之狎。……郗超后与亲友书云：林法师深理所通，玄拔独悟，实数百年来，邵明大法，令真理不绝，一人而已。……（支遁卒后）郗超为之序传。①

郗超对支遁极为赞赏，认为他在佛教发展史上具有不可取代的地位。支遁对郗超也极为重视。《晋书 · 郗超传》：

> 又沙门支遁以清谈著名于时，风流胜贵，莫不崇敬，以为造微之功，足参诸正始。遁常重超，以为一时之俊，甚相知赏。②

郗超在对佛教义理的理解方面深受支遁影响。支遁“即色义”在般若学“六家七宗”中占有非常重要的位置，《肇论》专门批判的三家之中，就有“即色宗”。郗超对“即色义”推崇备至，并亲自宣讲，《高僧传 · 于法开传》云：“（于法开）每与支道林争即色空义，庐江何默申明开难，高平郗超宣述林解，并传于世。”

---

① 《高僧传》卷 4，中华书局 1992 年版，第 163 页。

② 《晋书》卷 67，中华书局 1974 年版，第 1804 页。

郗超不仅把佛教义理作为玄谈依据，对法事活动也积极参与，对因果报应说非常信服。《法苑珠林》卷第十六记载戴逵（326—396）制作无量寿协侍菩萨像，郗超亲往礼拜：

> 高平郗超闻而礼觐，遂撮香而誓曰：若使有常，复覩圣颜。如其无常，愿会弥勒。既而手中之香勃焉自然，芳烟直上，其气联云，余熏葳蕤，溢于衢路。凡预闻见，皆心喜遍身。①

又据《佛祖历代通载》卷六：

> （郗超）又与汰法师厚善，尝约先殁者，凡幽冥报应当以相报。俄而汰卒，一夕见梦曰：向与君约报应之事，今皆不虚。愿君无忘修德，以升济神明。超由是循道弥笃云。②

这段充满神异的记载，说明郗超对于轮回报应说是确信不疑的。

郗超奉佛之事，被后来的文献多次提及。刘宋时期，文帝召集朝臣谈论佛教，崇奉佛法的何尚之列举前代奉佛士人："中朝已远，难复尽知。渡江已来，则王导、周顗、庾亮、王蒙、谢尚、郗超、王坦……等，或宰辅之冠盖，或人伦之羽仪，或置情天人之际，或抗迹烟霞之表，并禀志归依，措心崇信。"③ 陈隋时期释真观作《梦赋》："至如道安、道立、慧远、慧持……并皆扬名后代，擅步当时。或与秦王而共辇，乍将晋帝而同帏；遂使桓玄再拜而弗暇，郗超千斛而无辞。"④ 唐释慧净作《析疑论》，中有："且王导、周顗宰辅之冠盖，王蒙、谢尚人伦之羽仪。次则郗超、王谧、刘璆、谢客等，并江左英彦七十余人，皆学综九流，才映千古，咸言性灵真要可以持身济俗者，莫过于释氏

① 《大正藏》第53册，第406页上栏。

② 《大正藏》第49册，第523页中栏。

③ 《广弘明集》卷1，《大正藏》，第52册，第100页上栏。

④ 《广弘明集》卷29，《大正藏》，第52册，第341页中栏。

之教。”①

郗超辞职后，闭门专心研究佛教，撰写了不少佛教著作，据《出三藏记集》卷十二所引陆澄《法论目录》，郗超著有《本无难问》《郗与法濬书》《郗与开法师书》《郗与支法师书》《奉法要》《七众法通神咒》《明感论》《论三行上》《叙通三行》《郗与谢庆绪书》《论三行下》《郗与傅叔玉书》《全生论》《五阴三达释》。上述著作分别列于“法性集”“教门集”“业报集”“色心集”之中。现存的仅有《奉法要》，其他都已经散佚，但通过上述记载，我们可以看出郗超的著作涉及般若性空之学、轮回报应之说，涉及僧徒与居士所应遵循的仪轨戒律等等方面，内容丰富而广泛。

三 《奉法要》的内容、特色和价值

在佛玄合流的形势下，与名僧唱和交游，谈佛说妙，是很多名士参与其中的时尚，王导、谢安、何充等都有这方面的记载。郗超对佛教的独特贡献不在于此。

郗超生活的年代，鸠摩罗什（344—413，401 年入长安，开始译经）还没有开始他的译经事业，佛经翻译处于旧译时期，很多梵语或者胡语的佛经还不能被顺畅翻译出来。慧学方面，早期阿含类经典已经部分译出，大乘经典已经涵盖了般若、法华、华严、宝积等诸多部类，但好多经典之间的相互关系以及每部佛经在整体佛教中的地位含混不清。禅定方面的经典缺少明确的传承，在实践中经常遇到困难。戒律方面的经典还没有系统传入，只有简单的戒本，广律还没有翻译。建康的名僧们正凭借玄谈，使佛教逐渐被上层社会所接受，在佛教义理上也多少有所建树，般若学出现了所谓“六家七宗”的不同理解。北方的道安正在为佛教的长期发展进行全方位的努力，他积极整理佛经，确立僧尼规范，提倡弥勒净土信仰。佛教的发展呈现出上升势头，但在整个社会中的地位还远远不够。僧伽佛教的发展面临着诸多挑战。在

① 《广弘明集》卷 18，《大正藏》第 52 册，第 231 页上栏。

这样的情况下，不出家的居士应该怎样奉佛？对于居士而言，庞大的佛教经典中哪些内容是最重要的？哪些是可以付诸行动的？郗超敏锐地注意到这一问题，并形诸文字，这就是我们今天见到的《奉法要》。

《奉法要》内容清晰而严整，依次介绍了三自归、五戒、岁三月六斋、十善、五阴、五盖、六情、心的重要性、报应说、对善恶的态度、观法、四等、八苦、四非常、六度、空等佛教的基本要求和概念。其中，三自归是佛教信仰的开始；五戒是在家佛教徒应该遵守的基本戒律；岁三月六斋是在家信徒体验出家的戒法；十善本来是一般的社会规范，但在大乘佛教中通常将其作为菩萨戒法的基本内容。以上四项可以看作佛教戒学的内容，《奉法要》概括了大小乘经典中在家戒法的重要内容，全面而准确。五阴以下，观法属于定学，内容相对较少，提到不净观和对治悭贪、嗔恚的观法；观法之外，都是佛教最基本的概念，属于佛教慧学的内容。可以说《奉法要》通过引用当时已经翻译出来的多部经典，概括、归纳和整理出在家信徒应该奉持的佛教内容，包括了佛教戒定慧三学的核心部分，是在家信徒学习、信仰、奉行佛法的概要。

《奉法要》对一些重要问题的论述，不仅来自于佛教经典，也结合了中国文化传统和作者的理解和实践。比如对善恶，对报应，对空，郗超都提出了自己的看法。

对于善恶，郗超提到了两个方面：对自己，要隐善扬恶；对别人，要隐恶扬善。第二个方面比较常见，郗超论述得非常简略。对于第一个方面，郗超用了大量的篇幅：

> 异出《十二门经》云：人有善，恒当掩之；有恶，宜令彰露。夫君子之心，无适无莫，过而无悔，当不自得。宜其任行，藏于所遇。岂有心于隐显？然则教之所施，其在常近乎？原夫天理之于罪福，外泄则愈轻，内结则弥重。既迹著于人事，必有损于冥应。且伐善施劳，有生之大情；匿非文过，品物之所同。善著则迹彰，迹彰则誉集。苟情系沮劝，而誉集于外，藏恪之心，必盈乎内。且人之君子，犹天之小人，况乎仁德未至而名浮于实，获戾幽冥，固必然矣。

> 夫苟非备德，必有不周；坦而公之，则与事而散。若乃负理之心，铭之怀抱，而外修情貌以免人尤；收集俗誉，大诬天理，自然之衅，得不愈重乎？是以庄生云：为不善于幽昧之中，鬼神得而诛之。且人之情也，不愧于理而愧乎物。愆著则毁至，毁至而耻生。情存近复，则弊不至积，恃其不彰，则终莫悛革。加以天衅内充，而惧其外，显则幽虑万端，巧防弥密，穷年所存，唯此之务，天殃物累，终必顿集，盖由不防萌谋始，而匿非扬善故也。①

郗超首先引用异出《十二门经》，然后指出从根本上说君子无心于隐显，不用刻意去做，但为了教化，需要有隐有显。然后论述为何要隐善扬恶，主要逻辑是：天理和人的行为之间有一种冥应，人的行为如果宣扬出去，就会减少冥应，减损原来应有的效果。这种思想显然与中国传统的天人感应学说有一定关系。

业报轮回是佛教的基本观念。佛教传入之前，中国社会也有报应学说，主要有两个方面：一、中国传统报应说强调报应在子孙后代身上，如《周易·坤·文言》：“积善之家，必有余庆。积不善之家，必有余殃。”这是中国家族观念强大的一种反映，但在实践中往往不容易验证。二、中国传统文献中也有“善有善报，恶有恶报”的论述，如《道德经》：“天道无亲，常与善人。”《墨子·法仪》：“爱人利人者，天必福之；恶人贼人者，天必祸之。”这样的说法，有劝善止恶的作用，但由于这种报应学说基本建立在人生一世的基础上，在一个人的一生中往往很难得到验证。《奉法要》对报应问题进行了详细的论述：

> 古人云：兵家之兴，不过三世。陈平亦云：我多阴谋，子孙不昌。引以为教，诚足以有弘。然齐、楚享遗嗣于累叶，颜、冉靡显报于后昆。既已著之于事验，不俟推理而后明也。且鲧殛禹兴，盼鲋异形，四罪不及，百代通典。哲王御世，犹无淫滥，况乎自然玄应不以情者，而令罪福错受，善恶无章，其诬理也，固亦深矣。且

① 李小荣：《弘明集校笺》卷13，上海古籍出版社2013年版，第717页。

> 秦制收孥之刑，犹以犯者为主。主婴其罚，然后责及其余。若衅不当身，而殃延亲属，以兹制法，岂唯圣典之所不容，固亦申、韩之所必去矣。是以《泥洹经》云：父作不善，子不代受；子作不善，父亦不受。善自获福，恶自受殃。至矣哉斯言！允心应理。然原夫世教之兴，岂不以情受所存，不止乎己。所及弥广，则诫惧愈深。是以韬理实于韫韥，每申近以敛粗，进无亏于惩劝，而有适于物宜。有怀之流，宜略其事，而喻深领幽旨。若乃守文而不通其变，殉教而不达教情，以之处心循理，不亦外乎？
>
> 夫罪福之于逆顺，固必应而无差者也。苟昧斯道，则邪正无位，寄心无准矣。至于考之当年，信漫而少征，理无愆违，而事不恒著，岂得不归诸宿缘，推之来世耶？是以有心于理者，审影响之难诬，废事证而冥寄，达天网之宏疏。故期之于靡漏，悟运往之无间，混万劫于一朝，括三世而玄同，要终归于必至。岂以显昧改心，淹速革虑哉？此最始信之根主，而业心所深期也。①

郗超对中国传统的两种报应说分别进行了批判，指出善恶报应在子孙身上的观点既不符合事实，也有违于天理，更不符合佛教“自作自受”的观念。在一生之内考察善恶报应，也是不正确的，必须“归诸宿缘，推之来世”，也就是将善恶报应放在过去、现在、未来的时间链条中去考察。轮回报应说是佛教传入中国社会后，对中国文化的重要补充，对这一问题的最全面论述体现在慧远（334—416）《明报应论》《三报论》等著作中。慧远创建东林僧团，在东晋佛教史上具有重要地位，他的一系列重要著作都是在381年到达庐山后撰写的。郗超作为信佛居士，在慧远之前对报应问题的理解，已经达到了相当的高度。

东晋般若学盛行，出现了所谓“六家七宗”的说法，对空的理解考验着高僧名士们的理论水平，僧传记郗超曾述支遁“即色义”，汤用彤先生认为郗超“于空义则颇与支道林合”②。笔者认为郗超对空的理

① 李小荣：《弘明集校笺》卷13，上海古籍出版社2013年版，第718页。

② 汤用彤：《汉魏两晋南北朝佛教史》，北京大学出版社2007年版，第131页。

解是综合当时流行的各种说法：

> 夫空者，忘怀之称，非府宅之谓也。无诚无矣，存无则滞封；有诚有矣，两忘则玄解。然则有无由乎方寸，而无系于外物。器象虽陈于事用，感绝则理冥，岂灭有而后无，阶损以至尽哉？由此言之，有固非滞，滞有则背宗；反流归根，任本则自畅。是以开士深行，统以一贯，达万像之常冥，乘所寓而玄领。知来理之先空，恒得之于同致；悟四色之无映，顺本际而偕废。审众观之自然，故虽行而靡迹。方等深经，每泯一三世，而未常谓见在为有，则空中行空，旨斯见矣。①

“夫空者，忘怀之称”“有无由乎方寸，而无系于外物”似“心无宗”的观点。“岂灭有而后无，阶损以至尽哉”“悟四色之无映，顺本际而偕废”，则与“即色宗”有关。“反流归根，任本则自畅。”“知来理之先空，恒得之于同致”，似乎又与“本无宗”有关，《肇论》提到的“心无、即色、本无”三家说法，似乎郗超都涉及。“是以开士深行，统以一贯”，也说明郗超在理论上试图融会各家说法，把重点放到修行实践上去。

另外，《奉法要》是现存最早出于士人之手正面阐述佛教义理的文字。《弘明集》中收录的几篇早于或与《奉法要》差不多同时的有关居士佛教的文字，有《牟子理惑论》《正诬论》《喻道论》等，这些文字都是为了向不信佛（或者污蔑佛教）的人说明佛法的正确可靠，说明佛教与中国固有的儒道文化不相违背，或者高于儒道文化，所以都带有论辩性质，在论证过程中多使用儒家、道家的经典、典故，而对于佛教自身的义理较少说明，主要涉及因果报应。《奉法要》却是完全站在佛教徒的立场，去总结、概括佛教中最为重要的内容，为信奉者提供修行的依据，所以主要引用佛教的经典，主要说明佛教的义理，与儒道比较的内容非常少见。

总之，郗超作为一个有政治影响力和文化影响力的奉佛居士，其对

① 李小荣：《弘明集校笺》卷13，上海古籍出版社2013年版，第730页。

佛法的实践和著述，为我们展现了东晋居士佛教面临的基本问题，以及奉佛居士对这些问题理解的高度，也展现了东晋居士佛教发展的一些基本状况。

（本文发表于《古籍研究》第69卷，凤凰出版社2019年版）

沙门致敬王者与东晋政教格局演变

沙门是否应该致敬王者，本质上是王权和教权何者至上、佛教僧众是否臣服于帝王的问题。这是佛教在中国社会发展到特定阶段才出现的新问题，涉及面广泛，影响深远。如何解决这个问题，直接决定着王朝处理其他佛教事务能够采取的方式和方法。东晋时期围绕这个问题引发的朝野论战，是政界和教界关于佛教与政治关系从理论到实践的双重探索。只有当佛教僧众不得不臣服于帝王的时候，沙门是否应该致敬王者问题才能得到彻底解决。经过数百年反复较量，政界和佛教界在解决这个问题上达成共识，不仅最终确定了佛教在国家政治生活中的地位，也为解决国家处理其他宗教与政治的基本关系问题树立了参照样板。

关于沙门是否应该致敬王者的论战，学术界已经有不少研究成果。其中，较多学者重点围绕庐山慧远的行迹和著作方面论述，[①] 另有学者侧重从东晋门阀制度与佛教关系方面考察，[②] 还有学者主要从儒佛关系

---

① 方立天：《慧远政教离即论》（《魏晋南北朝佛教》，中国人民大学出版社 2012 年版，第 195 页）认为慧远提出了政教离即论，系统阐发了佛教与政治既相离又相即的主张。杨曾文《为协调佛法与王法立论——慧远〈沙门不敬王者论〉析》（《佛学研究》2004 年）认为“慧远提出了处理王法和佛法关系的原则：占信徒人数最多的在家奉佛者必须遵守王法和纲常名教；统治者应当尊重出家僧尼‘方外之宾’的特殊身份，允许他们不礼敬君王；僧众通过传教对民众进行教化，为社会治理安定发挥作用。”

② 武正强：《神圣与世俗之间：“沙门不敬王者”的再考察》（《首都师范大学学报》（社会科学版）2004 年增刊）将沙门不敬王者的争论置于门阀政治的权力格局之内，从琅琊王氏、颍川庾氏门户之争的角度重新加以考察。

变迁方面[①]，或者从“佛法与王法”方面理解[②]。这些专著和文章都提出了许多有见解的观点，值得参考。本文拟在前人研究成果基础上，重点从三个方面分析，第一，东晋之前沙门与王者的关系；第二，东晋时期沙门致敬王者问题的时代答案；第三，东晋沙门致敬王者论战的本质和影响。

一　东晋之前沙门与王者的关系

在佛教传入中国之前，中国社会还没有一种以共同信仰为纽带，遵守一定的生活、修行制度和伦理规范的宗教组织。随着佛教组织规模的不断壮大，社会影响的逐渐扩展，佛教与中国社会发生了多方面的联系，从而也出现了许多前所未有的问题。到了东晋时期，朝野上下围绕“沙门是否应该致敬王者”问题展开了两次大论战。这场论战参与人数之多、延续时间之长、理论交锋之激烈、涉及问题之全面，在中国佛教历史上空前绝后。为什么围绕这样主题的论战在东晋时期才出现？这是由东晋之前佛教发展的实况和沙门与王者之间的特殊关系决定的。

所谓“沙门”，泛指佛教出家僧众；所谓“王者”，系指王朝最高统治者。沙门与王者接触，并不出现在佛教初入中土的两汉之际，而是到了三国时期。因为，佛教传入中土很长一段时间，都主要流行于民间，并没有进入上流社会。考察记载汉明帝遣使求法的早期资料，可以看到，汉明帝并没有接触沙门，关于摄摩腾、竺法兰的材料都是比较后出的[③]。汉桓帝虽然并祭老子浮图（佛），但应该也没有接触过沙门。东汉末年之前，佛教信仰主要流行于来华的西域各国使者或入质人员之中，在社会民众中并没有广泛普及。汉末安世高、支谶等翻译了多部大小乘佛经，佛教的基本教义比较系统传入汉地。当时支持译经的人主要是西域侨民和汉地一般士大夫，皇帝和达官贵族们很少关注这些

① 刘立夫：《儒佛政治伦理的冲突与融合——以沙门拜俗问题为中心》，《伦理学研究》2008 年第 1 期。

② 刘威：《佛法与王法——以慧远的〈沙门不敬王者论〉为例》，《中国宗教》2009 年第 2 期。

③ 参见《高僧传》卷 1，中华书局 1992 年版，第 1—3 页。

翻译工作。文献记载中汉地第一位出家者严佛调，他与社会上层并无密切交往，更不可能见到帝王。三国时期，第一位按照佛教戒律出家的汉地比丘朱士行也没有与王室往来的记载。吴国国王孙权、孙皓见康僧会，应该是比较可靠的王者与沙门的见面，据僧传记载，主要是因为康僧会的胡人身份引起了他们注意。[①] 总之，在东晋之前，留下姓名的僧人多是西域人，或者是西域人的后代，本土僧人很少。当时佛教组织发展规模有限，僧众数量有限，沙门与王室的交往机会有限，在这种情况下，沙门是否应该致敬王者的问题还不可能出现。

东晋十六国时期，外国和本土沙门与帝王交往的记载多了起来。南方，最早与帝王交往的汉地僧人是竺法潜。据说他是东晋大将军王敦的弟弟，与晋元帝司马睿、晋明帝司马绍、丞相王导、太尉庾亮交往密切，“建武（318—323）、太宁（323—326）中，潜恒著屐至殿内，时人咸谓方外之士，以德重故也。中宗肃祖升遐，王（王导，276—339）庾（庾亮，289—340）又薨，乃隐迹剡山，以避当世，……至哀帝（362—365）好重佛法，频遣两使殷勤征请，潜以诏旨之重，暂游宫阙，即于御筵开讲《大品》，上及朝士并称善焉。于时简文作相，朝野以为至德，以潜是道俗标领，又先朝友敬，尊重挹服，顶戴兼常，迄乎龙飞，虔礼弥笃。”[②] 从这个记载，可以看到三点：第一，竺法潜与帝王的交往既与他才华出众有关，也与他出身于琅琊王氏的显赫身份密不可分。第二，他能够成为与帝王见面的首位汉族僧人，与他在社会上层已颇负盛名，已产生较大影响有直接关系。第三，帝王能否重视他，尊敬他，与他被看成佛教界的领袖（道俗标领）有直接关系。以后受到帝王尊崇的僧人，能够与帝王直接交往的僧人，大都具备这些条件。

差不多同时，在北方，佛图澄通过佛教神异，被石勒所重视，被尊为“大和尚”（石勒330年即皇帝位，此前佛图澄已追随多年），石虎即位后，对佛图澄更为敬重：“下书曰：和上国之大宝，荣爵不加，高

---

① 《出三藏记集·康僧会传》，康僧会入吴，“有司奏曰：有胡人入境，自称沙门，容服非恒，事应验查。”（中华书局1995年版，第514页）

② 《高僧传》卷4《竺法潜传》，中华书局1992年版，第156页。

禄不受，荣禄匪及，何以旌德？从此已往，宜衣以绫锦，乘以雕辇。朝会之日，和上升殿，常侍以下，悉助举舆。太子诸公，扶翼而上。主者唱大和尚至，众坐皆起，以彰其尊。又敕司空李农旦夕亲问，太子诸公五日一朝，表朕敬焉。”①

东晋十六国前期，已有帝王礼敬沙门的事例，但是，无论帝王本人还是众多朝臣，都没有提出沙门致敬王者的要求。究其原因，主要有两个：第一，这个历史阶段沙门数量不多，能够见到帝王者更少，同时，当时能够见到帝王的沙门，不是西域人，就是出身于高门士族，他们是否致敬王者与王朝控制佛教组织并没有密切联系。后来桓玄在给王谧的信中明确指出了这一点：“曩者晋人略无奉佛，沙门徒众皆是诸胡，且王者与之不接，故可任其方俗，不为之检耳。今主上奉佛，亲接法事，事异于昔，何可不使其礼有准?”② 这就是说，要求沙门致敬王者，只有在其成为迫切的政治问题时，只有在其引起佛教教权和王权冲突时，才能受到有关方面的关注和重视。

第二，当时佛教比较兴盛的北方，敬重沙门的少数民族统治者自幼没有受到汉族文化熏陶，不受儒家政治伦理约束。他们为了入主中原而礼敬沙门，同时又没有必要要求沙门致敬王者。相反，少数民族统治者敬重个别大沙门反而是获得多民族佛教信仰者文化认同的一个有利条件。比如，后赵石虎认为“佛是戎神，正所应奉。”③ 信奉佛教，礼敬沙门，是少数民族统治者的政治需要。在当时的社会情况下，要求沙门致敬王者并没有政治上的迫切需要，所以还没有成为一个受关注的问题。

总之，从佛教传入中土到东晋前期，已经出现不少王者礼敬沙门的现象；对于沙门是否应该致敬王者，还没有被提出来进行讨论的政治要求。这种情况到晋成帝咸康六年（340）出现了变化，由此展开了轰动朝野的沙门是否应该礼敬王者的大辩论。

---

① 《高僧传》卷9《佛图澄传》，中华书局1992年版，第352页。

② 《桓玄与王令书论道人应敬王者事》，《弘明集校笺》卷12，上海古籍出版社2015年版，第677页。

③ 《高僧传》卷9《佛图澄传》，中华书局1992年版，第352页。

二 东晋对沙门致敬王者问题的时代答案

随着佛教组织规模的壮大，管理佛教的重要性日益凸显出来，从统治集团方面考察，当统治者既认识到佛教具有“助宣王化”的功能，又看到佛教实力的恶性膨胀不利于社会安定的时候，他们必须重视解决沙门是否应该礼敬王者问题。解决这个问题，是解决其他政教关系问题的关键一环。同时，佛教对政治影响的两面性也增加了他们解决这个问题的复杂性、艰巨性和困难程度。从佛教界方面考察，作为僧俗领袖人物，无论是从自身利益考虑还是从佛教整体利益考量，都必须对沙门是否致敬王者给出明确答案，否则，对于教权与王权关系进行模糊处理，不利于佛教的健康发展，不利于处理个人或僧团与政府的各种错综复杂的关系。所以，关于沙门是否应该致敬王者的论战，一开始就是由政治原因引发的，而且始终与处理教权和王权的关系直接联系。

东晋围绕沙门是否应该致敬王者的论战有两次，第一次发生在东晋咸康六年（340），由中书监庾冰发动；第二次发生在元兴元年（402），由桓玄发动，最终以庐山慧远推出《沙门不敬王者论》为标志结束。

东晋咸和元年（327），成帝即位，成帝幼冲，太后临朝听制，司徒王导录尚书事，与帝舅中书令庾亮参辅朝政。咸康五年（339）王导去世，六年（340）庾亮也逝世，庾亮之弟中书监庾冰辅政，提出沙门应该向王者行礼致敬的主张，尚书令何充等人不同意，围绕这个问题展开多次辩论。尚书令何充及仆射褚翜、诸葛恢、尚书冯怀、谢广等人三度上奏，表明沙门不应尽敬王者的观点，庾冰等人代成帝下诏令反驳。

关于这次论战，保留下来三种资料[①]，从中可以看到，双方围绕着

① 包括《弘明集》中“尚书令何充奏沙门不应尽敬”“庾冰重讽旨，谓应尽敬，为晋成帝作诏”“尚书令何充及褚翜诸葛恢冯怀谢广等重表”“成帝重诏”“尚书令何充仆射褚翜等三奏不应敬事”，《弘明集校笺》，上海古籍出版社 2015 年版，第 663—670 页。

佛陀是否存在、佛教的礼仪是否破坏国家礼制的统一、沙门作为普通人是否应该抗礼帝王展开讨论。这次讨论涉及的问题虽然很多，但最重要的是沙门是否应该致敬王者问题。庾冰强调礼制必须统一，何充则强调应该遵守元帝、明帝所形成的沙门不敬王者的传统，并强调佛教有助于王化，调和佛教与王权的矛盾。这次论争最终结果是“冰议寝，竟不施敬”[①]，沙门致敬王者的要求没有被贯彻。

这次论战，既与佛教的发展有关，也与具体的政治形势密不可分。东晋门阀政治是皇权与士族的共治，是几家侨姓大族轮流与司马氏皇权共天下。[②] 东晋初年，最早与司马氏皇族共天下的是琅琊王氏（代表人物王导、王敦）。王导主政后期，颍川庾氏势力上升，庾亮与王导展开了激烈的争夺，王导去世后，大权转到庾亮手中，但庾亮一年后也过世，其弟庾冰主政，清除王氏势力，加强庾氏力量成为庾冰的主要政治策略。出入于宫廷的竺道潜既然出身于琅琊王氏，对其进行限制，也成为庾氏打击王氏的手段。而主张沙门不应致敬王者的何充，正是王导指定的继承人。所以，这次论战对双方而言都不是纯粹的佛教问题，还掺杂着统治集团内部的势力博弈和较量。

大约六十年后，桓玄（369—404）发起了第二次大论战。元兴元年（402）三月，自称太尉、专断朝政的桓玄鉴于佛教界腐败堕落等现象严重，发布《料简沙门书》，下令沙汰僧尼，严厉整顿佛教僧团组织。慧远写《与桓太尉论料简沙门书》，表示同意。当年四月，桓玄提出沙门应该致敬王者，下达《与八座书》，与朝中重臣商量，并且致书慧远，征询意见。桓玄在这个时候提出沙门礼敬王者的要求，自然包含着加强自身权力、觊觎皇权的个人野心，然而更重要的，还是出于国家整顿佛教的政治需要。沙门致敬王者，佛教不游离于王者统治权力之外，无疑是统治集团实施沙汰沙门、料简沙门的各种治理佛教僧团措施的应有之义。在这场论战中，与桓玄抗争的是王谧等人。元兴二年

① 《尚书令何充仆射褚翌等三奏不应敬事》，《弘明集校笺》，上海古籍出版社 2015 年版，第 670 页。

② 参见田余庆《东晋门阀政治》，北京大学出版社 1989 年版，第 324—356 页。

(402) 十二月三日，桓玄改元称帝，为了争取佛教信徒支持，特诏允许沙门不礼敬王者。元兴三年（403）春天，刘裕等起兵征讨桓玄，当年五月桓玄兵败被杀。不久，慧远撰写《沙门不敬王者论》，系统阐发了对这个问题的看法。

这场论战无论对以桓玄为代表的王权，还是对以慧远为代表的教权，都是极为重要的。沙门是否致敬王者，关系到已初具规模的佛教将以什么角色存在于中国社会，也关系到正处在门阀政治向皇权政治过渡时期的王权能将自己的触角伸到什么地方。面对这一重要问题，论辩的双方都调动了所有的思想资源。

桓玄对沙门是否致敬王者问题的重要性认识深刻，他写信给尚书八座[①]（即各主管机构的长官）指出，这是“一代之大事，宜共求其衷想，复相与研尽之”。[②] 要求他们都参与讨论，以便统一思想认识。八座回复之后，桓玄又专门要求维护佛教的中书令王谧对于这个“一代大事，宜共论尽之”。[③] 接着桓玄与王谧反复问难，展开了充分论辩。桓玄在展开自己的观点之前先对六十年前关于这一问题的讨论进行分析，认为庾冰与何充的观点都存在问题：“庾意在尊主，而理据未尽；何出于偏信，遂沦名体。”庾冰意在强化王权，却没有提出充分的理由。何充出于对佛教的偏信，混淆了名教体制。那么，沙门为何应该致敬王者呢？精通玄学清谈的桓玄从当时流行的“三玄”中找到了依据：“老子同王侯于三大，原其所重，皆在于资生通运，岂独以圣人在位，而比称二仪哉？将以天地之大德曰生，通生理物，存乎王者，故尊其神器，而礼寔惟隆。岂是虚相崇重，义存君御而已哉？沙门之所以生生资存，亦日用于理命，岂有受其德而遗其礼，沾其惠而废其敬哉？既理所不容，亦情所不安。”[④]《老子》第二十五章：“有物混成，先天地生。

① “八座”包括吏部尚书、祠部尚书、五兵尚书、左民尚书、度支尚书以及尚书左右仆射、尚书令。

② 《桓玄与八座书论道人敬事》，《弘明集校笺》，上海古籍出版社 2015 年版，第 671 页。

③ 《桓玄与王令书论道人应敬王事》，《弘明集校笺》，上海古籍出版社 2015 年版，第 671 页。

④ 《桓玄与八座书论道人敬事》，《弘明集校笺》，上海古籍出版社 2015 年版，第 671 页。

寂兮寥兮，独立而不改，周行而不殆。可以为天下母。吾不知其名，字之曰‘道’，强为之名曰大。大曰逝，逝曰远，远曰反。道大、天大、地大、王亦大。域中有四大，而王居其一焉。人法地，地法天，天法道，道法自然。”显然，老子在强调道的重要性，强调人应该效法天、地、道、自然。王作为四大之一被提出，仅仅是在于王作为万民之首，具有更重要的责任。《周易·系辞传》曰：“天地之大德曰生。”《庄子·天道》：“天道运而无所积。”桓玄综合运用《老子》《周易》《庄子》的说法，进行了理论创造，认为，王作为四大之一，也具有资生万物、运通万物的功能，这就将王与天、地、道提到了同样的高度。同时也将这一场争论提升为中国传统的儒、道、玄学与外来的佛教之间的争论。

桓玄论证的基本逻辑是：王与天、地一样具有资通万物的功能，臣子对于君王的尊敬是一种天然的情感。沙门并不是特殊的人，也是臣子之一，也依靠君主的资通而得以存在。帝王的功劳远远大于师长的作用，沙门既然致敬于师长，更应该致敬于帝王。

作为当时佛教界的领袖，慧远很清楚这场论战的重要意义。他认为，如果沙门致敬王者一旦实行，则“佛教长沦，如来大法，于兹泯灭，天人感叹，道俗革心矣。”①慧远在接到桓玄信后，立即回应，直接针对其核心理论，展开论述。慧远指出，对于佛教不能一概而论。佛教徒分为两部分：一是在家人，他们需要遵守一般的礼制，需要重视王者的资生之功；一是出家人，“出家则是方外之宾，迹绝于物。其为教也，达患累缘于有身，不存身以息患；知生生由于禀化，不顺化以求宗。求宗不由于顺化，故不重运通之资；息患不由于存身，故不贵厚生之益。此理之与世乖，道之与俗反者也。是故凡在出家，皆隐居以求其志，变俗以达其道。变俗，则服章不得与世典同礼；隐居，则宜高尚其迹。夫然，故能拯溺俗于沈流，拔幽根于重劫，远通三乘之津，广开人天之路。是故内乖天属之重，而不违其孝；外阙奉主之恭，而不失其

① 《庐山慧远法师答桓玄书沙门不应敬王者书》，《弘明集校笺》，上海古籍出版社 2015 年版，第 694 页。

敬。若斯人者，自誓始于落簪，立志成于暮岁。如令一夫全德，则道洽六亲，泽流天下，虽不处王侯之位，固已协契皇极，大庇生民矣。如此，岂坐受其德，虚沾其惠，与夫尸禄之贤，同其素餐者哉?”[①] 出家人追求的目标是超脱生死轮回，不生不死，那么君王的生生之功就不具有重要意义。相反，出家者可以通过自己的修行“协契皇极，大庇生民”，为君王的统治提供帮助，那么出家人就可以在形式上不礼敬王者。

鉴于这一问题的重要性，桓玄败亡后，慧远又专门写《沙门不敬王者论》，在《远法师答》基础上对这一问题进行了最全面、最系统的阐述。《沙门不敬王者论》的主要观点很鲜明、很简单、很直接，就是出家僧人可以不敬帝王。该文结合佛教的基本理论与实践从五个方面进行论证：即“在家”（从在家信徒角度论证），“出家”（从出家信徒的角度论证），“求宗不顺化”（从追求佛教真理可以违背世俗公认的自然演化规律、社会演化规律、生命演化规律和思维演化规律）方面论证，“体极不兼应”（从践行真理不能同时走两种道路的角度论证），“形尽神不灭”（从轮回主体不随身体死亡的角度论证）。总之，慧远的《沙门不敬王者论》要求保持佛教礼法的独立性，拒绝出家僧人无条件臣服于世俗统治阶层，并为这种做法提供了理论依据（即灵魂的存在及报应学说）。慧远这样做的直接目的，是为了让出家人“高尚其迹”，为了让僧人信守戒律，为了维护僧团的纯洁。从东林寺的良好社会形象中，我们可以看到慧远这种努力所获得的成果。慧远提出的沙门不敬王者的观点，也成为那个时代朝野大多数人都接受的意见。

综观第二次论战的全过程，桓玄把沙门是否致敬王者问题放在君臣关系的层面来对待，真正抓住了这个问题的本质。这次论战之所以以桓玄失败、慧远胜利而告终，除了政治局势变化的原因，也与南北对立、皇权不兴的基本格局密切相关。可以说，沙门不敬王者是东晋时期佛教与政治真实关系的客观展现，慧远代表佛教界对这个问题给出了

① 《庐山慧远法师答桓玄书沙门不应敬王者书》，《弘明集校笺》，上海古籍出版社 2015 年版，第 694 页。

时代答案。

三　东晋沙门致敬王者论战的本质和影响

从东晋两次论战可以看到，沙门致敬王者问题可以与讨论佛教、儒家的礼仪之争相联系，可以与辩论佛教信仰的真伪优劣相联系，但是，由于这个问题的本质是佛教教权与世俗王权何者为第一的问题，是何者居于统治地位的问题，所以，最终解决这个问题要与佛教发展的状态相联系，与统治者的政治诉求相联系。在沙门是否应该致敬王者问题尚未提出的时候，王者礼敬沙门已经成为事实。要从王者应该礼敬沙门转变成沙门礼敬王者，必然要有政治格局的变迁，佛教组织的发展，社会各界人士的认同，并不是轻而易举就可以完成的任务。

沙门是否致敬王者，并不是一般的礼节问题，而是作为佛教主体成员的出家僧众是否接受臣民身份问题，是主张教权至上还是王权至上的问题。在东晋的两次大论战中，辩论双方实际上都接触到了这个问题，尤其是第二次辩论。慧远认为，出家者可以通过自己的修行“协契皇极，大庇生民”,[①] 为君王的统治提供帮助，那么出家人就可以不在形式上尊敬王者。实际上，这不是形式问题，而是核心问题。没有这种致敬的形式，也就同时取消了臣服的内容，也就自认为自己不同于一般臣民。在桓玄下令沙门可以不敬王者之后，还有卞嗣之、马范、袁柯之等要求“沙门致敬”，提出“沙门所乘虽异，迹不超世，岂得不同乎天民?”[②] 可见，即便是最高统治者下令沙门不致敬王者，要求把僧侣作为臣民看待的观点也很盛行。这在此前是没有的，表明佛教已经作为一种重要的社会力量登上了历史舞台。

东晋之后，沙门是否致敬王者问题不断被提起,[③] 一直延续到唐中

---

① 《庐山慧远法师答桓玄书　沙门不应敬王者书》,《弘明集校笺》，上海古籍出版社 2015 年版，第 692 页。

② 《桓楚许道人不致礼诏》,《弘明集校笺》，上海古籍出版社 2015 年版，第 698 页。

③ 南北朝之后历次提到的关于沙门是否礼敬王者问题，往往与是否礼敬父母等联系在一起，但是主要讨论内容的性质并没有改变。

期。比较重要的事件有三。第一，南朝宋孝武帝大明六年（462），有司奏沙门“凌越典度，偃倨尊威”，重提咸康、元兴之事，要求沙门“接见，皆当尽虔礼敬之容”[①]，孝武帝同意这种意见，下诏实行。但是，四年后又废止。第二，隋炀帝大业三年（607），下诏令僧尼、道士启请须致敬，受到僧人抵制，施行不下去。[②] 第三，唐高宗在显庆二年（657）和龙朔二年（662）两次下诏，令僧人跪拜君亲，都没有实行下去。这几次关于沙门是否敬拜君王的事件都没有形成大范围的争论，可以说，无论是支持沙门致敬王者的人还是反对沙门致敬王者的人，所有论述都无法超出东晋论战过程中双方涉及的理论范围。

唐肃宗上元元年（760），“敕僧尼朝会，毋得称臣。”[③] 这说明在此之前，沙门对王者曾经称臣。僧尼何时称臣，史料缺乏具体记载，但据《新唐书》卷四，武则天以白马寺薛怀义为新平道行军总管。[④] 又据《僧史略》卷下，武则天封沙门法朗等九人为县公，赐紫袈裟银龟袋，[⑤] 此为沙门封爵赐紫的开始。帝王既然可以为沙门封爵，则沙门称臣也是早晚的事。沙门是否应该礼敬王者问题的本质是僧侣是否接受臣子身份问题，当沙门称臣时，沙门是否应该礼敬王者就是一个过时的、不需要讨论的问题了。唐肃宗之后，沙门是否称臣虽然又经历过反复，但沙门臣服于王者已经成为趋势，沙门礼敬王者的问题也不再被讨论。

关于沙门是否礼敬王者是一个争论了几百年才最终解决的问题，东

① 《高僧传》卷8《释僧远》，中华书局1992年版，第318页。

② 释彦琮《福田论》题目下小注：“隋炀帝大业三年新下律令格式令云：诸僧、道士等有所启请者，并先须致敬，然后陈理。虽有此令，僧竟不行。时沙门释彦琮不忍其事，乃著《福田论》以抗之，意在讽刺。言之者无罪，闻之者以自诫也。帝后朝见，诸沙门并无致敬者。大业五年，至西京郊南，大张文物，两宗朝见，僧等依旧不拜。下敕曰：条令久行，僧等何为不致敬？时明赡法师对曰：陛下弘护三宝，当顺佛言。经中不令拜俗，所以不敢违教。又敕曰：若不拜敬，宋武时何以致敬？对曰：宋武虐君偏政，不敬，交有诛戮。陛下异此，无得下拜。敕曰但拜。僧等峙然。如是数四令拜，僧曰：陛下必令僧拜，当脱法服，着俗衣，此拜不晚。帝夷然，无何而止。明日设大斋法祀，都不述之。后语群公曰：朕谓僧中无人，昨南郊对答，亦有人矣。尔后至终，必无拜者。其黄巾士女，初闻令拜，合一李众连拜不已。帝亦不齿问之。”《广弘明集》卷25，《大正藏》第52册，第280页。明赡事见《续高僧传》卷25。

③ 释道法校注：《佛祖统记校注》卷40，上海古籍出版社2012年版，第956页。

④ 《新唐书》卷4，中华书局1975年标点本，第88页。

⑤ 《大宋僧史略》卷3，《大正藏》第54册，第248页。

晋关于这个问题的论战意义重大，影响深远。首先，参与论战双方的理论、著作和观点，都对后代产生了深远影响。以桓玄、慧远为主要代表人物的论辩双方，分别为各自的观点提供了最系统、最全面、最权威的论辞。在以后长达数百年的时间里，尽管这个问题被反复提起，论战双方都没提出超过东晋人士的新论据、新说辞和新理论。东晋倡导沙门不礼敬王者的观点，影响了中国佛教数百年。直到唐肃宗前后，沙门不致敬王者还是一再被佛教界人士坚持，可见庐山慧远佛教思想影响之深远。另外，当沙门俯首称臣之后，沙门敬拜王者成了政界和教界的共识，其所依据的理论，也没有超出东晋桓玄所论证的范围。

其次，更为重要的是，东晋关于沙门是否致敬王者的论战，其意义并不限于处理佛教教权与王权关系的范围，也为传统国家处理其他宗教与政治的基本关系树立了参照样板。在佛教采取不敬王者态度时，道教人士也采取这种态度。从唐代开始，朝廷诏令沙门跪拜礼敬王者时，也包括了道教出家人士；朝廷废除沙门礼敬王者时，也包括废除道士礼敬王者。同样，佛教僧侣拒绝跪拜王者时，道士也站在沙门的立场上；当佛教对王权俯首称臣的时候，包括道教在内的其他宗教人士都毫无例外地仿效。因为，在漫长的中国传统社会中，无论本土的道教还是外来的基督教、伊斯兰教，都无法找到与佛教不同的处理政教关系的新方式、新途径。

（本文发表于《世界宗教研究》2017 年第 2 期，
原名《东晋政教关系论战的起因、性质和影响》）

神通思想演变与佛教中国化历程

在印度佛教修行体系中，神通具有非常重要的地位，神通是指不受自然规律、社会规律和思维规律支配的各种超常能力，是获得解脱的外在表现和必备条件，是弘教传法的重要手段，是“禅定”和“智慧”结合的产物。中国佛教一方面继承了神通教义的基本内容，另一方面又适应儒家“不语怪力乱神”的传统，对神通在解脱过程中的作用，在弘教传法中的价值，在整体佛法中的位置等进行了重新诠释。中土信仰者对神通性质、作用、价值和影响的认知变化轨迹，集中反映了一种重要佛教思想中国化的具体进程。本文将结合古印度婆罗门教经典、佛教经典和中国三部《高僧传》的记载，探讨佛教神通理论的独特内涵及其在中印佛教中的不同境遇。

一　神通在佛教修行体系中的地位

汉译佛经中译为“神通”（又译作神通力、神力、通力、通等）的词语，在梵语中有多个词语与之对应，比如 abhijñā，adhisthāna，ṛddhi，vikurvita 等。大致而言，神通是指通过修行获得的特殊能力，可以知晓一切，可以变化无穷等等。在古印度，大多数宗教都认为一个修行者可以通过特定的修行具有某些神通，比如作为婆罗门教基本经典的《瑜伽经》就提到通过修习瑜伽可以知道往世宿命，可以隐身，预知死亡，获得大力，空中行走，获得天耳通、他心通①等。这些神通是修行者达

① 参见黄宝生翻译《瑜伽经》，商务印书馆 2016 年版，第 89—111 页。

到解脱过程中必然会具备的能力，但为了达到最终解脱，修行者又不能过分执著于这些神通。佛教作为古印度宗教文化的一支，也深受这一文化传统影响，对神通非常重视。佛教常讲的神通有神足、天眼、天耳、他心、宿命、漏尽等六神通。这六种中，只有漏尽通是佛教所独有的。实际上，神通种类是无数的。因为，佛教认为神通来自于禅定，禅定有无数种，相应的神通也就有无数种。《大智度论》卷十七中的一段话，清楚说明了神通与禅定的关系，很有代表性：

> 问曰：菩萨法，以度一切众生为事，何以故闲坐林泽，静默山间？独善其身，弃舍众生？答曰：菩萨身虽远离众生，心常不舍。静处求定，获得实智慧，以度一切。譬如服药，将身权息众务，气力平健，则修业如故。菩萨宴寂，亦复如是，以禅定力，服智慧药，得神通力，还化众生。或作父母妻子，或师徒宗长，或天，或人，下至畜生，种种语言，方便开导。①

这里的“以禅定力，服智慧药，得神通力，还化众生”一句经常被引用。这句话包含了两层意思：一，获得佛教特有神通不仅需要禅定实践，也需要佛教理论（智慧）指导。在佛教修行体系中，禅定、智慧属于“三学”中不可或缺的两项内容，只有在佛教理论指导下从事禅修实践，才能保证获得佛教的神通，而不是外道的神通。只有获得佛教神通才能达到最终解脱，达到最高果位，外道神通没有这种功能。二，修行者获得神通的目的不仅是为了自己的解脱，同时也是为了弘教传法，度化众生，这是同一修行过程的两个方面。

从原始佛教到密教，神通都是佛教修行者达到解脱必不可少的条件，特定的神通也被认为是达到某种修行成果的重要表现之一。原始佛教倡导的修行最高果位是阿罗汉，而获得阿罗汉果位者必须得“漏尽通”。东晋时翻译的《佛说箭喻经》谓：“此是义，是法，得成神通，行梵行，至等道，与涅槃相应，是故我一向记之。”这里所说的“等

① 《大正藏》第25册，第180页。

道”，与涅槃相应，也就是阿罗汉果位，达到这一果位必须要有神通。其他果位也需要有神通，《增一阿含经》云：“我自有至要之道得成正觉，眼生、智生，意得休息，得诸神通，成沙门果，至于涅槃。”沙门果就是指沙门修行的四种果位，即须陀洹、斯陀含、阿那含、阿罗汉，获得神通被看作获得沙门果位的一种表现。但总体而言，原始佛教时期，佛教特别强调通过戒定慧兼修达到内心清净，获得解脱，对于神通没有大力渲染。

大乘佛教时期，神通作为解脱成佛不可或缺的因素被大肆宣传、特殊强调。佛、菩萨的各种不可思议、不受自然规律、社会规律和思维规律制约的神通变化被详细描述，繁琐论证，神通甚至成为是否能够获得解脱的必备条件。比如在华严类经典中，被树立为修行成佛榜样的普贤菩萨能与法身契合，而契合的关键正是神通。正如魏道儒先生在《中国华严宗通史》中所指出的“于是，号召学习普贤，更主要的是鼓励修习禅定以获神通，此即为修普贤行。……作为菩萨修行样板的普贤，并不是以学问精湛、能言善变、智慧超群见长，而是以具有不可思议的神通变化，具有法身的善权方便著称”①。到了大乘密教时期，重视神通达到顶峰，追求神通几乎与追求解脱等量齐观。密教的基本修行方法咒语、手印、坛场都具有多方面的神通功能。

虽然神通对于佛教修行是必须的，或者说神通是佛教徒修行到特定阶段必然会具有的能力，但神通绝不是佛教修行要达到的目的，而且在佛教传播中神通的使用是有条件的。在原始佛教时期，佛陀并不主张过度使用神通，阿含类经典中有多处讲佛陀反对使用神通的故事，比如在《长阿含经·坚固经》中，佛陀谆谆教导比丘们：“我终不教诸比丘为婆罗门、长者、居士而现神足上人法也，我但教弟子于空闲处静默思道，若有功德，当自覆藏；若有过失，当自发露。”② 依据佛教最基本的业力学说，因果是自负的，神通的显现可以让见到神通者种下信佛之因，但以前的业力仍然会发生作用。面对释迦族的灭亡，释迦牟

① 参见魏道儒《中国华严宗通史》，江苏人民出版社 2008 年版，第 13 页。

② 《大正藏》第 1 册，第 101 页中栏。

尼无能为力，以神通著称的目犍连试图施救，最终却发现“道德神力不能免彼宿对之罪”①，正说明了神通的局限。在佛经中也记载了佛或其弟子通过向一些难以度化之人展现神通，使其皈依佛教的事情，这些充分展现了神通的作用，但按佛教原理，能够得见佛或其弟子的神通，也是因为此人前世种下了相应的因。所以，神通的作用是有限的，使用神通弘法度人是有条件的。中国佛教译经史上首位大家安世高具有多种神通，但他也无法改变自己的业因果报，需要来中国“偿对”，被人杀死②。这表明神通并不能消除业力，改变因果，逆转报应。

二　中国佛教神通传教的普遍性

在古印度社会，有两个基本观念深入人心，为绝大多数宗教和哲学派别所宣扬，这就是生死轮回和因果报应。所谓生死轮回，是指众生（五道或六道）在获得解脱之前，处于一种无始无终的轮转状态，不同的众生死而复生、生而复死，不断流转。因果报应，是指众生在生死流转中的处所和具体的境遇完全由自己的业力决定，善业会有善报，如果死时善业的力量大，就会被牵引到善处（人、天等）；恶业会有恶报，如果死时恶业的力量大，就会被牵引到恶处（地狱、饿鬼等）。基于这样的信念，各种鬼神和神通现象也被人们广泛接受。中国文化很早就形成了“人生一世”的观念，虽也有对神灵的崇拜、对神异现象的敬畏，但“神道设教”，将神异现象主要用作教化的观念始终占主导地位。人们对生命的关注大都限于一世（一生）之内，并通过血缘亲族的关系凝结成牢固的纽带，将每一个人固定在由近及远的各种关系之中，人生、人际成为最核心的问题，那些神异灵验的事情显得不很重要。当社会稳定之时，更是如此，大多数人都积极投身于现世的生活之中。一旦社会结构发生巨大变化，生死存亡成为人们切身感受的事情，就会有一些人对生命的价值进行重新思考，神异之类也会受到一定重

① 《法句譬喻经》卷2，《大正藏》第4册，第590页。
② 参见《高僧传》卷1《安清传》，第6页。

视。但总体而言，中国文化是重实际、重人伦的。对神异现象的接受和探索是有限的。

佛教的传入，为中国人考察生命现象打开了一个新的窗口。佛教虽然在两汉之际就已经传入中国，但佛教理论和实践真正在社会上产生一定影响已经到了东汉末年。安世高、支谶之后的一百五六十年，中国社会王纲解纽，天下纷争，统一的汉王朝分崩离析，先是三国鼎立，再是西晋短暂的统一，再到东晋定都建康，少数民族入主中原。社会的大动荡，使儒家经学所建立的现世秩序已经风雨飘摇，人们在痛苦犹疑中纷纷探讨生命的真正意义。于是，有玄学的兴起，有道教的建立。佛教也终于获得了大显身手的机会。作为一种外来宗教，佛教靠什么来吸引信众？佛教因果报应的学说怎样才能得到汉地民众的信服？这都是摆在传教者眼前的重要问题。佛经的翻译，为知识阶层提供了新的思想资源，但对于广大民众或者是关注实利的帝王国主，直接作用往往有限，他们需要更直接有效的东西。很多佛教的弘法传教者们正是通过治病救人、预言吉凶、遣神驱鬼等神通能力，为佛教进入中国社会开辟了一种重要途径。

翻阅从梁到宋的三部《高僧传》，我们可以看到，从佛教初传中土开始，成功的传教者大都运用神通来吸引信众，推动佛教发展。中国佛教史学家对具有神通功能的僧人非常重视，慧皎的《高僧传》分为十科，“神异”① 为第三科，仅排在“译经”和“义解”之后，可见对神异僧人的重视。其后，道宣的《续高僧传》和赞宁《宋高僧传》把“神异”改为“感通”，仍然是专门记载以神通著名的国内外僧人，在整个僧传中占有很大的篇幅（《续高僧传》共 31 卷，《感通篇》有 3 卷。《宋高僧传》共 30 卷，《感通篇》5 卷）。

仅从三部《高僧传》“神异”或“感通”类的记载来看，神通表现

---

① “神异”一词在汉译佛教中很少见。笔者检索《大正藏》，仅在鸠摩罗什翻译的《大智度论》中出现。“神通”一词却大量见于汉译佛经中，最早出现于东汉支谶译经中。“神通”在佛教中具有完全正面的意义，神异，却多少有一些异于常情。本文尊重佛教传统，除了因慧皎《高僧传》明确以“神异”命篇名外，在其他地方统称为“神通”。道宣以《感通篇》命名，显然是综合了佛教神通和中国文化中“天人感应”的思想。

形形色色，涉及各个方面，比如分身显现、预测吉凶、祈雨祈晴、降伏猛兽、显现祥瑞、治病救人、手作神像、幽冥讲经，等等。不胜枚举的神通表现形式，几乎很难划分出几个类别而概括无遗。但是，就神通本质而言，是把人的感官功能扩大到不受自然规律、社会规律和思维规律支配的地步。很多著名的僧人就是靠神通取得了统治者的信奉和支持，从而将佛教发扬光大，比如佛图澄，他之所以被石赵尊为国师，“朝会之日，常侍以下，悉助举与。太子诸公，扶翼而上”①，正是凭借了对国家大事和个人吉凶的预测能力。佛图澄的神通为佛教的发展开创了新局面，取得了“所历州郡，兴立佛寺八百九十三所，弘法之盛，莫与先矣”的效果。

实际上，在传教中运用神通手段的，并不仅仅限于神异篇和感通篇中的僧人，其他科目中，包括那些以翻译经典，讲解义理而知名的僧人中，也不乏著名的神通传教者。在我国译经史上，第一位最知名的译经僧人安世高就是极具代表性的例子。在他身上，比较全面地反映了佛教初传时期成功的外来僧人的基本风貌。就其传教而言，他在华活动时间长，可能有40年左右；他活动范围广，从北方的洛阳到南方的广州。他所具有的传教素质，所采用的传教方法、手段和内容，集中体现了此后大多数外来成功传教者的特点。安世高自幼“志业聪敏，刻意好学。外国典籍，莫不该贯，七曜五行之象，风角云物之占，推步盈缩，悉穷其变。兼洞晓医术，妙善针脉，睹色知病，投药必济。乃至鸟兽鸣呼，闻声知心”②。安世高通晓天文、风角、占卜、医学等技能，这些是此后一些成功传教者大多具备的能力。也正因为具有这些能力，使他“俊异之名，被于西域。远近邻国，咸敬而伟之”。安世高所具有的这些技能的具体内容不能确切得知，但是，其基本方面与当时汉代社会上流行的一些方术有类似之处，应该是没有问题的。应该指出的是，佛教的神通是自身固有的，并不是外来僧人迎合中国方术而采取的。

① 《高僧传》卷9，中华书局1992年版，第349页。

② 《出三藏记集》卷13，中华书局1995年版，第508页。

可以说，绝大多数佛教僧人是把显示神通作为手段，把传播佛教基本教义作为目的的。作为修行过程中必须具备的能力，神通的确有助于传教者吸引、感召信徒，获得来自僧俗两界社会各阶层人士的承认和支持。另一方面，佛教的神通无疑扩大了中国人的视野，这种不同于中国传统神仙方术的特异现象，与佛教精深系统的思想理论结合在一起，引起了更多人的关注和信仰，多少改变了中国文化的面貌。

三　中国佛教对神通的主流看法

传统的力量是强大的。来自羯胡的石赵政权，可以名正言顺地宣布“佛是戎神，正所应奉”[①]。但佛教要想在华夏文化传统中站稳脚跟，却不得不与这一社会最基本的价值体系——儒家进行调和。从儒家的观点，毫无疑问，各种各样的“神通”都是一些逆于常理，荒诞不经，观之难测，思之难解的现象，这与儒家“不语怪力乱神”的传统是相违背的。过度宣扬神通，并不利于佛教在中国的传播。随着佛教的发展，一些有远见的僧人逐渐认识到这一点，并进行多种努力。在中国佛教史上具有重要地位的道安法师就是其中最杰出的代表。道安曾就学于神异高僧佛图澄，但他“家世英儒”，深受儒家文化影响，不满于神通传教的局限，下决心“令无生之理宣扬季末，使流遁之徒归向有本”“游方问道，备访经律”，整理佛教经典，为诸多佛经作序，积极寻求在佛教义理上有所建树。道安僧团在中国佛教史上能够占据重要地位，与其僧团所体现的理性精神有很大关系。东晋名士习凿齿曾写信给谢安，向其隆重介绍道安：“来此见释道安，故是远胜，非常道士，师徒数百，斋讲不倦。无变化伎术，可以惑常人之耳目；无重威大势，可以整群小之参差。而师徒肃肃，自相尊敬，洋洋济济，乃是吾由来所未见。”[②] 习凿齿看重道安，正因为他不凭借神异灵通惑众，而靠切实修行整肃僧团。但另一方面，我们也要看到，作为佛教徒，道安对于佛教

① 《高僧传》卷9《佛图澄传》，中华书局1992年版，第352页。
② 《高僧传》卷5《释道安传》，中华书局1992年版，第178页。

的神通是信服的，在《道安传》中也记载了多种神通事件。

关于神通的产生、作用以及在佛教修行解脱体系中的地位和价值，一些杰出的中国僧人有着全面的认识。三部《高僧传》神通部分的论，都对这一问题进行了深入论述，应该说它们代表了中国佛教界对神通问题的主流看法。

慧皎《高僧传·神异》对神异的性质进行了说明："或由法身应感，或是遁仙高逸。"对神异传教进行了全面分析，指出神异传教对佛教的传播具有重要意义："神道之为化也，盖以抑夸强，摧侮慢，挫凶锐，解尘纷。"同时又指出，显示神异只是一种"权"，是为了实现"道"的一种手段，虽违背常情，但只要是善的，是可以使用的："夫理之所贵者合道也，事之所贵者济物也。故权者反常而合道，利用以成务。……光虽和而弗污其体，尘虽同而弗渝其真。"最后，强调不能随意使用神异，否则就是"夸衒方伎，左道乱时"①。

道宣《续高僧传·感通篇》将"神异"改为"感通"，认为神通在佛教中具有重要位置，"规模之道既弘，汲引之功无坠"。② 但神通并不容易获得，尤其是在像法、末法时代："像、末浇兢，法就崩离，神力静流，通感殆绝"。对于在社会上广为流传的僧人具有神通的情况，道宣采取"存而不论"的态度，却对神通传教导致的弊病，痛切批评："顷世蒙俗，情多浮滥，时陈灵相，或加褒饰，考核本据，顿坠淫邪，妖异之谚林蒸，是非之论蜂起。"道宣对神通的认识最有特点的是明确将神通与业报结合在一起，认为"命系于业，业系于心，心发既其参差，业成故亦无准。"③ 神通最终能够发挥多大的作用，能够发挥什么样的作用，与运用者和被运用者各自的业力直接相关。

赞宁《宋高僧传·感通篇》对神通的产生及其在整个佛法修行体系中的位置进行了全面论述：

---

① 《高僧传》卷10《神异》，中华书局1992年版，第398页。

② 《续高僧传》卷28《感通篇下》，中华书局2014年版，第1132页。

③ 《续高僧传》卷28《感通篇下》，中华书局2014年版，第1133页。

> 原夫室静生虚白，心静则神通。儒玄所能，我道奚若？引发静虑，自在现前，法不喧嚣，万缘都泯。智门开处，六通由是生焉。动相灭时，五眼附兹照矣。目连运用，彰何第一之名？那律观瞻，有是半头之见。迷卢入其芥子，海水嗡于毫端。不思议时，凡夫之心口两丧；神通生处，诸佛之境界一如。复次，我教法中以信解修证为准的，至若译经传法，生信也。义解习禅，悟解也。明律护法，修行也。神异感通，果证也。孰言像末无行果乎？亦从多分说也。①

这段话可以分为三个层次，第一，认为儒家、道教承认有神通，佛教的神通与儒道有相似处，但获得佛教神通需要禅定（静虑）和智慧。第二，列举佛经中以神通著称的人物，以及神通展现出来的效果。第三，结合《高僧传》的分类说明神通在整个佛教修学体系中的位置：译经、传法（慧）是生信，义解（慧）、习禅（定）是悟解，明律（戒）、护法（慧）是修行，神异、感通是果证。

综合三篇僧传的论，我们可以看出，中国佛教史学家对于神通的态度是比较客观而中肯的。作为佛教徒，他们不否认佛教神通的存在，认为神通是法身的显现，是佛教修行中获得的一种能力（或业果）。但对如何获得神通，神通在传教中如何发挥作用都采取了谨慎的态度。这固然与他们个人的素养有关，也与中国文化的传统有关。赞宁试图将佛教神通与儒家思想进行协调，《宋高僧传·感通》：

> 或曰：感通之说近怪乎？对曰：怪则怪矣，在人伦之外也。苟近人情之怪，乃反常背道之徒欤。此之怪也，非心所测，非口所宣，能至其涯畔矣。令神仙鬼物皆怪者也。仙则修炼成怪，鬼则自然为怪。佛法中之怪则异于是。何耶？动经生劫，依正法而修，致自然显无漏果位中之运用也。知此怪正怪也，在人情则谓之怪，在诸圣则谓之通。感而遂通。故目篇也。

① 《宋高僧传》卷22《感通篇》，中华书局1987年版，第576页。

感通是否为“怪”？提出这个问题的人，正是以儒家为标准的。赞宁的回答包含了三个层面：一，一般被认为“怪”的现象或事物是指违背常情、违反大道的。感通超出于人伦（儒家）之外，违背常情，是人的思维无法认识、语言无法描述的，从这个意义上，可以说它“怪”。二，佛教中的“怪”与神仙鬼物等怪是不同的，是无数劫以来修行获得的果位的变现。三，佛教中的“怪”在俗人看来是怪，在圣贤看来则是一种感应之后的通达（感通）。人通过自身的修养，可以获得一些感应，这是儒家，特别是董仲舒以来强调“天人感应”的儒家所承认的。那么佛教与儒家就没有矛盾。恰恰相反，佛教的感通，把人的行为和果报放在三世因果的视角下，正可以弥补儒家只重视此世，很难解释善恶报应的缺憾。

总之，神通是整体佛教理论和实践不可或缺的内容，没有神通功能，不能达到最终的解脱，不能显示修行的果报，同时，也不能更有效地弘扬佛教，更广泛地争取各界信众。传教者用神通传教是手段，不是目的，他们希望通过这些神通表现来弘扬佛法，为佛教的传播创造良好的环境，这样更加容易被普通民众所接受。对于人数最为众多的那些难于理解佛教哲学化义理的社会大众，特别是文化程度不高的妇女，对于那些切盼解决自己实际问题的无助者，神通具有很大的吸引力。无论是出于哪个社会阶层的人，都希望有神通，乐于接受神通。但神通的显现是有条件的，过度宣扬神通，会导致“怪力乱神”，对佛教的弘扬也是不利的，中国历史上一些有见识的高僧也都清楚认识到了这些。

（本文发表于《世界宗教文化》2018 年第 2 期）

舍身：道俗崇佛极端行为的出现和消失

从东晋后期开始，中国僧尼中出现了很多极端宗教行为，如舍身饲虎、烧身燃臂、投崖自尽，等等，这些行为可以统称为舍身。翻阅历代僧传，记载有舍身行为的高僧不在少数，梁《高僧传》卷十二“亡身篇”僧群以下十一人，《续高僧传》卷二十七“遗身篇”法凝以下正传十二人、附见二人，《宋高僧传》卷二十三“遗身篇”僧藏以下正传二十二人、附见二人等。《高僧传》记事止于天监十八年（519），《续高僧传》止于唐贞观十九年（645），《宋高僧传》止于宋太宗端拱元年（988），也就是说僧传中收录舍身的高僧遍布于东晋、南北朝、隋唐至北宋初年如此长的历史时段。但是作于明代的《大明高僧传》（此书集录南宋初至明神宗万历年中约五百年间高僧之事迹）却没有属于“舍身”类的高僧。检阅其他佛教史料，宋以后舍身的高僧也不多见。当然僧传没有记载并不表明这种行为不存在，但至少表明北宋以后在主流佛教看来这种行为逐渐失去合理性。那么这种行为出现的依据是什么，其在如此长的历史时期内兴盛的原因有哪些，这种行为对佛教和世俗社会的影响又是什么，宋以后这种行为为什么逐渐在主流佛教记载中消失？这是本文试图回答的问题。

一　中国传统的身体观

在中国传统文化观念中，身体一直受到较多重视。一般说来，先秦诸子中儒家倾向于将身体与其基本的伦理观念“孝”结合在一起，一个人能否保全自己的生命和身体，是评价其是否履行孝道的重要标准之一。所以《孝经·开宗明义章》强调："身体发肤，受之父母，不敢毁伤，孝之始也。"①《曾子大孝》中也说"身也者，父母之遗体也。行父母之遗体，敢不敬乎？"② 这时的人们对自己的身体非常重视，《曾子大孝》中详细描述了乐正子春弄伤自己脚后的忧虑心情：

> 伤瘳，数月不出，犹有忧色。门弟子问曰："夫子伤足瘳矣，数月不出，犹有忧色，何也？"乐正子春曰："善如尔之问也，吾闻之曾子，曾子闻诸夫子曰：'天之所生，地之所养，人为大矣。父母全而生之，子全而归之，可谓孝矣。不亏其体，可谓全矣。'故君子顷步之不敢忘也。今予忘夫孝之道矣，予是以有忧色。"③

乐正子春对身体的谨慎正代表儒家的一般态度，他们认为自身是父母身体的延继，保全自己身体就是对父母的尊重和孝敬。在儒家看来，即使父母去世，子女在丧礼时也应该注意保护自己的身体："居丧之礼，毁瘠不形，视听不衰……居丧之礼，头有创则沐，身有疡则浴，有疾则饮酒食肉，疾止复初。不胜丧，乃比于不慈不孝。"（《礼记·曲礼》）居丧时为了保护身体可以变通已有的规定，否则就是不慈不孝，可见孝与身体是紧密联系在一起的。

同时，儒家伦理中还有一种观念，那就是"君子杀身以成仁，不求生以害仁。"所以为了忠义而舍身在先秦儒家伦理中也具有一定地位。《史记·刺客传》记载豫让为了替智伯报仇，而"漆身为厉，吞炭为哑"，他这种行为得到了普遍赞赏，他"死之日，赵国志士闻之，皆为涕泣。"④ 但我们应该看到面对着"忠""义"和"孝"的伦理抉择时，后世虽然更强调舍生取义，先秦时期"忠""义"却未必具有绝对的优先性，如《礼记·曲礼》中规定："父母存，不许友以死。"

---

① 《孝经注疏》，北京大学出版社2000年版，第1页。

② 王聘珍：《大戴礼记解诂》卷4《曾子大孝》，中华书局1983年版，第82页。

③ 王聘珍：《大戴礼记解诂》卷4《曾子大孝》，中华书局1983年版，第85页。

④ 《史记》卷85《刺客列传》，中华书局1959年版，第2520页。

道家从养生的角度对身体也非常重视，《庄子外篇·在宥》曰："无视无听，抱神以静，形将自正。必静必清，无劳汝形，无摇汝精，乃可以长生。"[①]《庄子杂篇·让王》："见利轻亡其身，岂不惑哉！"道家之所以注重身体也与"孝"有某种联系，《庄子·养生主》："为善无近名，为恶无近刑，缘督以为经，可以保身，可以全生，可以养亲，可以尽年。"但从总体上看，道家更注重精神的解脱，很多时候以身体为负累，如《老子》第十三章："吾所以有大患者，为吾有身，及吾无身，吾有何患！"因此道家强调通过遗忘身体来获得精神解脱，《庄子内篇·大宗师》："隳肢体，黜聪明，离形去智，同于大通，此谓坐忘。"《庄子外篇·天地》："汝方将忘汝神气，隳汝形骸，而庶几乎！"

总之，先秦时期离古尚近，身体具有某种神秘性，人们普遍对身体较为重视，《庄子》里提到的一些观念也可以证明，如王骀受过刖刑，身体残废，从之游者人数众多，孔子的弟子季常疑惑不解："王骀，兀者也，从之游者，与夫子中分鲁……是何人也?"（《庄子·德充符》）又如申徒嘉，也受过刖刑，郑子产与其同师而耻与同行，当面告知"我先出则子止，子先出则我止。"（《庄子·德充符》）这些故事不一定真实，也不代表庄子本人的观点，但却反映了当时人们对身体的一种普遍看法。

秦汉以后，随着中央集权的建立，"忠义"得到了更多强调，舍生取义成为重要的价值标准，司马迁在《史记》中既对忠臣烈士舍身捐躯给予充分肯定，也对游侠"其言必信，其行必果，已诺必诚，不爱其躯，赴士之厄困"[②]的精神充满赞赏。此后，因忠义而舍身、毁身一直受到人们的赞美，如两汉之际"有犍为费贻，不肯仕（公孙）述，乃漆身为厉，阳狂以避之，退藏山薮十余年。述破后，仕至合浦太守。"[③]

同时，随着儒家本身的形式化、政治化，特别是西晋政权为了统治

① 《南华真经注疏》，中华书局1998年版。

② 《史记》卷124《游侠列传》，中华书局1959年版，第3181页。

③ 《后汉书》卷81《独行列传》，中华书局1965年版，第2668页。

需要提出“以孝治国”政策，孝行直接与政治联系在一起，出现了一些极端行为，很多人在“孝”的名义下做出了伤毁身体的事情。如有人在守丧期间“哀毁积骨”，西晋许孜“俄而二亲没，柴毁骨立，杖而能起，建墓于县之东山，躬自负土，不受乡人之助。或愍孜羸惫，苦求来助，孜昼助不逆，夜便除之。每一悲号，鸟兽翔集。孜以方营大功，乃弃其妻，镇宿墓所，列植松柏亘五六里。”[①] 晋刘殷，“及（祖母）王氏卒，殷夫妇毁瘠，几至灭性。”[②] 晋王延，“字延元。西河人也。九岁丧母，泣血三年，几至灭性。每至忌日，则悲啼至旬。”[③] 桑虞，“虞仁孝自天至，年十四丧父，毁瘠过礼。”[④] 何琦，“及丁母忧，居丧泣血，杖而后起。”[⑤]

我们应该看到上面提到的极端行为只是一些特例，对身体“不敢伤毁”的观念在传统文化中一直具有重要地位，东汉周嘉被施以宫刑时，“长叹曰：‘我平王之后，正公玄孙，岂可以刀锯之余下见先君?’遂不食而死。”[⑥] 而上文提到的桑虞，他的姐姐就对其极端孝行进行劝阻：“汝毁瘠如此，必至灭性，灭性不孝，宜自抑割。”[⑦] 又如《世说新语·德行》所载：“王安丰遭艰，至性过人。裴令往吊之，曰：‘若使一恸果能伤人，浚冲必不免灭性之讥。’”直到陈代，不能因丧亲而毁身的观念仍是主流，姚察因母丧“羸瘠毁顿”，陈后主宣旨诫谕曰：“知比哀毁过礼，甚用为忧。卿迥然一身，宗奠是寄，毁而灭性，圣教所不许。宜微自遣割，以存礼制。”[⑧]

总之，儒家伦理的多重性，使儒家对身体的观念有很大伸缩空间，在重视礼制的前提下，以保护身体为主；特殊情况下，可以舍生取义。道家重视养生，但更强调精神的超脱，强调内容重于形式。可以说，在

① 《晋书》卷88《孝友传》，中华书局1974年版，第2279页。
② 《晋书》卷88《孝友传》，中华书局1974年版，第2288页。
③ 《晋书》卷88《孝友传》，中华书局1974年版，第2290页。
④ 《晋书》卷88《孝友传》，中华书局1974年版，第2291页。
⑤ 《晋书》卷88《孝友传》，中华书局1974年版，第2292页。
⑥ 《后汉书》卷81《独行列传》，中华书局1965年版，第2694页。
⑦ 《晋书》卷88《孝友传》，中华书局1974年版，第2291页。
⑧ 《陈书》卷27《姚察传》，中华书局1972年版，第350页。

思想史上，道家所引发的玄学为佛教哲学的盛行做了思想上的准备；在社会观念上，精神重于身体的思想为中土人士接受僧尼舍身作了铺垫。

关于烧身，在佛教以前的史料中也有记载。《周礼·秋官司寇·掌戮职》言："凡杀其亲者，焚之。"又据《汉书·匈奴传下》："（王）莽做焚如之刑，烧杀陈良等。"[①] 可见烧身原是一种极重的刑罚，是统治者对违背孝亲之人所作的处罚。东汉时期出现了自焚的现象。《后汉书·独行列传》："谅辅字汉儒，……时夏大旱，太守自出祈祷山川，连日而无所降。辅乃自暴庭中，慷慨咒曰：'辅为股肱，不能进谏纳忠，荐贤退恶，和调阴阳，承顺天意，至令天地否隔，万物焦枯，百姓喁喁，无所诉告，咎尽在辅。今郡太守改服责己，为民祈福，精诚恳到，未有感彻。辅今敢自祈请，若至日中不雨，乞以身塞无状。'于是积薪柴聚茭茅以自环，构火其旁，将自焚焉。未及日中时，而天云晦合，须臾澍雨，一郡沾润，世以此称其志诚。"[②] 这里烧身成为地方官吏祈请上天感应的一种自愿行为，与此后僧尼的烧身有着大致相同的思路。

二 印度佛经对舍身的看法

对于舍身问题，不同阶段的佛教有不同看法。佛教是在佛陀舍弃苦行后创立的，所以早期佛教非常反对苦行，坚持中道。舍身作为一种自杀性行为，在原始佛教中是被坚决反对的，戒律中明确规定"烧身得偷兰遮，烧臂得突吉罗"[③]。部派佛教基本继承了原始佛教的舍身观，但在一些本缘类经典中却提到一些修行者舍身的故事，如《增壹阿含经》卷 32《力品》中讲述了过去世中"诸辟支佛即于空中烧身

① 《汉书》卷 94《匈奴传下》，中华书局 1962 年版，第 517 页。

② 《后汉书》卷 81《独行列传》，中华书局 1965 年版，第 2694 页。

③ 此处依据《法华义疏》卷 11《药王菩萨本事品第二十三》（《大正藏》卷 34，第 619 页下栏），现存汉译律典中不见此种规定。

取般涅槃”[①] 的故事。《大方便佛报恩经》卷五记载：“（毗婆尸如来）为其父母作种种神变已，即便烧身取般泥洹。时鹿母夫人收取身骨，于后园中即起四百九十九塔供养。”[②] 在《分别功德论》这部被认为是产生于由部派向大乘过渡时期的作品中记载了佛陀前世为菩萨时舍身饲虎的故事。[③] 这些故事只是一些本生故事，在部派佛教中并不占有很大比例，对其描述也非常简单。另一方面，部派佛教经典中也有各种故事明确反对现实中的舍身行为，甚至将是否主张舍身作为佛教与外道区别的重要标志。《杂宝藏经》记载了一则故事：佛在舍卫国时，度化外道，有五百外道因为徒众散尽，便想“烧身早就后世”，结果被佛陀度化，皈依佛门。[④] 《佛说未曾有因缘经》中钵底婆比丘度化提违的故事也涉及舍身，提违是婆罗门种，她夫丧守寡，没有儿女，也没有父母。婆罗门师便劝她烧身，钵底婆前去阻止，提出了反对舍身的理由：

> 汝身罪业，随逐精神，不与身合。徒苦烧身，安能灭罪？夫人祸福，随心而起。心念善故，受报亦善。心念恶故，受恶果报。心念苦乐，受报亦尔。如人饿死，则作饿鬼。苦恼死者，受苦恼报。欢喜死者，受欢喜报。安隐快乐，果报亦尔。汝今云何，于苦恼中，求欲灭罪，望善报也。幸可不须，于理不通。
>
> 复次，提违！如困病人，为苦所逼。若有恶人，来至其所，呵骂病人，以手挎耳，于意云何。尔时病人，宁有善心，无忿恼不。”提违答言：“其人困病，未见人时，常怀忿恼，况被挎耳，而当无忿。”辩才告曰：“汝今如是，先身罪故，守穷抱厄，常怀忧恼。复欲烧身，欲离忧恼，当可得不？如困病人，得人呵骂，尚

① 《大正藏》卷2，第723页中栏。

② 《大方便佛报恩经》卷5，《大正藏》第3册，第149页中栏。

③ 《分别功德论》卷2，《大正藏》第25册，第35页中栏。《中华佛教百科全书》认为：“本书虽属小乘论，然内容论及六度与十住，又认可大乘戒与小乘戒，在思想上与般若经颇为类似。日本学者神林隆净以为本书一方面代表部派中大众部的思想，另一方面也显示出由《增一阿含经》转向初期大乘的般若经思想的迹象。”

④ 《杂宝藏经》卷8，《大正藏》第4册，第488页中栏。

增苦恼，百千万倍。况自烧身，猛炎起时，身体焦烂，气息未绝，心未坏故。当尔之时，身心被煮，神识未离，故受苦毒，烦闷心恼，从是命终，生地狱中。地狱苦恼，尤转增剧，百千万倍。求免甚难，况欲烧身求离苦也。

复次，提违！譬如车牛厌患车故，欲使车坏。前车若坏，续得后车，扼其项领，罪未毕故。人亦如是，假令烧坏百千万身，罪业因缘相续不灭。如阿鼻狱，烧诸罪人，一日之中，八万过死，八万更生，过一劫已，其罪方毕。况复汝今，一过烧身，欲求灭罪，何有得理？①

这段话包含三个方面：一，罪业跟随精神，与身体没有关系，烧身不能灭罪，而且祸福随心而起，心念善就得善报，念恶就得恶报，烧身时心念烦恼，不可能得到善报；二，烧身本身就很痛苦，而且会生地狱中；三，人的心和身就像牛车中牛和车的关系，即使换身体，罪业也会相续不灭，就像牛换了车，还是不能改变被“扼其项领”的状况。总之，烧身对于灭罪和解脱是无济于事的。《正法念处经》在解释烧身所得恶报时，也基本持以上看法，②并认为烧身这种行为是持邪见者所为。③

大乘佛教对舍身的看法比较复杂，在有些大乘经中极力宣扬佛陀的前世或菩萨舍身的故事，如《金光明经》卷四《舍身品》就在《分别功德论》的基础上对佛陀前身摩诃萨埵太子舍身饲虎的故事极力渲染，《正法华经·药王品》更是详尽记载了药王菩萨的烧身供养行为：

众生喜见菩萨，从定意起重自思惟，虽用杂物供养于佛，不能畅尽至真之德，以身供养尔乃无上。寻如所念，断绝五谷，专食众香。众香华汁而以饮之，日使身中内外皆香。如是服香竟十二年，

① 《佛说未曾有因缘经》卷1，《大正藏》第17册，第581页下栏。

② 《正法念处经》卷10：“彼人现世烧身受苦，如是人中人火所烧，身坏命终，堕于恶处，饶骨髓虫地狱处生，受大苦恼。”《大正藏》第17册，第58页中栏。

③ 《正法念处经》卷10，《大正藏》第17册，第58页下栏。

复和众香以涂其体，香油润衣，而立誓愿以身为灯，为一切故，即然其身供养诸佛。以精诚故，其光遍照八十江河沙诸佛世界。应时诸佛同声赞曰："善哉，善哉，族姓子！精进乃尔，世之希有，斯真供养如来经典。乃为众生忍苦不劳，超踰天人一切所行。国财妻子施所不及，供养之中，为尊为上，为最为长，为无畴匹。以身施者乃成法施。"诸佛世尊叹是德已，则便默然。于时菩萨自然其身，千二百岁，火故不灭。用一心故，无有苦患。于是之后，火焰乃息。勤修精进供养法故，于是终没还生其世。[①]

这段材料可注意者有二：一，如果说本生故事中舍身是为了"现实"中利益众生（如饲虎），药王菩萨的舍身则纯粹是一种对佛的供养；二，这里将供养分为两类，以物供养和以身供养，认为以身供养在供养中最为尊上。《大智度论》继承这一思想，并进一步发挥：

如释迦牟尼佛初发心时，作大国王，名曰光明。求索佛道，少多布施。转受后身作陶师，能以澡浴之具及石蜜浆，布施异释迦牟尼佛及比丘僧。其后转身作大长者女，以灯供养憍陈若佛。如是等种种名为菩萨下布施。如释迦文尼佛，本身作长者子，以衣布施大音声佛。佛灭度后起九十塔。后更转身作大国王，以七宝盖供养师子佛。后复受身作大长者，供养妙目佛上好房舍及七宝妙华，如是等种种名为菩萨中布施。如释迦牟尼佛本身，作仙人见憍陈若佛端政殊妙，便从高山上自投佛前，其身安隐在一面立。又如众生喜见菩萨，以身为灯供养日月光德佛，如是等种种不惜身命供养诸佛，是为菩萨上布施。是名菩萨三种布施。若有初发佛心布施众生亦复如是，初以饮食布施，施心转增能以身肉与之；先以种种好浆布施，后心转增能以身血与之；先以纸墨经书布施，及以衣服饮食四种供养供养法师。后得法身为无量众生，说种种法而为法施。[②]

---

① 《正法华经》卷9，《大正藏》第9册，第125页上栏。

② 《大智度论》卷12，《大正藏》第25册，第150页中栏。

将舍身作为菩萨三种布施中的上布施，可见《大智度论》对菩萨舍身还是极为重视的。另一方面我们也应该看到，这些经论中强调舍身只是为了突出菩萨为普渡众生舍弃自己的精神，因为身体是最难舍弃的，菩萨能够舍弃，正表明其“众生度尽，始能成佛”的决心，并没有要求一般僧尼去舍身，而且这些舍身的菩萨已经达到了佛教修行中很高的阶段，一般僧尼不能随意去模仿。所以一些大乘经中仍然继承早期佛教的基本思想，对外道的舍身行为提出批评，如《大般涅槃经》：

> 复次，善男子！菩萨摩诃萨住是地中，知而不见，云何为知。知自饿法，投渊赴火，自坠高岩，常翘一脚五热炙身，常卧灰土、棘刺、编椽、树叶、恶草、牛粪之上，……如是等法能为无上解脱因者，无有是处。①

就是说象舍身这类苦行，不是佛教所主张的“无上解脱因”，佛教并不提倡。

总之，对于舍身，原始佛教和部派佛教从个人修行立论，认为舍身并不能解除业报，是不利于解脱的，同时为了与外道相区别，他们坚决反对舍身；大乘佛教从普渡众生出发，赞美菩萨舍身的行为，但并没有要求普通僧众舍身，一些大乘经典也明确表明了对舍身的反对。从现实来看，“印度大多数佛教徒无论什么时候都尊奉早期部派，反之大乘自始至终只是一种少数派的运动：只是在印度之外的某些国家（中国和西藏和其他从大乘佛徒引入佛教的国家）中大乘完全取代了较早的佛教。”② 印度佛教徒中也没有舍身的记载。对此许理和在《佛教征服中国》中有简要论述，他指出：“当然这后一种行为（严重的毁身情况，有时甚至是宗教性的自杀）违背了佛教精神，佛教尤为反对这种

① 《大般涅槃经》卷15，《大正藏》第12册，第704页中栏。

② 渥德尔：《印度佛教史》，商务印书馆1987年版，第346页。

极端的自残形式。有无数故事讲到，菩萨为了其他的众生舍弃自己的肉身。在本生故事中，也有一些最为著名的例子，它们均被用来赞颂最完美的‘忍’的理想以及佛教圣人无量的慈悲精神。在印度佛教中，它们从未被解释为要求此岸僧人仿效的既定行为准则。”[①]

三　中古僧尼舍身行为的流行

由于现存的佛教史料主要记载僧尼中的上层，我们无法确切知道事实上中国僧尼的舍身行为是从何时开始，[②] 只能大致推算这种行为引起上层注意的年代。《高僧传·亡身》记载的第一位舍身高僧是释僧群，他为了避免伤害折翅鸭而“绝水不饮，数日而终”。僧群在临终前还宣传说，自己年少时，折一鸭翅，认为这是现报。[③] 这则故事的神异色彩浓重，行为方式比较温和，我们不将其作为最早的舍身行为。《高僧传》接下来记载的高僧是释昙称，传中提到其舍身是在宋初，汤用彤先生应该是据此将释昙称之后没有明确舍身时间的释僧富、释法羽也定为刘宋时期。但这种时间划分并不可靠，首先《高僧传》记载的同类高僧不一定严格按照其死亡时间排列，如《义解》中竺法汰死于东晋太元二十年（395），释昙冀卒于太元十九年（394），但法汰却位于昙冀之前。其次，释僧富的舍身时间虽然无法确定，但他是在释道安死后舍身的，据《释道安传》，释道安死于太元十年（385）[④]。根据释僧富传中“还魏郡廷尉寺，下帏潜思。绝事人间。时村中有劫，……即自取劫刀划胸至脐……”[⑤] 的语气，其舍身行为应该距离道安死后不太长的时间，而不可能发生在道安死后三十五年的刘宋时期。释法羽舍

① 许理和：《佛教征服中国》，江苏人民出版社2003年版，第351页。

② 东晋成帝时何充等在《三奏不应敬事》表中提到“今沙门之慎戒专专然，及为其礼，一而已矣。至于守戒之笃者，亡身不吝，何敢以形骸而慢礼敬哉？”（《弘明集校笺》卷12，上海古籍出版社2013年版，第669页）似乎东晋时已有亡身的沙门，但佛教戒律实际上反对亡身，何充之言重在突出僧尼遵守戒律的精神，未必指涉具体事实。

③ 《高僧传》卷12《释僧群》，中华书局1992年版，第445页。

④ 《高僧传》卷5《释道安》，中华书局1992年版，第183页。

⑤ 《高僧传》卷12《释僧富》，中华书局1992年版，第448页。

身的时间则大致可考，《高僧传·释法羽》：

> 释法羽，冀州人。十五出家，为慧始弟子。始立行精苦，修头陀之业。羽操心勇猛，深达其道。常欲仰轨药王，烧身供养。时伪晋王姚绪镇蒲阪，羽以事白绪，绪曰："入道多方，何必烧身？不敢固违，幸愿三思。"羽誓志既重，即服香屑，以布缠体，诵《舍身品》竟，以火自燎。道俗观视，莫不悲慕焉。时年四十有五。[①]

据《晋书·姚兴载记》，姚绪被封为晋王是在后秦皇初元年（394），同书同卷云："慕容永既为慕容垂所灭，河东太守柳恭等各阻兵自守，兴遣姚绪讨之。恭等依河距守，绪不得济。镇东薛强先据杨氏壁，引绪从龙门济河，遂入蒲坂。"据《资治通鉴》卷108慕容永被灭是在皇初元年八月，那么姚绪镇蒲阪应在此之后。《晋书·姚兴载记》又载："兴以日月薄蚀，灾眚屡见，降号称王，下书令群公卿士将牧守宰各降一等。……大赦，改元弘始。……姚绪、姚硕德固让王爵，许之。"据此弘始元年（399）后姚绪不再是晋王，而成为晋公，《资治通鉴》卷112称姚绪为晋公，可见姚绪为晋王的时间是从皇初元年（394）到弘始元年（399）。那么释法羽烧身也应该发生在这一时期内。总之，即使这些僧尼不是事实上最早的舍身者，但至少舍身行为引起注意是在东晋末年，而不是刘宋时期。著名的佛教居士宗炳在433年写的《明佛论》中有"而于其中有作沙门而烧身者"之语，此后宗炳《答何衡阳难释白黑论》中也引用世俗人的观点："今诞以不灭，欺以成佛，使髡首赭衣焚身然指。"可见刘宋以后烧身已经引起了广泛关注。

中国僧尼的舍身行为可以仿照佛经中的本缘故事分为两类：一类是烧身供养；一类是为了消灾或救济他人。其中烧身僧尼是舍身僧尼中的大多数，我们先来看这些僧尼。僧传中最早烧身的僧尼是上文提到的释法羽，释法羽烧身的经典依据是药王烧身的故事，这个故事记载于《法华经》，现存汉译《法华经》有如下三种：竺法护译《正法华

---

① 《高僧传》卷12《释法羽》，中华书局1992年版，第449页。

经》十卷二十七品（286年）[①]、鸠摩罗什译《妙法莲华经》八卷(406)、阇那崛多与达磨笈多译《添品妙法莲华经》七卷二十七品(601)。结合释法羽烧身时间，其所依据的经典是竺法护所译《正法华经》中的《药王品》。到释法羽的时代，《正法华经》已经被译出一百多年，为何只有到这时烧身供养才被僧尼实践？首先，这与佛教的发展密不可分。佛教传入汉地后在很长一段时间内被视为一种道术，并没有引起人们太多注意，东汉末年，随着第一批佛经的大量翻译，佛教才逐渐兴盛起来。但直到东晋十六国之前，佛教发展的规模还比较有限，一方面客观上中国僧人按照自己已有的文化心理去理解佛教，难免有很多曲解，另一方面中国僧人从主观上会尽量模仿印度或西域僧人的行为，所以更多迎合，而很少主动创造。《正法华经》中有药王烧身的故事，现实中来华的僧人中却没有烧身的行为，这时的中国僧人自然不会主动创造。同时从早期中国佛教文献《牟子理惑论》[②]中我们可以看出当时人们对佛教的看法。《牟子理惑论》中反对佛教的一条重要理由就是僧尼剃头，不符合儒家“身体发肤，受之父母，不敢毁伤”的教导。[③]在这种舆论压力下，僧尼不可能创造出烧身这种极端的宗教行为。但是经过魏晋时期的酝酿，到东晋后期佛教已经取得了很大发展，佛教伦理逐渐取得独立地位，僧尼可以结合自己的实践进行创造，此后一段时间内出现了大量讨论佛教伦理的文章，如郑道子、范伯伦与高僧关于踞食问题的争论[④]、释慧远和何承天关于沙门袒服的讨论[⑤]等等，这些都表明随着佛教的发展，中国僧尼开始有了自己的创造和发挥。

---

① 《出三藏记集》卷2，中华书局1995年版，第32页。

② 关于《牟子理惑论》的成书年代学术界存在着各种看法，汤用彤先生认为是在汉末（《汉魏两晋南北朝佛教史》第85页），吕澄先生则认为是此书作于晋宋之间（《中国佛学源流略讲》，中华书局1979年版，第27页）。

③ 《广弘明集》卷1《牟子理惑论》，《大正藏》第52册，第2页下栏。

④ 《弘明集校笺》卷11，有五篇文章讨论这个问题：《郑道子与禅师书论踞食》《范伯伦书与王司徒论踞食》《义法师答范伯伦书（并范重答）》《范伯伦与生观二法师书》《范伯伦踞食表并诏往反四首》。

⑤ 《弘明集校笺》卷12，上海古籍出版社2013年版，第645—661页。

其次，僧尼根据自己对佛教的理解进行创造时为什么会选择烧身这种极端行为？葛兆光在对道教“涂炭斋”的解释中指出：“这种自我折磨甚至自我毁伤的忏仪，正如胡适所说的那样，是一种世界性的宗教现象，它基于一种联想出来的同情心和怜悯心，宗教徒觉得，神与人一样对那种用最痛苦的方式向神表达信仰的行为，会因为同情而认可。我相信，在那个时代可能宗教徒还有一种想法，就是凡要学仙长生或投身净土，希望解除困厄或超越苦海的信仰者，必须付出一定的代价，这种代价并不是用金钱和祭品可以代替的，必须以自己亲身经历痛苦和忍耐，与神灵交换信任，这种心理在各种宗教中间很普遍，道教和佛教两家，甚至儒家都有……”① 这种从宗教心理角度进行的解释非常精彩，只是对佛教而言，就不完全符合历史事实，印度佛教一开始就是作为反对极端苦行的宗教而出现的，对于僧尼，制定了很多戒律，但这些戒律大都是一些生活规范，而没有那种极端的苦行，只是佛教传入中国后才越来越具有苦行的特点。就烧身这个问题，前面已经提到印度僧尼中基本上不存在这种现象，即使个别印度僧尼曾经烧身，但僧传中记载的来华僧尼却没有烧身的，所以中国僧尼的烧身应该是一种“创造”。可以说葛兆光的解释对中国佛教而言是非常适合的。我们知道鸠摩罗什之前的佛经翻译大都是不系统的，不是每一派的经典都被系统地翻译，而是遇到什么就翻译什么，这时中国僧尼接触的佛经非常混杂，各派理论纠缠在一起，难免矛盾歧义处，对于很多僧尼而言，通过理论在理性的基础上建立对佛教的信仰是很难实现的。这时佛教戒律还没有传译，僧伽制度还很不完善，僧尼为了信仰的缘故通过制造极端宗教行为为自己树立明确的可以实现的目标，就可以缓解心理压力。对外界而言，由于人们通常认为那些一般人无法做出的行为具有神圣性。烧身以及在烧身过程中僧尼通过某种宗教技术所体现出来的“神异”可以增强佛教的神秘性，激发民众的宗教热情，促进其对佛教的信仰，从而为佛教的发展创造良好的条件。这从释法羽烧身时

① 葛兆光：《屈服史及其他：六朝隋唐道教的思想史研究》，生活·读书·新知三联书店2003年版，第48页。

"道俗观视，莫不悲慕"可以得到很好的证明，此后僧尼烧身时，这种功效也一直保持，如释慧益烧身时，"贵贱哀嗟，响振幽谷，莫不弹指称佛，惆怅泪下。"[①] 释僧瑜，"道俗知者奔赴弥山，并稽首作礼，愿结因缘。"[②] 道综尼，"道俗咨嗟，魔正同骇。率土闻风，皆发菩提心。"[③] 南北朝时期最能激发人们宗教情绪的一次烧身应该算梁代傅大士的烧身了，《续高僧传·慧云》："东阳郡乌伤县双林大士傅弘者，……且知梁运将尽，救愍兵灾，乃然臂为炬，冀攘来祸。"[④]《景德传灯录》对傅大士烧身的场景有比较详细的描述："太清二年，大士誓不食，取佛生日焚身供养。至日，白黑六十余人代不食烧身，三百人刺心沥血和香，请大士住世。大士愍而从之。"[⑤] 可见烧身所具有的强烈感染力。

释法羽在烧身前曾告诉后秦晋王姚绪，姚绪并不赞同烧身，但却没有坚决反对，而是劝说："入道多方，何必烧身？不敢固违，幸愿三思。"释法羽并没有接受晋王的意见，依然采取烧身行为。这段简短的史料也许包含着僧尼烧身的良苦用心，姚绪是后秦国主姚兴的叔父，位高权重，他非常崇奉佛法，曾邀请释道安的同学释法和前往蒲阪讲经。释法羽将自己烧身的计划告诉姚绪，可能是由于和姚绪的私人情谊，但将自己的计划告诉一位统治者，至少还可以包含以下意义：一、引起统治者的注意，扩大宣传效果；二、试探统治者的意向，征求统治者的同意，避免引起政教冲突。即使释法羽不是事实上中国第一个烧身的僧尼，但只有他的烧身行为才引起了人们的重视，成为僧传中最早的烧身僧尼，这与他对烧身的宣传是分不开的，可以说他通过崇尚佛教的姚绪对自己的烧身进行了很好的宣传，使这种极端宗教行为没有受到很大阻力就被道俗所接受。将烧身计划告知统治者的宣传方式，也被后世很多高僧所遵循。比如，刘宋时期释慧益烧身前"以帝王是兆民所凭，又三宝所寄，乃自力入台。至云龙门，不能步下。令人启

---

① 《高僧传》卷12《释慧益》，中华书局1992年版，第453页。

② 《高僧传》卷12《释僧瑜》，中华书局1992年版，第451页。

③ 《比丘尼传》卷2，《大正藏》第50册，第940页下栏。

④ 《续高僧传》卷26，中华书局2014年版，第1008页。

⑤ 《景德传灯录》卷27，《大正藏》第51册，第430页下栏。

闻：慧益道人今舍身，诣门奏辞，深以佛法仰累。帝闻改容，即躬出云龙门。益既见帝，重以佛法凭嘱，于是辞去。”①

南北朝僧尼烧身时往往有大量道俗人士观看，这对宣扬佛教具有一定效果，也为佛教僧团积聚了大量财物。中国佛教徒一开始没有固定的收入来源，僧尼取得布施并不容易，这种情况直到东晋中期仍然很严重，《高僧传·释慧受》：

> 释慧受，安乐人。晋兴宁中，来游京师。蔬食苦行，常修福业。尝行过王坦之园，夜辄梦于园中立寺，如此数过。受欲就王乞立一间屋处，未敢发言，且向守园客松期说之。期云：“王家之园，恐非所图也。”受曰：“若令诚感，何忧不得?”即诣王陈之，王大喜，即以许焉。初立一小屋，每夕复梦见一青龙从南方来，化为刹柱。受将沙弥试至新亭江寻觅，乃见一长木随流来下。受曰：“必是吾所见者也。”于是雇人牵上，竖立为刹，架以一层。道俗竞集，咸叹神异。坦之即舍园为寺，以受本乡为名，号曰安乐寺。东有丹阳尹王雅宅，西有东燕太守刘斗宅，南有豫章太守范宁宅，并施以成寺。②

这段材料曲折反映了僧尼获得布施的艰难，释慧受想要王坦之施舍一间屋，竟然“未敢发言”，还要通过一些神异故事向王坦之的守园客松期征询意见，而松期认为“王家之园，恐非所图也”，虽然最后慧受通过神异宣传得到了王坦之的允许，但王坦之一开始的支持力度很小，只是立一小屋，后来慧受又通过进一步的神异才使王坦之舍园为寺。南朝初期这种情况并没有太多改善，善妙尼，“有妹婿亡孀居，无所依托，携一稚子寄其房内。常闻妙自慨生不值佛，每一言此，流涕歔欷，悲不能已。同住四年五年，未曾见其食。妹作食熟，呼妙共食。妙云适于某处食竟，或云四大不好，未能食。如此积年，妹甚恨愧，白言：

① 《高僧传》卷12，中华书局1992年版，第452页。

② 《高僧传》卷13《释慧受》，中华书局1992年版，第481页。

‘无福婿亡，更无亲属，携儿依姊，多所秽乱。姊当见厌，故不与共食耳。’流泪而言，言已欲去。妙执其手喻之曰：‘汝不解我意，我幸于外得他供养，何须自损家中食。’”[①]。善妙尼在经济上的局促充分显示了早期僧尼获得布施的艰难，他们获得布施的方式也往往夹杂着神异宣传。烧身作为一种极端宗教行为本身具有神异性质，再加上僧尼烧身前的广泛宣传，往往能够吸引大量道俗人士前往观看。如释僧瑜烧身时，“道俗知者，奔赴弥山。”[②] 释僧庆烧身，“道俗侨旧，观者倾邑。”[③] 布施财物也成了观看烧身的一项基本内容，上引释慧益烧身时，“诸王妃后，道俗士庶，填满山谷，投衣弃宝，不可胜计。”[④] 释僧崖烧身时，“于时人物喧扰，施财山积。”[⑤] 轰轰烈烈的烧身行为提高了佛教的感染力，打动了道俗人士的内心，赢得了他们的大量布施，为僧团发展提供了一定经济基础。

另一种类型的舍身是为了拯救其他人或众生而舍弃自己，如释昙称：

> 宋初彭城驾山下虎灾，村人遇害，日有一两。称乃谓村人曰：“虎若食我，灾必当消。”村人苦谏不从，即于是夜，独坐草中，咒愿曰：“以我此身，充汝饥渴，令汝从今息怨害意。未来当得无上法食。”村人知其意正，各泣拜而还。至四更中，闻虎取称，村人逐至南山，啖身都尽，唯有头在，因葬而起塔，尔后虎灾遂息。[⑥]

又如释法进：

---

① 《比丘尼传》卷2《蜀郡善妙尼传》，《大正藏》第50册，第939页中栏。
② 《高僧传》卷12《释僧瑜》，中华书局1992年版，第451页。
③ 《高僧传》卷12《释僧庆》，中华书局1992年版，第454页。
④ 《高僧传》卷12《释慧益》，中华书局1992年版，第452页。
⑤ 《续高僧传》卷29《释僧崖》，中华书局2014年版，第1143页。
⑥ 《高僧传》卷12《释昙称》，中华书局1992年版，第446页。

（沮渠安）周既事进，进屡从求乞，以赈贫饿，国蓄稍竭，进不复求。乃净洗浴，取刀盐，至深穷窟饿人所聚之处，次第授以三归。便挂衣钵著树，投身饿者前云："施汝共食。"众虽饥困，犹义不忍受。进即自割肉，和盐以啖之。两股肉尽，心闷不能自割，因语饿人云："汝取我皮肉，犹足数日，若王使来，必当将去，但取藏之。"饿者悲悼，无能取者。须臾弟子来至，王人复看。举国奔赴，号叫相属，因舆之还宫。周敕以三百斛麦以施饿者，别发仓廪以赈贫民。至明晨乃绝，出城北阇维之。烟炎冲天，七日乃歇。尸骸都尽，唯舌不烂。即于其处起塔三层，树碑于右。①

再如释僧富：

时村中有劫，劫得一小儿，欲取心肝以解神。富逍遥路口，遇见劫，具问其意，因脱衣以易小儿，群劫不许。富曰："大人五藏亦可用不?"劫谓富不能亡身，妄言亦好。富乃念曰："我幻炎之躯，会有一死，以死济人，虽死犹生。"即自取劫刀划胸至脐，群劫更相咎责，四散奔走，即送小儿还家。②

这种类型的舍身，更多是基于现实考虑，是为了拯救别人，体现了一种舍己为人的精神，并不是纯粹的宗教行为。这种行为可以很好地宣扬佛教，有时甚至可以促使统治者改善现实政策。

隋唐以后僧尼的舍身行为逐渐呈现出一些新的特点，首先僧尼舍身的方式更加多样，有烧身燃臂者，有舍身饲虎者、有投崖投江者、有以身饲虫者、刺血写经者等等，而烧身在舍身中的比重明显下降，《续高僧传·遗身》正传记载隋唐时期高僧共 9 人，其中烧身者只有 2 人（其中之一仅仅烧臂），《宋高僧传·遗身》共记载唐至宋初舍身高僧 22 人，其中真正烧身者只有 5 人（还有 5 人或烧指或燃臂，两人欲烧

---

① 《高僧传》卷 12《释法进》，中华书局 1992 年版，第 447 页。

② 《高僧传》卷 12《释僧富》，中华书局 1992 年版，第 448 页。

身却没有实现）。

其次，僧尼舍身时的规模已经远远不能与南北朝时期相比。就烧身而言，这时很多僧尼烧身已经不再通知道俗，而是秘密进行，南北朝时也有僧尼烧身时秘密进行，如释昙弘，“诵《无量寿》及《观经》，誓心安养。以孝建二年（455）于山上聚薪，密往中，以火自烧。”① 但这毕竟是少数，僧传中提到的隋唐时期僧尼烧身却有很多是秘密进行的，唐太宗时释会通，“读《法华经》至《药王品》，便欣厌舍，私集柴木，誓必行之。以贞观末年，静夜林中，积薪为窟，诵至《药王》，便令下火。”②（唐顺宗）时期释无染，“遂命季氏赵华将蜡布两端、粗麻一束、香汁一斗于中台顶，从旦至暮，礼拜焚香，略无暂憩，都不饮食。……赵氏怪其所以，陟彼崔嵬，见染不移旧，转更精专。染谓赵曰：吾有密愿，汝与吾助缘，不得相阻。为取蜡布麻油，将来缠裹吾身，于夜半子时要然身供养诸佛。吾若得道，相度汝也。赵氏谏之，苦劝不止。”③ 当然也有僧尼烧身时周告道俗，如《续高僧传·释会通》“贞观之初，荆州有比丘尼姊妹，同诵《法花》，深厌形器，俱欲舍身。……周告道俗，克日烧身。以贞观三年二月八日，于荆州大街置二高座，乃以蜡布缠身至顶，惟出面目。众聚如山，歌赞云会。”④ 但这种情况已经是少数。僧尼烧身时的宏大场面已不多见，往往是烧身后才得到僧俗的宣扬顶礼，《弘赞法华传》：

> （释昙猷）以乾封元年，行至像所，祈诚弘誓，愿无缘障。……猷以蜡布自手顶双爇，愿得久烧久供养，不愿早终。火及两腕，色貌无改。火至眉额，说法如初。怡然一心，目瞩瑞像。……僧徒咸惧，恐无遗骸，莫知烧相，请留一验，以示含识。及后总成灰烬，唯余髅骨。明旦，合州奔赴，官寮咸萃，顶礼围

① 《高僧传》卷12《释昙弘》，中华书局1992年版，第456页。

② 《续高僧传》卷29《释会通》，中华书局2014年版，第359页。

③ 《宋高僧传》卷23《唐五台山善住阁院无染传》，中华书局1987年版，第586页。

④ 《续高僧传》卷29《释慧通》，中华书局2014年版，第359页。

绕，叹恩而还。①

可见其烧身时只有僧徒在场，僧徒的恐惧也表明他们对烧身的宣示效果有了怀疑，所以直到烧身结束后，才进行宣传，使“合州奔赴，官寮咸萃”。释束草师也是在烧身后，才“众皆称叹，民多观礼焉”②。

对此我们可以这样理解，烧身行为相对于其他的舍身行为具有更强的感官刺激，因而也具有更大的宣传效果。从时间上讲，烧身是一个较长的过程，而烧身者在这一过程中承受的肉体痛苦，显然也会更加强烈。僧尼在这一过程中表现出来的镇定自若以及他们对《药王品》的诵读更增强了佛教的神异色彩，更能打动观看者的内心，因而从统治者的角度看，烧身时大量道俗人员的参加就隐含着更多危险因素。唐代以后专制集权进一步加强，帝王个人对佛教缺乏真正的信仰，必然会对佛教更多防范，因此僧尼不再将烧身作为主要的舍身方式，烧身时也大都不会再通知统治者和世俗社会。

其他舍身方式除了那些为救助他人或其他众生的情况外，也大都秘密进行，如唐代释玄览，“密去至京东渭阴洪陂坊侧，且临渭水，称念礼讫，投身滢中。众人接出，览告众曰：‘吾誓舍身命久矣，意欲仰学大士，难舍能舍。诸经正行，幸勿固遮，两妨其业。’众悟意故，乃从之，即又入水，合掌称十方佛，广发弘愿已，投于旋涡中。”③ 后晋释志通“（投崖）初通去不白众，遂分人各路寻觅。”④

总之，隋唐以后舍身这种极端的宗教行为规模逐渐缩小，影响也不断减退，宋中期以后甚至退出主流佛教，成为一种近似邪辟的行为。那么这种变化是如何实现的，这种变化对于佛教和中国社会又有什么意义？我们试从佛教界和世俗社会对舍身的态度来解释其中的关键。

① 《弘赞法华传》卷5，《大正藏》第51册，第24页下栏。

② 《宋高僧传》卷23，《唐京兆菩提寺束草师传》，中华书局1987年版，第590页。

③ 《续高僧传》卷29，中华书局2014年版，第1160页。

④ 《宋高僧传》卷23《晋凤翔府法门寺志通传》，中华书局1987年版，第595页。

四 佛教界对舍身的态度

佛教界对第二种类型的舍身基本持赞赏态度，如释慧皎："夫有形之所贵者身也，情识之所珍者命也。……自有宏知达见，遗己赡人。体三界为长夜之宅，悟四生为梦幻之境。精神逸乎蜚羽，形骸滞于瓶谷。是故摩顶至足，曾不介心。国城妻子，舍若草芥。今之所论，盖其人也。僧群心为一鸭，而绝水以亡身。僧富止救一童，而划腹以全命。法进割肉以啖人。昙称自喂于灾虎。斯皆尚乎兼济之道，忘我利物者也。昔王子投身，功踰九劫；刳肌贸鸟，骇震三千。惟夫若人，固以超迈高绝矣。"①

对于烧身，佛教界的态度并不一致，不同时期呈现出不同特点。南北朝时期，佛教界对烧身的态度比较多元。一方面这时很多涉及烧身的佛教经典被翻译成汉文，如上文提到的《大智度论》，鸠摩罗什弘始七年（405）译出，《金光明经》，昙无谶玄始六年（425）译出。《法华经》也第二次被翻译，并广泛流传开来。北魏延兴二年（472）西域沙门吉迦夜与释昙曜合译《杂宝藏经》。② 此外，北凉沙门法众翻译的《大方等陀罗尼经》也有佛陀前世为王子时烧身的故事③。南朝僧尼编写或撰述的佛学著作也多有涉及舍身者，如梁释宝唱天监十五年（516）编成的《经律异相》就选编了"昙摩绀（太子）为法烧身火坑变为花池"④ 和"提韦婆罗门女无子自焚遇辩才沙门闻法悟解"⑤ 的故事。《出三藏记集》还收录有专门的《烧身臂指缘记》（出《法华经》）⑥。另一方面佛教戒律被系统翻译过来，戒律中明确规定僧尼不得自杀⑦。但 5 世纪后

---

① 《高僧传》卷 12《亡身》论，中华书局 1992 年版，第 456 页。

② 《历代三宝纪》卷 9，《大正藏》第 49 册，第 85 页中栏。

③ 《大方等陀罗尼经》卷 1，《大正藏》第 21 册，第 646 页下栏。

④ 《经律异相》卷 31，《大正藏》第 53 册，第 162 页下栏。

⑤ 《经律异相》卷 38，《大正藏》第 53 册，第 204 页上栏。

⑥ 《出三藏记集》卷 12，中华书局 1995 年版，第 476 页。

⑦ 盛行于南北朝的《十诵律》就规定"若比丘。若人若人类。故自夺命。若持刀与教死叹死。作如是言。人用恶活为。宁死胜生。随彼心乐死。种种因缘教死叹死。死者是比丘波罗夷不应共住。"卷 2，《大正藏》第 23 册，第 8 页中栏。

半期中国僧人撰写的大乘菩萨戒经典《梵网经》对烧身却持有一种赞赏态度：“见后新学菩萨，有从百里千里来求大乘经律，应如法为说一切苦行，若烧身、烧臂、烧指。若不烧身臂指供养诸佛，非出家菩萨。乃至饿虎狼师子一切饿鬼，悉应舍身肉手足而供养之。”① 这时佛教界对烧身的态度比较矛盾，一方面有很多僧尼烧身，另一方面主流佛教界对烧身采取谨慎态度，刘宋时期的高僧竺道生对《法华经》进行注疏，其中必然要涉及如何看待烧身问题，在解释为什么经中说烧身是“真法供养”时他进行了巧妙的回答：“但自悟道不同，要烧身得解大乘，为通大法，故便舍身，故言真法供养之耳。如似香积，因闻香故得解大乘也。”② 就是说烧身供养的前提必须要通解大乘义理，烧身是佛陀的一种方便说法，不是对任何人都适用。

《高僧传》的作者释慧皎在《高僧传·亡身》中对烧身作了客观分析：

> 爰次法羽，至于昙弘，皆灰烬形骸，弃舍珍爱。或以情祈安养，或以愿生知足。故双梧表于房里，一馆显自空中。符瑞彪炳，与时间出。然圣教不同，开遮亦异。若是大权为物，适时而动，利现万端，非教所制。故经云：能然手足一指，乃胜国城布施。若是出家凡僧，本以威仪摄物。而今残毁形骸，坏福田相。考而为谈，有得有失。得在忘身，失在违戒。故龙树云：新行菩萨，不能一时备行诸度。或满檀而乖孝，如王子投虎；或满慧而乖慈，如检他断食等。皆由行未全美，不无盈缺。又佛说身有八万户虫，与人同气。人命既尽，虫亦俱逝。是故罗汉死后，佛许烧身。而今未死便烧，或于虫命有失。说者或言，罗汉尚入火光，夫复何怪？有言入火光者，先已舍命。用神智力，后乃自烧。然性地菩萨，亦未免报躯。或时投形火聚，或时裂骸分人。当知杀虫之论，其究竟详焉。夫三毒四倒，乃生死之根栽；七觉八道，实涅槃之要路。岂必燔炙

① 《梵网经》卷2，《大正藏》第24册，第1006页上栏。

② 《法华经疏》卷1，《大正藏》第85册，第195页中栏。

> 形骸，然后离苦。若其位邻得忍，俯迹同凡，或时为物舍身，此非言论所及。至如凡夫之徒，鉴察无广，竟不知尽寿行道，何如弃舍身命？或欲邀誉一时，或欲流名万代。及临火就薪，悔怖交切。彰言既广，耻夺其操。于是僶俯从事，空婴万苦。若然，非所谓也。①

慧皎对待烧身的态度非常谨慎，他指出“圣教不同，开遮亦异”，就是说佛教说法是有不同层次的，如果烧身是“大权”（应指佛陀或修行很高的菩萨）为了宣扬佛法，适时而动，这就是一种方便显现，对此慧皎并不反对（这应该是慧皎对大乘经中大量存在的烧身现象的一种理解）。但对于一般出家僧人来说，烧身有得有失，“得在忘身，失在违戒。”通过慧皎接下来的分析，我们可以看出实际上他是反对普通僧人烧身的，他的理由主要有三点：第一，烧身会导致身体内的户虫死亡；第二，生死轮回的根本原因是“三毒四倒”，而解脱的途径在于“七觉八道”，而不一定在于烧身；第三，有一些凡夫之徒不是真心想烧身，或者“欲邀誉一时”或“欲流名万代”，等到“临火就薪，悔怖交切，彰言既广，耻夺其操，于是僶俯从事，空婴万苦”。可以说，慧皎对待烧身的态度比较中肯，代表了南北朝时期主流佛教界的观点。南北朝时期很多高僧对烧身行为是持反对态度的，释慧绍烧身时，“乃还寺辞要（其师僧），要苦谏不从。”② 释昙弘“密往薪中，以火自烧。弟子追及，抱持将还。”③ 释法凝，“后年至七十，于佛像前置座而坐，初烧一指，昼夜不动。火然及臂，诸人与弟子欲往扑灭，及有叫唤者，复有禁止不听者。”④

隋唐以后，中国化的佛教宗派相继建立，佛教界开始在理论上对舍身问题进行系统说明。尤其是如何解释当时流行的《法华经》和《梵网经》中关于烧身的论述，成为佛教理论界关注的重点问题之一。天

① 《高僧传》卷12，中华书局1992年版，第457页。
② 《高僧传》卷12《释慧绍》，中华书局1992年版，第450页。
③ 《高僧传》卷12《释昙弘》，中华书局1992年版，第456页。
④ 《续高僧传》卷29《释法凝》，中华书局2014年版，第1141页。

台宗创立者智顗在《法华经文句》中解释为何烧身被称为“真法供养”：“真法供养者，当是内运智观，观烦恼因果，皆用空慧荡之，故言真法也。又观若身若火、能供所供皆是实相，谁烧谁然？能供所供皆不可得，故名真法也。”[①] 这里指出烧身时能够做到实相观法，才能被称为“真法供养”。三论宗集大成者吉藏（549—623）注释《法华经》时，这样解释药王菩萨烧身行为与声闻戒律的矛盾：

> 问：依毗尼结戒，烧身得偷兰遮，烧臂得突吉罗。此菩萨将不犯罪耶？
>
> 答：此或可在家菩萨，不预犯戒之例。设令出家，适时而化，如身子与须达共载一车，而不犯罪也。[②]

吉藏试图通过区分在家菩萨与出家僧尼来解决小乘戒律与大乘经文之间的矛盾，认为在家菩萨可以舍身而不犯戒，而出家僧尼如果是为了“适时而化”也不犯戒。唐代天台宗第九祖荆溪湛然（711—782），进一步补充智顗的解释，阐发天台宗的观念，其《法华文句记·释药王品》：

> 所以烧身名真法者，由内观故。所观者何？即此生身。由惑因故，惑斯惑果。皆用之言，显因果俱荡。又观若身、若火等者，于中先明法空，次谁烧下，辩生空。初法空者，既即实相。实相无烧，身火能所安得有烧有能所耶？次生空者，非但身等皆是实相。身等宰主一切皆无，故名为谁。烧者，能烧火也。然者，所然身也。身火并是能供事也，佛法即是所供田也。宰主即是能观观者，身火能所观境也。境智不二，能所斯亡。以不二观，观不二境，成不二行，会不二空。作是观时，苦为法界，见闻者益，故曰乘乘。若不尔者，成无益苦行。佛有诚诫，实可先思。所以投岩无招外行

① 《妙法莲华经文句》卷10，《大正藏》第34册，第143页上栏。

② 《法华义疏》卷11“药王菩萨本事品第二十三”，《大正藏》34册，第619页下栏。

之论，赴火不为内众之讥。良由内有理观，外晓期心。故胜热息善财之疑，尼乾生严炽之解。笃论其道，行方有克。心正行正，智邪事邪。行不可废，智不可亡。后学之徒，无失法利。有人问云：律制烧身得兰，烧指得吉。此中赞烧，其事如何？今为答之。大小开制，教法不同。小制结过，大制令烧。故《梵网》中若不烧者，非出家菩萨。岂独令俗而不制道？故知顺小行易，不烧何难。从大诚难，烧乃不易。世以不持为大，则大小俱倾。信此土机缘，咸迷大小。不知先小后大，依何夏次？先大后小，何心而受？先小后大，开小乘遮不？先大后小，遮菩萨开不？一界之内，两众如何？一身之中，二体同异。大乘于小，取益从何？小诵于大，招损谁测？勤勤甄别，用为来种。所乘之乘，皆妙法故。以依一实，立因果故。乘其所乘，以利物故。但自揣己德，历境观心。与心相应，当顺开制。今药王久证，并出开制之方。重法亡怀，起神通之愿。为轨凡下，思之可知。①

湛然认为烧身者只有通过“内观”法，认识到身火皆空、身火不二，这样才算是真正的烧身，才不会招致教外和教内的反对。反之，烧身就只是一种毫无益处的苦行。对于小乘戒律中禁止烧身，大乘《梵网》戒中鼓励烧身，湛然的解释是大小乘教法不同。大乘烧身不仅针对在家人，出家人也可以实行，只是每个人应该依据自己修行阶段、心体感悟自由选择。

根据现代学者的研究，《梵网经》是形成于中国的大乘戒经，但在南北朝中期以后，佛教界都重视《梵网经》，大都将其作为真经对待。那么，如何解释其中提到的“烧身”问题，也引起了《梵网经》注释者们的关注。最有代表性的解释是义寂《梵网经菩萨戒本疏》：“见后新学菩萨下，正辨为他无倒说法。于中有二：初说苦事以试其心，后说正法以开其解。为欲知其大志，故说苦事以试心。为欲发其大行，故说正法以开解。说苦事中，以二事试之：一烧身以供诸佛，二舍形以救饿

① 《法华文句记》卷10，《大正藏》第34册，第354页上栏。

苦。说法中，亦二：一次第说法，二令开神解。次第为说者，粗浅易悟者先说，深隐难解者后说。又三学行中次第说也。”① 义寂将《梵网经》中为新来菩萨先说舍身诸苦行，解释为是为了试探新来菩萨的心志，并不是最终的说教，而且认为舍身是“粗浅易悟者”，可见他实际上并不特别赞成僧尼实践舍身的行为。

南山律宗创始人道宣（596—667）在《续高僧传·遗身》的论中对舍身进行了系统评论，一方面舍身体现了中国传统的“舍生取义”精神和佛教对“缘起性空”的领悟，值得赞赏：“轻生徇节，自古为难。苟免无耻，当今为易。”“自非怀安旷济，行杜我人，观色相为聚尘，达性命如风烛，故能追踪前圣，诚宗像、末之寄乎?”“舍生而存大义，用开怀道。全身碎身之相，权行实行之方，显妙化之知机，通大圣之宏略也。”另一方面舍身只适合达到较高修行阶位的人：“圣教包罗，义含知量。自有力分虚劣，妄敢思齐。或呻嗥而就终，或激激而赴难，前传所评何世无耶？又有未明教迹，淫恼缠封，恐漏初篇，割从阉隶，矜诞为德，轻侮僧伦。圣教科治，必有深旨，良以爱之所起者，妄也，知妄则爱无从焉。不晓返检内心，而迷削于外色，故根色虽削，染爱逾增，深为道障，现充戒难，尚须加之擯罪，宁敢依之起福。”② 也就是说舍身虽然可能是舍身者对“空”的一种理解，也是一种宣扬佛教的方式，但并不是一般人能够做到的，对一般僧尼来讲遵守戒律更为重要。应该说，道宣并不支持现实之中的僧尼去实践舍身。

坚决维护印度说一切有部戒律的义净法师（635—713）明确反对舍身，他所著《南海寄归内法传》卷四中有“烧身不合”条：

> 诸出家众内，颇有一途。初学之流，情存猛利。未闲圣典，取信先人。将烧指作精勤，用然肌为大福。随情即作，断在自心。然经中所明，事存通俗，已身尚劝供养，何况诸余外财？是故经中但

① 义寂：《梵网经菩萨戒本疏》卷2“第六无倒说法戒”，《大正藏》第40册，第675页下栏。

② 《续高僧传》卷29，中华书局2014年版，第1166—1169页。

> 言若人发心，不道出家之众。意者出家之人，局乎律藏，戒中无犯，方得通经。于戒有违，未见其可。纵使香台草茂，岂损一茎；旷野独饥，宁餐半粒。然众生喜见，斯乃俗流，烧臂供养，诚其宜矣。可以菩萨舍男舍女，遂遣苾刍求男女以舍之；大士捐目捐身，即令乞士将身目而行施。仙预断命，岂律者所为；慈力舍身，非僧徒应作。比闻少年之辈，勇猛发心，意谓烧身便登正觉，遂相踵习，轻弃其躯。何则？十劫百劫，难得人身，千生万生，虽人罕智。稀闻七觉，不遇三尊。今既托体胜场，投心妙法，才持一颂，弃眇肌而尚轻；暂想无常，舍尘供而宁重。理应坚修戒品，酬惠四恩，固想定门，冀拔三有。小愆大惧，若越深海之护浮囊；行惠坚防，等履薄冰而策奔骏。然后凭善友力，临终助不心惊；正念翘怀，当来愿见慈氏。若希小果，即八圣可求；如学大因，则三祇斯克。始匆匆自断躯命，实亦未闻其理。自杀之罪，事亚初篇矣。检寻律藏，不见遣为。灭爱亲说要方，断惑岂由烧已？房中打势，佛障不听。池内存生，尊自称善。破重戒而随自意，金口遮而不从。以此归心，诚非圣教。必有行菩萨行，不受律仪，亡己济生，固在言外耳。

义净指出，经中所说舍身之事只是“事存通俗”，是为了劝导人们：如果身体都可以舍弃，对其他东西也不会执著，而不是对出家人的要求；出家人首先应该遵守戒律，《药王品》中的众生喜见菩萨也不是出家人，他舍身可以，僧徒却不应该舍身；人身难得，应该在一生之中勤修善业，不应匆匆结束生命。但义净也指出“必有行菩萨行，不受律仪。亡已济生，固在言外耳”，认为行菩萨行和救助别人是可以舍身的。义净还指出劝说他人舍身也是一种获罪行为，同书同卷“傍人获罪”条：“凡烧身之类各表中诚。或三人两人，同心结契，诱诸初学，详为劝死。在前亡者，自获偷兰；末后命终，定招夷罪。”①

宋代以后，佛教在理论上的高峰已经过去，在社会上越来越边缘

① 王邦维校注：《南海寄归内法传校注》卷4，中华书局1995年版，第222页。

化，但对舍身问题，佛教界则大多采取赞赏态度。《宋高僧传》的作者赞宁对舍身给予高度评价，认为“须知三世诸佛同赞此门，是真实修，是第一施。”① 赞宁指出行菩萨道的人不应该被小乘戒律所束缚：“小乘教以自杀犯重戒前诸方便罪，是以无敢操炬就燎者。然自杀二例：一畏杀，须结兰吉；二愿往生，强猛之心，命终身往。兰吉可能作碍邪？复次大心一发，百年暗室一灯能破，何罪之有？是故行人无以小道而拘大根者乎。”② 体现四明知礼（法智）（960—1028）思想的《四明尊者教行录》中有一篇“杨文公三问并法智答”，其中杨文公认为“烧身臂指，乃是出家菩萨。舍身命财，方名真法供养。此语出《梵网》《法华》二经，然并是魔王所说，且非正教。”法智的回答是“佛之与魔，相去几何？邪之与正，有何欠剩？良由本理具魔，佛性不二而一，二而不二。随缘发现，成佛成魔。性既本融，修岂能异？故圆实教，称性而谈。魔界如佛界，如一如无二如。故得云魔外无佛，佛外无魔，亦是一魔。”③ 用佛魔圆融不二的观点说明舍身存在的合理性。元照（1048—1116）《四分律行事钞资持记》在综合分析义净和湛然观点基础上，提出自己的看法：

> 今以义判，且为三例：一若本白衣，不在言限。或全不受戒，此依经中，足指供养胜施国城。若依《梵网》直受大戒，顺体奉持，然之弥善。二若单受小戒，位局比丘。不烧则顺本成持，烧则依篇结犯。三若兼受大戒，名出家菩萨。烧则成持，不烧成犯。或先小后大，或先大后小。并从大判，不犯律仪。若此以明粗分进否，岂得雷同，一概顿斥为非。然有勇暴之夫，情存矫诳，邀人利养。规世声名，故坏法门，乃佛教之大贼。自残形体，实儒宗之逆人。直是恶因，终无善报。今时颇盛，聋俗岂知。则义净之诫亦有取矣。④

① 《宋高僧传》卷23，中华书局1987年版，第604页。

② 《宋高僧传》卷23《大宋天台山文辇传》，中华书局1987年版，第602页。

③ 《四明尊者教行录》卷5，《大正藏》第46册，第900页中栏。

④ 《四分律行事钞资持记》卷7，《大正藏》第40册，第285页上栏。

也就是说烧身是否犯戒，要具体问题具体分析，如果没有受戒，或者直接受《梵网经》菩萨戒，那么烧身不犯戒；如果只受小乘戒，烧身就犯戒；如果既受小乘戒，又受梵网戒，烧身不犯戒。在宋代，受声闻戒，兼受菩萨戒的情况非常多，所以元照实际上是赞成烧身的。但他也反对那些为了名利而进行的烧身行为。

永明延寿所著《万善同归集》对舍身也进行了详细解释，分三个层次：第一，关于小乘与大乘的矛盾，他指出“小乘执相，制而不开。大教圆通，本无定法。……只可叹大褒圆，自他兼利，岂容执权滞小，本迹双迷?”第二，关于佛教舍身与外道的区别，他从佛教毕竟空道（真谛）和分别好恶道（俗谛）两个层次上解释，指出佛教舍身与外道舍身不同，佛教徒以“我法皆空”之心对待舍身，不求果报。而外道则执著于舍身，并渴求现在和后世的利益。第三，关于舍身作为一种布施，在佛教修行中的地位，他指出各种修行方式没有本质区别，不能执著于区分，而且众生根性不同，适合的才是好的，所以“权实双行，正宗方显。住无所住，佛事所以兼修。”①

南宋宗晓（1151—1214）编《乐邦文类》，也对舍身极力赞扬：“故今以三观攻心，五悔助道，仍恐净因未备，故以毕命自要。庶凭最后之强缘，以作往生之定业。而又若不烧身臂指，非出家菩萨。《梵网》之诫明然。舍身命财，是真法供养，《法华》之文焕矣。《楞严》然香一炷，宿债俱酬。轮王剜身千灯，妙果斯克。故知，初心后位，上圣下凡，皆可遵修，并彰至教。但存正解，自免邪修。以知性火真空，岂有能烧之相，所烧自忘也。又知佛体圆妙，岂存所供之人，则能供亦寂矣。两重能所既泯，一切功德斯成，是名苦行法门。所谓火光正受，四土净境，顿现此心。诸佛道场，咸彰此处。但随所愿，必遂往生。”②烧身有经典依据，对于各种阶位的人都适合。只要烧身者对佛理有正确理解，就不会是邪辟的行为。

---

① 《万善同归集》卷2，《大正藏》第48册，第969页中栏。

② 《乐邦文类》卷4，《大正藏》第47册，第203页上栏。

总之，南北朝以后随着大乘佛教在中国的进一步发展，佛教界需要对《法华经》《梵网经》等大乘经典中提到的舍身问题给出理论上的解释，同时，虽然大乘佛教在中国占据主流，但在戒律方面，僧尼依据的主要还是小乘戒律，如何解决小乘戒律与大乘经的矛盾也是佛教界的重要任务。所以佛教界的一些高僧大德对舍身问题进行了系统探讨。大致而言，南北朝隋唐时期的高僧们在理论上承认舍身的价值，在实践上并不提倡。慧皎既为舍身僧人作传，赞扬他们为法忘身的精神，又强调舍身带来的危害。重视《法华经》《梵网经》的天台祖师们侧重以天台观法解释烧身，重视声闻戒律的道宣、义净强调现实中舍身导致的问题。吉藏将舍身限制在在家人之中，义寂则将其理解为一种方便说法。到了宋代，佛教界对舍身表现出更大的赞赏，一些领袖人物进一步通过方便说法、真俗二谛等理论框架对舍身做出圆满解释，为舍身的存在提供了义理依据。这时一些精通佛教义理的僧人甚至想亲自实践烧身，如四明知礼等①。但我们前面已经论述过隋唐以后现实中无论是僧尼舍身的规模还是人数比例都有所下降，甚至北宋中期以后佛教史料中很少见到舍身僧尼，这又该如何解释呢?

五 世俗社会对舍身的态度

世俗社会是相对于佛教僧团而言，既包括统治者，也包括一般民众。南北朝时期统治者对僧尼烧身一般不赞成，也不坚决反对，如上文提到的姚绪。在《高僧传·释慧益》记载的烧身过程中，统治者的态度体现得更为充分：

> （释慧益）精勤苦行，誓欲烧身，众人闻者，或毁或赞。至大明四年始就却粒，唯饵麻麦。到六年又绝麦等，但食苏油。有顷又断苏油，唯服香丸。虽四大绵微，而神情警正。孝武深加敬异，致问殷勤，遣太宰江夏王义恭，诣寺谏益，益誓志无改。至大明七年

① 《佛祖统纪》卷44，《大正藏》第49册，第406页上栏。

四月八日，将就焚烧，乃于钟山之南，置镬办油。其日朝乘牛车，而以人牵，自寺之山。以帝王是兆民所凭，又三宝所寄，乃自力入台。至云龙门，不能步下，令人启闻：慧益道人今舍身，诣门奏辞，深以佛法仰累。帝闻改容，即躬出云龙门。益既见帝，重以佛法凭嘱，于是辞去。帝亦续至，诸王妃后，道俗士庶，填满山谷，投衣弃宝，不可胜计。益乃入镬，据一小床，以衣具自缠，上加一长帽，以油灌之，将就着火。帝令太宰至镬所请喻曰："道行多方，何必殒命？幸愿三思，更就异途。"益雅志确然，曾无悔念。乃答曰："微躯贱命，何足上留。天心圣慈罔已者，愿度二十人出家。"降敕即许。①

释慧益想烧身，他的烧身准备非常漫长，从他打算烧身到真正执行至少经过了三年。他有烧身打算后就有很多人闻知，甚至传到了孝武帝耳中，他真正烧身前专门到皇宫求见孝武帝，以佛法相托，可见他烧身是经过精心准备的，不仅在技术上经由食麻麦、苏油、香丸等过程，舆论上也作了充分宣传，他的目的很明确，通过烧身，引起人们对佛法的重视，尤其希望通过自己的宗教热情引起帝王对佛法进一步的支持。孝武帝的态度非常有趣，一方面他反对烧身，在慧益烧身前派太宰江夏王义恭诣寺劝谏，当慧益马上烧身时，又派太宰前往劝说。另一方面他对准备烧身的慧益敬益有加，亲自出宫门接见，还带领诸王后妃前去观看，并答应慧益度二十人出家的要求。即便是像梁武帝这样虔诚的佛教信奉者也不完全支持烧身，《弘赞法华传·释道度》：

天监十七年，禅师自造《法花经》一百部，晓夜诵持《药王》一品。后于花林寺觉殿，启梁武曰："身为毒树，实宜焚灭，厌此形骸，为日已久，愿同喜见供养诸佛。"敕旨答云："必欲利益苍生，自可随缘修道，若身命无常，弃尸陀林，施以鸟兽，于檀度成满，亦为善业。八万户虫，不容烧烬，非所劝也。"又奉答云：

① 《高僧传》卷12《释慧益》，中华书局1992年版，第453页。

> “道度此心不可夺，既蒙令敕，且当奉持。”普通七年八月三日，乃入东州。……至（十一月）二十九日旦，寺主全等数人，共登禅室，遥见龛中，紫光外照。其日将暮，忽有群鸟五六百头，同集一树，俄顷而飞。是夜二更初，竟寺有杂色光，映烛房宇。至五更中，闻山顶火声振烈，惊走往观，见禅师合掌火中。春秋六十有六。刺史武陵王，乃遣洒扫收敛，于其处而建塔焉。后时闻山顶有石磬之声，声甚清彻。先烧身之处，有大柿树，枯死十有余年，禅师入山，恒坐树下，后春遂生枝叶。禅师东行之始，告弟子道隐曰：“吾千载有幸，逢值法王，今为身远游，奉见无日，有受持铁钵，别当献奉。”弟子道隐，具以状闻，并献铁钵。乃有敕曰：“禅师心力决壮，能行难行，犹冀广为化道，利益四生，便尔异世，良可叹惜。追踪喜见，必当面睹净明，以此而言，更为可欣也。”①

释道度启请梁武帝想要烧身，梁武帝表示反对，并提出两点理由：第一，要利益众生，可以随缘修道；第二，如果烧身就会烧尽体内的八万户虫。梁武帝对道度烧身从理论上进行说服，并没有坚决制止，但其态度毕竟对道度产生了约束力，道度虽然表明“此心不可夺”，坚持烧身，但还是表示了妥协，一方面推迟了烧身的时间（从上启到烧身中间有八年时间），另一方面烧身时并没有通告道俗。道度烧身前精心安排，让弟子道隐在其死后向梁武帝奉献铁钵，赞扬梁武帝弘法，这才使自己的烧身行为，取得了梁武帝的认可，并下敕追认其烧身行为“更为可欣”。

虽然统治者一般不赞成烧身，但僧尼烧身时往往有统治者前去观看，如前面提到的宋孝武帝，又如释僧庆烧身，“刺史张悦躬出临视”②，僧尼烧身后往往会有一些统治者为烧身僧尼建塔，如天水太守

① 《弘赞法华传》卷5，《大正藏》第51册，第24页下栏。

② 《高僧传》卷12《释僧庆》，中华书局1992年版，第454页。

裴方明，为释僧庆收灰起塔[1]，又如南齐时“永明末，始丰县有比丘法存，亦烧身供养。郡守萧缅，遣沙门慧深，为起灰塔。”[2] 梁代，释道度烧身后，“刺史武陵王，乃遣洒扫收敛，于其处而建塔焉。”[3] 也有一些统治者明确支持烧身，并帮助僧尼进行宣传，《弘赞法华传·释僧崖》：“克日烧身，拟营斯福。时周赵王褰帷益郡，抚政临民，除烦去苛，加以敬爱三宝，匡护四依。崖以此事谘王，王即许诺。克日傍告，远近咸知，薪柴累积，香油丰溢。其日，王亲率官寮，同来观礼。……王视肉心，抚而恸哭：菩萨圣人，于焉永往。呜呼痛矣，失荫如何。时人皆号为僧崖菩萨。王奉肉心，起一大塔，朝夕虔礼，供养无阙焉。”[4]

这时，也出现了统治者利用行政手段干涉僧尼烧身的情况，如刘宋慧耀尼“少出家，常誓烧身供养三宝。泰始末，言于刺史刘亮。亮初许之。有赵处思妾王氏甓塔。耀请塔上烧身，王氏许诺。正月十五日夜将诸弟子，赍持油布，往至塔所。装束未讫，刘亮遣信语诸尼云：若耀尼果烧身者，永康一寺并与重罪。耀不得已，于此便停。”无论是支持，还是干涉，僧尼烧身都需要征得统治者的同意，烧身并没有超出统治者的统治范围。

总之，南北朝时期统治者对烧身大都不赞成，但也没有坚决反对，他们不赞成僧尼烧身往往是为了留住僧尼继续弘法；他们反对烧身也往往仅限于理论上，而不会运用行政手段去干涉。一般说来，他们认为修行的方式很多，可以不必烧身。具有较高佛学修养的统治者，如梁武帝则更注意从佛教理论上反对烧身。南齐竟陵王萧子良在《净住子净行法》中也从理论上反对舍身，认为舍身不能得到解脱，“舍身命财，所以不得解脱生死者，皆缘耽著果报，不能舍离。若能不执其心，修行摄度，随有微福，回施群生，向于佛道者，则于果报不复生著，便于生死萧然解脱。”[5] 僧尼烧身后，统治者往往给予认可和赞扬，如为烧身

---

① 《高僧传》卷12《释僧庆》，中华书局1992年版，第454页。
② 《高僧传》卷12《释法光》，中华书局1992年版，第455页。
③ 《弘赞法华传》卷5，《大正藏》第51册，第24页下栏。
④ 《弘赞法华传》卷5，《大正藏》第51册，第24页下栏。
⑤ 《广弘明集》卷27，《大正藏》第52册，第320页中栏。

高僧建塔立碑等，还有人为烧身僧尼作传赞，如释僧瑜烧身后，“房中生双梧桐，根枝丰茂，巨细相如，贯壤直耸，遂成连树理，识者以为娑罗宝树。克炳泥洹，瑜之庶几，故现斯证，因号为‘双桐沙门’。吴郡张辩为平南长史，亲睹其事，具为传赞。”①

还有一种情况需要注意，那就是对于一些不信佛的士人而言，烧身违背传统的社会伦理，成为他们反佛的一种理由，上引宗炳之文可以得到一些证明。信佛人士对这种言论的反驳往往是从佛教的最终追求来说明烧身的合理性，“夫道在练神，不由存形，是以沙门视形烧身，厉身绝往。”② 这种反驳是对僧尼极端行为的一种理论解释，不见得反驳者对烧身本身有多大支持。

社会上一般民众对僧尼烧身持什么态度呢？烧身所具有的强烈的视觉效果和产生的宗教神秘感，对一般民众具有较大的吸引力，容易使他们对佛教产生信仰，如释法羽烧身，“道俗观视，莫不悲慕焉。”③ 释僧瑜烧身，“道俗知者，奔赴弥山，并稽首作礼，愿结因缘。”④ 释慧益，“贵贱哀嗟，响振幽谷。莫不弹指称佛，惆怅泪下。”⑤ 释法凝烧身，“时俗男女有号哭自捶者，又有顶礼赞叹者。”⑥ 释僧崖烧身，“道俗通集，倍加崇信。”⑦ 烧身毕竟不是容易做到的事情，所以在一般民众看来僧尼烧身可以极大提高僧尼的声誉，《比丘尼传·慧耀尼》：

> 慧耀……常誓烧身，供养三宝。泰始末，言于刺史刘亮，亮初许之。有赵处思妾王氏甓塔，耀请塔上烧身，王氏许诺。正月十五日夜，将诸弟子，赍持油布，往至塔所。装束未讫，刘亮遣信语诸尼云：“若耀尼果烧身者，永康一寺，并与重罪。”耀不得已，于此便停。王氏大瞋云：“尼要名利，诈现奇特，密货内人，作如此

① 《高僧传》卷12《释僧瑜》，中华书局1992年版，第451页。
② 《明佛论》，《弘明集校笺》卷2，上海古籍出版社2013年版，第127页。
③ 《高僧传》卷12《释法羽》，中华书局1992年版，第449页。
④ 《高僧传》卷12《释僧瑜》，中华书局1992年版，第451页。
⑤ 《高僧传》卷12《释慧益》，中华书局1992年版，第453页。
⑥ 《续高僧传》卷29《释法凝》，中华书局2014年版，第1141页。
⑦ 《续高僧传》卷29《释僧崖》，中华书局2014年版，第1143页。

> 事。不尔夜半，城内那知。”耀曰：“新妇勿横生烦恼，舍身关我，傍人岂知?”于是还寺，断谷服香油，至升明元年于寺烧身。[①]

慧耀尼准备烧身，被刺史阻止，王氏却认为慧耀为了名利，假意安排烧身。反过来正表明，僧尼烧身可以获得名利，提高僧尼在民众中的声誉。

对于第二种类型的舍身，世俗社会一般都表示赞赏和敬佩，如上文提到的释昙称，“村人知其意正，各泣拜而还。……（他被虎吃后）因葬而起塔，尔后虎灾遂息。”[②] 又如释法进，“王人复看，举国奔赴，号叫相属，因舆之还宫。周敕以三百斛麦以施饿者，别发仓廪以赈贫民。至明晨乃绝，出城北阇维之。烟炎冲天，七日乃歇。尸骸都尽，唯舌不烂。即于其处起塔三层，树碑于右。”[③] 释僧富，“路口时行路一人，见富如此，因问其故，富虽复顿闷，口犹能言，乃具答以事。此人悲悼伤心，还家取针，缝其腹皮，涂以验药。舆还寺将息，少时而差。”[④] 这种舍己为人的行为为人们树立了典范。

隋唐时期佛教继续发展，这时佛教虽然在很多方面受到了政府的控制，如僧官体系的完善、僧籍制度的建立等等，但由于很多统治者信仰佛教，佛教也已经具有强大的经济、社会力量，僧尼行为还有很大自由，统治者对僧尼烧身还没有太多行政干涉，直到唐晚期，统治者劝阻僧尼舍身的主要理由仍然是希望留住高僧的性命，如释定兰想要烧身时，“帝（唐宣宗）累劝勉，年耆且务久长修炼。兰不奉诏，遂焚焉而绝。”[⑤] 但隋唐时期，僧尼舍身也出现了一些新情况，舍身有时成为僧尼要求统治者兴复佛教的手段。《续高僧传・释大志传》：

> 会大业屏除，流徙隐逸。慨法陵迟，一至于此。乃变服毁形，

① 《比丘尼传》卷2，《大正藏》第50册，第941页中栏。
② 《高僧传》卷12《释昙称》，中华书局1992年版，第446页。
③ 《高僧传》卷12《释法进》，中华书局1992年版，第447页。
④ 《高僧传》卷12《释僧富》，中华书局1992年版，第448页。
⑤ 《宋高僧传》卷23《唐成都府福感寺定兰传》，中华书局1987年版，第528页下栏。

> 头撮孝服，粗布为衣，在佛堂中高声恸哭。三日三夕，初不断绝。寺僧慰喻。志曰：“余叹恶业，乃如此耶。要尽此形骸，伸明正教耳。”遂往东都上表曰：“愿陛下兴显三宝，当然一臂于嵩岳，用报国恩。”帝许之，敕设大斋，七众通集。志不食三日，登大棚上。烧铁赫然，用烙其臂，并令焦黑。以刀截断，肉裂骨现。又烙其骨，令焦黑已，布裹蜡灌，下火然之。光耀岩岫。于时大众见其行苦，皆痛心贯髓，不安其足。而志虽加烧烙，词色不变，言笑如初。时诵法句，或叹佛德。为众说法，声声不绝。臂烧既尽，如先下棚。七日入定，跏坐而卒。①

释大志为了兴复佛教，向帝王请求烧身，帝王赞同，为之设大斋，并召集佛教七众参加，可见这时帝王对僧尼烧身还没有特意防范。《续高僧传·释住力传》：“武德六年，江表贼帅辅公佑，负阻缮兵戈，潜图反叛。凡百寺观，撤送江南。力乃致书再请，愿在阁前烧身，以留寺宇。佑伪号尊称，志在倾殄。虽得其书，全不顾遇。力谓弟子曰：‘吾无量劫来，积习贪爱，不能捐舍形命，以报法恩。今欲自于佛前取尽，决不忍见像济江。可积干薪，自烧供养。吾灭之后，像必南渡。衣资什物，并入尊像。泣服施灵，理宜改革。’便以香汤沐浴，跏趺面西，引火自焚，卒于炭聚。”② 在这里，释住力是为了表示对辅公佑干涉佛教的抗议而烧身。在这两种情况下统治者虽然对僧尼烧身没有干涉，但僧尼烧身的意义已经有所变化，不再是单纯宣扬佛法，而有了抗衡统治者的意味。统治者的态度也有很大差异，既可以像隋炀帝一样极力支持，也可以像辅公佑那样置之不理。总之，隋唐时期统治者对僧尼舍身的态度，材料中涉及的并不多，也没有统治者直接干涉僧尼舍身的记载，但透过他们不断加强对佛教控制的各种政策，我们可以推想，他们对于舍身这种极端的宗教行为，不会给予太多支持。

五代时期，一些统治者开始明确禁止舍身。《宋高僧传·洪真传》：

---

① 《续高僧传》卷29《释大志传》，中华书局2014年版，第1157页。

② 《续高僧传》卷30《释住力传》，中华书局2014年版，第1214页。

“释洪真……诵《法华经》约一万部，诣朝门，表乞焚全躯供养佛塔。（后汉）帝命弗俞时，政出多门。或谮云惑众，或言不利国家。下敕严阻。真叹曰：‘善根殖浅，魔障尤强。莫余敢止。’遂退广爱寺罄舍衣盂作非时施，愿毕当年，无疾坐灭。经数日颜貌如生，迁就荼毗。唯舌根不坏，益更鲜红。时众观之，叹希有事。”[①] 释洪真上表帝王请求烧身供养佛塔，是为了扩大佛教影响，也是继承南北朝隋唐僧尼的一贯做法，但这时朝臣却认为这种行为“惑众”，不利于国家，帝王也下敕坚决制止，这种制止已经不再是为了挽留僧尼，而是为了政治安全，释洪真也确实不敢违抗政令，表明佛教与政治之间的矛盾已经达到了一定程度。

如果说后汉帝王对释洪真烧身的制止还是针对个别僧尼的话，后周世宗的限佛政策则是针对僧团整体，《旧五代史·世宗纪》：“（显德二年五月）甲戌，诏曰：……僧尼俗士，自前多有舍身、烧臂、炼指、钉截手足、带铃挂灯、诸般毁坏身体、戏弄道具、符禁左道、妄称变现还魂坐化、圣水圣灯妖幻之类，皆是聚众眩惑流俗，今后一切止绝。如有此色人，仰所在严断，递配边远，仍勒归俗，其所犯罪重者，准格律处分。”[②] 可见，烧身成为周世宗限制佛教的一个重要借口。虽然周世宗去世后，后周很快被宋替代，王朝的更替导致了政策的不延续性，但周世宗灭佛作为佛教史上著名的“三武一宗”灭佛之一，对佛教造成了很大影响，此后对于容易引起统治者反对的烧身行为，僧尼更加谨慎，虽仍有僧尼烧身的事件，但如果统治者反对，他们就会停止。《释氏稽古略》卷四记载：“天禧元年（1017）……明州大法师知礼，自丙辰春偕十僧，誓修法华三昧。三年满，如药王故事，烧身供养《妙法莲华经》，以生净土。翰林学士杨亿闻知，邮置长书，坚请住世。仍委郡守李夷庚保护。天禧四年宰相寇准、翰林杨亿以知礼行业及遗身事奏闻。帝曰：‘但传朕意，请留住世。’特赐师号‘法智大师’。”[③] 四明知礼是北宋著名的佛教大师，他对烧身问题有自己的见解（见前

---

① 《宋高僧传》卷23《汉洛京广爱寺洪真传》，中华书局2014年版，第597页。

② 《旧五代史》卷115《世宗纪》，中华书局1976年版，第1529页。

③ 《释氏稽古略》卷4，《大正藏》第49册，第863页下栏。

文)，其烧身是依据自己对佛教理解而进行的宗教行为，但由于统治者反对，他还是不得不放弃。

宋徽宗政和七年（1116），皇帝诏令中再次提到了僧尼舍身问题，《续资治通鉴》卷92《徽宗体神合道骏烈逊功圣文仁德宪慈显孝皇帝》：

> 夏四月庚申，帝讽道录院曰："朕乃昊天上帝元子，为大霄帝君，睹中华被金狄之教，焚指炼臂，舍身以求正觉，朕甚闵焉。遂哀恳上帝，愿为人主，令天下归于正道。帝允所请，令弟青华帝君权朕大霄之府。朕夙昔惊惧，尚虑我教所订未周，卿等可上表章，册朕为教主道君皇帝。"于是群臣及道录院上表册之，然止用于教门章疏，而不施于政事也。①

徽宗以道教为正道，其所说的"金狄之教"指佛教，在他看来这是一种邪道，他认为佛教的标志正是"焚指炼臂，舍身以求正觉"。可见舍身已经成为政治的大忌，也成为道教攻击佛教的借口。葛兆光曾经指出道教经过南北朝隋唐时期对祭祀和授度仪式的整理，与世俗道德伦理相违背的过度仪也消失了，通过苦行来超越世俗、求得神圣的涂炭斋也消失了。在唐代这些可能与世俗皇权、主流伦理和传统生活习惯冲突的道教活动，渐渐在上层视野中淡出，成为边缘的、秘密的和下层的。② 那么，佛教中僧尼舍身这种极端的宗教行为自然成为道教攻击佛教的借口。

总之，南北朝隋唐时期统治者对僧尼舍身还没有太多干涉，基本上是不支持也不反对。但隋代开始，僧尼将舍身作为要求统治者发展佛教的手段，表明舍身与政治逐渐联系在一起。五代以后，一方面是专制集权的加强，一方面是佛教的逐渐衰落，僧尼舍身逐渐不再被统治者所容忍，一些统治者甚至公开下令反对舍身。

---

① 《续资治通鉴》卷92，中华书局1999年版，第2386页。

② 葛兆光：《屈服史及其他：六朝隋唐道教的思想史研究》，生活·读书·新知三联书店2003年版，第117页。

综上所述，中古时期，舍身虽然是一种较为流行的宗教行为，但佛教界对其认识还是比较中肯的，那些在佛教史上具有重要地位的高僧大德既赞赏舍身者无畏的精神，又指出舍身并不适合一般僧众。宋代以后，虽然一些高僧为舍身提供了更完备的理论依据，对舍身的赞扬也远超于前，但由于这时佛教发展与政权之间的矛盾逐渐增加，佛教越来越受到政权的限制，而舍身这种违背主流伦理的极端宗教行为往往成为世俗政权控制和打击佛教的借口，因此僧尼舍身逐渐退出主流佛教界，同道教的涂炭斋、过度仪一样成为一种边缘行为，不仅僧传中不再有舍身类的僧尼传记，佛教界也逐渐认同世俗社会的主流伦理，对舍身采取了现实态度。明代袾宏撰《往生集·智钦传》这样评价烧身："烧身烧臂，大乘经中屡开。然此得忍大士所为，非初心境界也。求西方者，当学钦公之习禅礼佛，不必效其燃臂。若能用燃臂之精虔勇猛，以治其恶习，则所燃亦多矣。古云：善学柳下惠。不其然欤。"[①] 烧身只适合于达到一定修行阶位的菩萨，对于初发心菩萨并不适用；可以学习燃臂所体现的勇猛精神，不一定效仿这种行为。

六　世俗社会的舍身行为

僧尼舍身最终退居边缘，但对世俗社会却曾产生一定影响，或者说由于佛教的影响，南北朝隋唐时期世俗社会也出现了类似僧尼舍身的行为。

世俗社会的舍身可以有两类：一类是模仿僧尼的舍身行为，献出自己的部分身体或生命（这里主要是烧身）；另一类则是舍身斋。

（一）世俗社会的烧身行为

早在刘宋时期，世俗社会就有人将烧身与崇佛联系在一起，《宋书·张邵传附畅子淹传》："逼郡吏烧臂照佛，百姓有罪，使礼佛赎刑，动至数千拜。"[②] 南北朝史料中很少世俗人进行烧身的记载，唐代释慧

---

① 《往生集》卷1，《大正藏》第51册，第130页下栏。

② 《宋书》卷46《张邵传附畅子淹传》，中华书局1974年版，第1400页。

祥《古清凉传》中记载了北齐王子烧身的故事：“大孚寺北四里，有王子烧身寺。其处，先有育王古塔。至北齐初年，第三王子，于此求文殊师利，竟不得见。乃于塔前，烧身供养，因此置寺焉。”① 隋唐时期烧身却比较盛行，隋文帝在泰州岱岳寺起塔，并送舍利至州。“有童子能诵《法华经》，来礼舍利，遂烧身于野，以供养焉。”② 唐代蒋王家一个部曲，“从八九岁，即受持《法花经》。昼夜念诵，忘寝与食。王时任箕州刺史，部曲遂情愿烧身。有女事王，王极宠遇。女以状启王，王从之。部曲乃于山中，澡浴清净，并洁坛场，遂自焚身。经月，其女令人收父灰烬。形骨都尽，乃于灰中，唯得一舌，肉色鲜泽，犹若生时。王女婿韦征，见之嗟叹，因遂启王。王亲视之，施加钦异。后经数岁，亦复如常。”③ 唐代并州城西有一书生，“年二十四五，诵《法华经》，誓烧供养。乃集数束蒿干笼之。人问其故，密而不述。后于中夜，放火自烧。及人往救，火盛已死。乃就加柴薪，尽其形荫。”④ 烧身的人既有王子、又有书生，还有处于社会下层的部曲，可见这种观念影响深远，这时甚至有人想通过烧身来报父德，《续高僧传·释静之传》：“性乐出家。既有一子，誓而不许。随父任蜀，不久崩亡，意欲为父焚身报德。有一贤人引《金刚般若》云：‘烧身不如持经。’乃回心剃剪，用伸罔极。”⑤ 释静之在出家前打算烧身以报父德，就是想通过自己的烧身行为为父亲求得福报。虽然最后他被阻止，并因此出家，但表明这种观念在世俗社会是有一定市场的。⑥

---

① 《古清凉传》卷 1，《大正藏》第 51 册，第 1094 下栏。

② 《广弘明集》卷 17，《大正藏》第 52 册，第 215 页中栏。

③ 《弘赞法华传》卷 5，《大正藏》第 51 册，第 24 页下栏。

④ 《续高僧传》卷 29《释会通附传》，中华书局 2014 年版，第 1164 页。

⑤ 《续高僧传》卷 21《释静之传》，中华书局 2014 年版，第 791 页。

⑥ 南朝后期开始出现了刺血写佛经为父母祈福去罪的事例，如《陈书》卷 36《始兴王叔陵传》：“（母）初丧之日，伪为哀毁，自称刺血写《涅槃经》，未及十日，乃令庖厨击鲜，日进甘膳。”唐代更为盛行，《旧唐书》卷 11《肃宗纪》：“甲午，上不康，皇后张氏刺血写佛经。”《旧唐书》卷 166《韦绶传》：“少有至性，丧父，刺血写佛经。”《旧唐书》卷 200《元德秀传》：“登第后，母亡，庐于墓所，食无盐酪，藉无茵席，刺血画像写佛经。”这些行为与烧身报父母之德虽有程度上的差异，但其基本精神是一致的。这些行为被编修于五代以前的正史，说明在当时这种行为具有代表性，并得到主流社会认可。宋代以后的正史（包括《新唐书》）中不再有刺血写佛经的记载，表明这种行为在社会上已经失去重要性，或者说不再被正统社会所认可。

世俗社会的烧身行为主要受《妙法莲华经·药王菩萨本事品》的影响，据道宣《妙法莲华经弘传序》，《法华经》是汉唐之间最流行的佛教经典："自汉至唐六百余载，总历群籍四千余轴，受持盛者，无出此经。"① 药王菩萨烧身的故事深入人心，引起了佛教信徒的敬仰和模仿。隋唐时期，以《法华经》为宗经的天台宗兴盛，也激发了世俗社会烧身的宗教热情。隋唐佛教界在对烧身进行解释时，大都限制出家僧尼烧身，但对世俗社会的烧身行为却是赞赏的，这也增加了世俗社会信众烧身的信心。

（二）南朝社会的舍身斋

关于舍身斋，细分可以有两种情况，一是舍身资服用，二是舍自身到寺院服役。

舍身资服用者，如沈约《舍身愿疏》："兼舍身资服用百有一十七种，微自捐撤，以奉现前众僧。"② 又如《南齐南郡王舍身疏》云："敬舍肌肤之外，凡百十八种。"舍身资服用较舍自身为奴，程度较轻。但身资服用既是平时所用之物，在传统社会，也具有特殊意义，而不同于单纯的金钱财物，具有宗教象征意味，所以舍身资服用也被称为舍身。当然最有特点的舍身是舍自身为僧尼执役。南朝时期，上到帝王，下到一般民众都曾舍身到寺院为奴。普通人舍身者，如刘宋时期荥阳高荀，"年已五十，为人杀被收。锁项他牢，分必受死。同牢人云：'努力共诵观世音。'荀云：'我罪甚重耳，受死何由可免。'同禁劝之。因如始发心，誓当舍恶行善。专念观音，不蔺造次。若得免脱，愿起五层佛图，舍身作奴，供养众僧。旬日用心，钳锁自解。监司惊怪，语高荀云：'若佛神怜汝，暂应不死。'临刑之日，举刀未下，刀折刃断。奏得原免矣。"③ 可见舍身寺院为奴，就可以免除罪恶，这种观念在民间应该比较流行。贵族舍身者也不在少数，齐武帝为太子时，"（建元四

① 《大正藏》第9册，第1页中栏。

② 《舍身愿疏》，《广弘明集》卷28，《大正藏》第52册，第323页中栏。

③ 《三宝感应要略录》卷1"第四十五级未就刑利刃断感应（出《宣验记》）"，《大正藏》第51册，第834页下栏。

年）暨七月既望，乃敬舍宝躯，爰及舆冕，自缨以降凡九十九物。”①竟陵王，“敬舍躯服以充供施。”② 齐建平王景素也曾在南涧寺舍身斋。当然最有影响的要算梁、陈帝王的舍身斋了。

《梁书·武帝纪下》：

（大通元年）舆驾幸同泰寺舍身。甲戌，还宫，赦天下，改元。

（中大通元年九月）癸巳，舆驾幸同泰寺，设四部无遮大会，因舍身，公卿以下，以钱一亿万奉赎。冬十月己酉，舆驾还宫，大赦，改元。

（太清元年）三月庚子，高祖幸同泰寺，设无遮大会，舍身，公卿等以钱一亿万奉赎。③

《陈书·本纪第二》：

（永定二年）五月乙未，京师地震。癸丑，齐广陵南城主张显和、长史张僧那各率其所部入附。辛酉，舆驾幸大庄岩寺舍身。壬戌，群臣表请还宫。④

《陈书·后主纪》：

（至德元年）九月丙午，设无碍大会于太极殿，舍身及乘舆御服，大赦天下。⑤

帝王舍身是重大政治事件，帝王本人对其非常重视，将其作为一项

① 沈约：《南齐皇太子解讲疏》，《广弘明集》卷19，《大正藏》第52册，第232页中栏。

② 沈约：《竟陵王解讲疏一首》，《广弘明集》卷19，《大正藏》第52册，第232页下栏。

③ 《梁书》卷3《武帝纪下》，中华书局1973年版，第71、73、91页。

④ 《陈书》卷2《本纪第二》，中华书局1972年版，第37页。

⑤ 《陈书》卷6《后主纪》，中华书局1972年版，第108页。

重大政治行为，往往与其他重要政治行为联系在一起，如梁武帝三次舍身都与改元有关，陈高祖舍身则发生在地震以及政治上取得一些胜利后，陈后主舍身也是在即位之初。梁武帝还令大臣为舍身撰定专门的礼仪，《陈书·杜之伟传》："中大通元年，梁武帝幸同泰寺舍身，敕勉撰定仪注，勉以台阁先无此礼，召（杜）之伟草具其仪。"① 同时为了增加舍身的影响，梁陈帝王还往往将无遮大会与舍身联系在一起。无遮，就是指宽容而无遮现。无遮会就是不分贤圣道俗、贵贱上下，平等行财施及法施的法会。无遮会一般规模很大，据史料记载梁武帝中大通元年（529）设四部无遮大会时道俗参加者有五万人。② 此外，帝王还请僧尼代替自己舍身，《续高僧传·释宝唱传》："频代二皇，舍身为僧给使。洗濯烦秽，仰资冥福。每一舍时，地为之震。相继斋讲，不断法轮。"③

那么，舍身斋是如何被创造的？南朝时期世俗人士舍身这种行为有何目的？这种行为又是如何消失的？舍身资服用在印度佛教中就存在，舍自身为僧尼役使也有一定的经典依据，特别是帝王舍身。梁武帝很多崇佛行为是对阿育王的模仿，在有关阿育王的记载中，阿育王曾经舍身给僧众，并用金钱赎身。但阿育王的舍身不仅舍自身，而且将所有土地、人民、大臣都舍给僧人，实际上是一种象征性行为，目的是为了向僧人布施钱财，而不是真正到僧团中去，所以南朝帝王的舍身虽然有一定经典依据，却也是一种创造。这种创造即使不是僧尼极端宗教行为直接影响下的产物，也与前者有着共同的逻辑方式。按照佛教要求，僧尼要供养佛，而舍身被认为是对佛的最好供养，世俗社会对佛教的供养，是指供养佛、法、僧三宝，既然中国僧尼能够舍身供佛，世俗社会也可以舍身供佛，而对于那些不想舍身供佛的人，也可以舍身供养僧，那就是舍身到寺院为僧尼执役，按照逻辑，这应该也是对僧尼供养中最好的方式。这样，为僧尼服役的舍身斋便出现了。

---

① 《陈书》卷34《杜之伟传》，中华书局1972年版，第454页。

② 《佛祖统纪》卷51，《大正藏》第49册，第450页下栏。

③ 《续高僧传》卷1《释宝唱传》，中华书局2014年版，第9页。

那么舍身斋的具体目的有哪些呢？我们先来看高苟的例子，他因为杀人而入狱，同狱人劝他念诵观音以免祸，他便专念观音，并发愿“若得免脱，愿起五层佛图，舍身作奴，供养众僧。”看来在一般人心目中，舍身寺院为奴是供养三宝的一种行为，可以消祸免灾，增长福业。再来看士人舍身的主要目的，沈约《舍身愿疏》中在陈述自己对佛教“空”的一番解释后，宣布自己要舍身：

> 以大梁天监之八年岁次玄枵日殷鸟度夹钟纪月十八日，在于新所创蒋陵皇宅，请佛及僧仿佛祇树，息心上士凡一百人。虽果谢庵园，饭非香国。而野粒山蔬，可同属厌。兼舍身资服用，百有一十七种，微自捐撤，以奉现前众僧。夫室家患苦，刀俎非切。剃除萧散，形质超然。蠢彼群生，咸有佛性。不因剪削，此路莫由。缘业舛互，世谛烦记。变形改饰，即事为难。故开以八支，导彼清信。一日一夜，同佛出家。本弘外教，事非僧法。而世情乖舛，同迷斯路。招屈名僧，置之虚室。主人高卧，取逸闲堂。呼为八关，去之实远。虽有供施之缘，而非断漏之业。约今谨自即朝至于明旦，排遣俗累，一同善来。分留上德，勖成微志。藉此轻因，庶证来果。功德之言，非所敢及。①

在这里沈约指出自己舍身的理由，即对世俗人而言出家并不容易，而行八关斋又容易流于形式；并指出舍身的目的，是“排遣俗累，一同善来”，善来是对受具足戒比丘的称谓，也就是说沈约舍身资服用给僧尼，并在一天一夜按照出家比丘的要求行事，是为了在一定时期内排遣俗累，像比丘一样，断“漏业”，证“来果”，体会佛教徒的修行境界，而不是为了积聚功德。帝王皇室的舍身，目的比较多样，既有积功德祈福报的愿望，又有对佛教义理的某种体悟，更具有浓厚的政治色彩。齐竟陵王舍身是为死去的皇太后祈福，“仰惟先后禀灵娥德，协景轩度，道载华岳，化洽汾阴。早弃兰宫，夙违椒掖。千乘不追，万钟

① 沈约：《舍身愿疏》，《广弘明集》卷28，《大正藏》第52册，第323页中栏。

靡及。终天之慕，不续于短年。欲报之诚，思隆于永劫。敬舍躯服，以充供施。藉此幽通，控情妙觉，仰愿圣灵速登宝位，越四天之表，记十号之尊。惟兹三世，咸证于此。敢誓丹衷，庶符皎日。”[①] 齐武帝为太子时舍身是为了祈求国泰民安：“愿以此力，普被幽明。帝室有嵩华之固，苍黔享仁寿之福。若有沦形苦海，得随理悟。坠体翱涂，不远斯复。十方三世，咸证伊言。兹誓或褰，无取正觉。”[②] 沈约《南齐南郡王舍身疏》曰：

> 弟子萧王，上白诸佛世尊道德僧众，夫色固无象，触必归空。三世若假，八微终散。虽复回天震地之威，穷于寂灭。齐冠楚组之丽，靡救埃壤。而嗜欲易繁，每疚心术。舍施难弘，用迷假照。弟子树因旷劫，向报兹生。托景中璇，联华日采，玉组夙纡，蕃麾早建。兰池紫燕之乘，扰于外闲。黼帐翠帷之饰，光于中寝。徒以心源承滞，情路未昭。识谢兼忘，理惭独悟。不能协调五气，绥御六神。霜暑或褰，风露时舛。是以敷襟上宝，栖诚妙觉。敬舍肌肤之外凡百一十八种，当令经卫夙理，府给时顺。万祉云翔，百妖雾涤。望北极而有，瞻南山而同永。又愿宸居纳佑，则天均庆。少阳分福，俪日承休。储妃阐膺祥之符，皇支广惟祺之祚。敬饰甍崇，严置宝幄。仰延息心，旁旅清信。勖兹弘誓，证其幽疑。庶可以感降祯和，招对灵应。玄涂匪昧，要之无爽。[③]

这里舍身既有对佛教“一切皆空”理论的理解，更是为了“协调五气，绥御六神”，也就是为国家祈福，以“感降祯和，招对灵应”，保佑皇室兴旺，天下太平。而陈文帝的《无碍会舍身忏文》更能体现帝王舍身的政治色彩：

---

① 沈约：《竟陵王解讲疏一首》，《广弘明集》卷19，第232页下栏。

② 沈约：《南齐皇太子解讲疏》，《广弘明集》卷19，第232页中栏。

③ 《广弘明集》卷28，第324页上栏。

> 窃观雅诰奥义，皇王兴在予之言；礼经令典，圣人扬罪己之说。故亡身济物，仁者之恒心。克己利人，君子之常德。况复菩萨大士，法本行处。应讣三界，摄受四生。运无量之四心，修平等之六度，国城妻子，僶俯哀荒。承祖宗之大业，扶曳喘息。当天下之重任，黎民弗乂。庶绩未熙，御朽履冰，无忌兢业。又以世相泡影，有为露电。爱河奔迅，欲海飞腾。禀识同焚，含灵共溺。垂瑱凭玉，还觉万乘非尊。当宁负扆，翻以万机成累。夕惕若厉，思弘汲引，每日丕显。奉为七庙圣灵，奉为皇大后圣御，奉为天龙、鬼神、幽冥、空有三界、四生、五道、六趣、若色、若想、若怨、若亲、若非怨亲、遍虚空、满法界、穷过去、尽未来、无量名识、一切种类平等大舍。舍弟子自身及乘舆法服，五服銮辂，六冕龙章，玉几玄裘，金轮绀马，珠交璎珞，宝饰庄严。给用之所资待，生平之所玩好，并而檀那，咸施三宝。今谨于前殿设无碍大会，奉行所愿。并诸功德，具列于前。愿诸佛菩萨冥空幽显，俱到证明。开智能日，映慈悲云。树宝幢于大千，击法鼓于百亿。震动世界，觉悟群生。放三昧之净光，流一味之法雨。引愚痴于火阱，拔烦恼于棘林。出轮转河，到无生岸。①

这段文字分为两层：一、指出舍身的意义，国家没有实现太平，帝王应该承担责任，舍身类似于一种罪己行为，表明帝王的一种态度；舍身是体悟佛教一切皆空后，想要进行的一种体验；舍身是为祖先和众生祈福的方式。二、舍身的愿望，“愿诸佛菩萨冥空幽显，俱到证明”，也就是希望能普度众生。

总之，南朝时期舍身斋在各个阶层中都有人实践，但实践的目的却各有侧重。南朝以后，舍身斋逐渐消失，特别是帝王舍身的现象，再也没有出现过，这可以从当时和后世人们对帝王舍身的评价中得到解释。最早对帝王舍身发表看法的是荀济，他谴责梁武帝“违黄屋之尊，就苍头之役，朝夕敬妖怪之胡鬼，曲躬供贪淫之贼秃，耽信邪胡，谄祭淫

① 《广弘明集》卷28，第335页上栏。

祀，恐非聪明正直而可以福佑陛下者也”[①]。其所谓“就苍头之役”就是指梁武帝舍身为僧尼执役事。此后，侯景在太清二年（548）上书东魏国主，提到“臣进取寿春，暂欲停憩。而萧衍识此运终，自辞宝位；臣军未入其国，已投同泰舍身”[②]。将舍身作为梁亡的征兆。隋代高劢在请求隋文帝伐陈的上表中指出：“陈氏数年已来，荒悖滋甚，天厌乱德，妖实人兴。或空里时有大声，或行路共传鬼怪，或刳人肝以祠天狗，或自舍身以厌妖讹。人神怨愤，怪异荐发。臣以庸才，猥蒙朝寄，频历蕃守，与其邻接。密迩仇仇，知其动静。天讨有罪，此即其时。若戎车雷动，戈船电迈，臣虽驽怯，请效鹰犬。”[③] 南北朝隋唐帝王大都崇佛，高劢的先祖北齐帝王也崇奉佛教，所以高劢并没有指责陈后主崇佛，只是将舍身这种极端宗教行为作为批评的对象，认为舍身是南陈荒乱的重要表现之一。

唐代人更是将南朝帝王舍身与灾异亡国等紧密联系在一起。魏征主编的《隋书》中多处提到这种观点，如《隋书·五行志上》：“普通二年五月，琬琰殿火，延烧后宫三千余间。中大通元年，朱雀航华表灾。明年，同泰寺灾。大同三年，朱雀门灾。水沴火也。是时帝崇尚佛道，宗庙牲牷，皆以面代之，又委万乘之重，数诣同泰寺，舍身为奴，令王公已下赎之。初阳为不许，后为默许，方始还宫。天诫若曰，梁武为国主，不遵先王之法，而淫于佛道，横多縻费，将使其社稷不得血食也。天数见变而帝不悟，后竟以亡。及江陵之败，阖城为贱隶焉，即舍身为奴之应也。……梁中大通元年四月，大雨雹。《洪范五行传》曰：‘雹，阴胁阳之象也。’时帝数舍身为奴，拘信佛法，为沙门所制。”[④]《隋书·五行志下》：“梁大同元年，天雨土。二年，天雨灰，其色黄。近黄祥也。京房《易飞候》曰：‘闻善不及，兹谓有知。厥异黄，厥咎龙，厥灾不嗣。蔽贤绝道之咎也。’时帝自以为聪明博达，恶人胜己。

---

① 《广弘明集》卷7，第129页上栏。

② 《资治通鉴》卷161《梁纪十七》，中华书局1955年版，第4992页。

③ 《北史》卷51《清河王子高劢传》，中华书局1984年版，第1850页。

④ 《隋书》卷22《五行志上》，中华书局1973年版，第620页。

又笃信佛法，舍身为奴，绝道蔽贤之罚也。”[①]《隋书》是官修史书，其观点代表着官方的态度，可见唐统治者在总结北方灭亡南方的经验教训时，将帝王极端的宗教行为舍身作为南方灭亡的重要原因。唐代士人也对南朝帝王舍身表示批评，唐中宗时期大规模兴建佛寺，辛替否上疏劝谏，其中提到“梁主以舍身构隙”[②]，将梁武帝舍身作为梁灭亡的重要原因。韩愈在《谏迎佛骨表》中也表达了同样的观点：“唯梁武帝在位四十八年，前后三度舍身施佛，宗庙之祭，不用牲牢，昼日一食，止于菜果。其后竟为侯景所逼，饿死台城，国亦寻灭。事佛求福，乃更得祸。由此观之，佛不足信，亦可知矣。”[③]

到了宋代，这种观念几乎成了定论，宋太宗说：“梁武舍身为寺家奴，此真大惑!”[④] 高僧契嵩（1007—1072）对梁武非常推崇，极力为梁武帝舍身辩护，认为“其发志固不同庸凡之所为，未可以奴视之也”，但同时他也不得不承认其舍身行为“于俗则过”[⑤]。世俗社会以及统治者评判的标准正是“俗”，在他们看来梁陈帝王的舍身行为有损于帝王的尊严，不利于国家的稳定，也会纵容佛教势力的扩大，从而为政权制造潜在敌人。随着王权的加强，这种行为自然不能被允许存在，而帝王和士人不断在各种场合将舍身与国家灭亡联系在一起，就会形成一种话语权力，使后世统治者不敢逾越。

结　语

中国传统文化对身体比较重视，往往将保全身体与孝联系在一起，认为“身体发肤，受之父母，不敢伤毁”。但传统文化包含不同的文化系统，有很大的灵活性，儒家“舍生取义”思想以及道家强调精神超

---

① 《隋书》卷23《五行志下》，中华书局1973年版，第659页。

② 《旧唐书》卷105《辛替否传》，中华书局1975年版，第3157页。

③ 《旧唐书》卷164《韩愈传》，中华书局1975年版，第4155页。

④ 《续资治通鉴》卷12“太宗至仁应道神功圣德睿烈大明广孝皇帝太平兴国八年”，中华书局1999年版，第285页。

⑤ 契嵩：《镡津文集》卷14，《大正藏》第52册，第724页中栏。

越的传统为伤毁甚至舍弃身体留下了一定空间。这也是东晋后期僧尼舍身能在中国社会出现的一种基本文化条件。

印度佛经中有对舍身故事的宣扬，但却没有要求普通僧尼在现实中去实践。僧尼舍身可以说在很大程度上是中国僧尼根据佛教经典进行的一种创造，这种极端的宗教行为在东晋末年出现后，直到宋初在主流佛教界一直被允许。佛教界的态度随着历史的发展有一些不同，总体而言，在这几百年的历史时期内，佛教界对僧尼舍身存在批评，但并没有禁止其存在，而且在理论上对舍身进行了系统论证，调和了大乘经典和小乘戒律在这个问题上的不同说法。所以，在宋代以前僧传中，舍身被作为一种独立并被表彰的行为。

世俗社会对僧尼舍身的态度经历了不断变化的过程，南北朝统治者大都信奉佛教，对僧尼烧身虽并不赞成，也不坚决反对，更不会运用行政手段加以干涉。一般民众在观看僧尼烧身时会增加对佛教的信奉。所以南北朝时期的僧尼烧身一般公开进行，通知道俗，很多帝王或者地方长官都会参加，规模很大，获得的施舍也很多。隋唐时期，中央集权进一步加强，帝王对佛教的态度也变化不定，僧尼烧身的规模已经逐渐缩小，这时由于佛教仍然处在上升时期，佛教的势力不断扩大，帝王对僧尼烧身还没有进行直接限制。五代以后，佛教发展的高峰已经过去，各个政权在制度上更加集权化，对于佛教这种异己力量防范更加严密，僧尼舍身逐渐被世俗政权所不容，舍身行为逐渐退出主流佛教界，退居边缘。从这种变化我们可以寻绎影响僧尼舍身出现和消失的各种因素，也可以了解佛教与政治之间的相互关系。

僧尼舍身虽然最终退居边缘，但在中国历史上也留下了一定影响。特别是在南北朝隋唐时期，僧尼舍身一方面使世俗社会模仿僧尼行为，出现了舍弃自身的现象，另一方面也促成了南朝舍身斋的盛行。普通人可以通过舍身斋寻求心灵的宁静或安慰，帝王的舍身为奴，则不仅扩大了佛教的影响，也对现实政治产生了深远影响。

（本文是拙著《南朝僧尼与佛教中国化》的部分内容，
台湾花木兰出版社 2012 年出版，此次作了较大改动）

人间佛教思潮中的太虚菩萨戒思想

一般认为，人间佛教是近代以来汉传佛教的主流思潮，人间佛教的概念最早由太虚法师（1889—1944）正式提出，其弟子印顺（1906—2005）进行了系统阐释，此后，佛教界以人间佛教为旗帜，大力促进佛教的现代化转型。人间佛教无论是在佛教理论、佛教修行，还是在戒律僧制方面都与传统佛教存在诸多差异。教界与学界对这一问题已经进行了数量众多、质量精深的研究。[①] 有的学者总结道："与传统佛教相比较，人间佛教由重生死、重出世转为重现实人生、重入世，由以僧人为本位转为以社会成员为本位，由追求彼岸净土转为建设现世净土。"[②] 相对而言，学界对人间佛教思潮中的戒律问题关注不够。本文选取菩萨戒这一视角，考察最早提出人间佛教思想的太虚法师在菩萨戒思想方面的构想与现代化阐释，展现戒律现代化的进程。

一　汉传佛教菩萨戒概况

佛教戒律分为声闻戒和菩萨戒。声闻戒是佛陀在世时随犯随制，并在佛陀涅槃后由弟子们在第一次结集时形成的戒律条文。后来不同的

---

① 重要的研究有陈兵、邓子美《二十世纪中国佛教》（民族出版社 2000 年版）、邓子美等《当代人间佛教思潮》（甘肃人民出版社 2009 年版）、赖永海主编《中国佛教通史》第 15 卷、魏道儒主编《世界佛教通史》第六卷、洪修平《太虚大师与当代的人间佛教》（《佛学研究》2017 年第 2 期）、魏常海《从人间佛教看中国佛教的发展路向》（《中国佛教》2015 年第 5 期）、程恭让《论人间佛教的历史必然性》（《西南民族大学学报》2016 年第 10 期）、谢重光《人间佛教的思想渊源与早期实践》（《宁德师范学院学报（哲学社会科学版）》2016 年第 1 期）等。

② 殷玮：《星云人间佛教思想研究》，博士学位论文，南京大学，2012 年。

部派根据各自的理解形成了不同的律典，有《十诵律》《四分律》《五分律》《僧祇律》等分别，但主体内容差别不大。菩萨戒伴随着大乘佛教的兴起而出现。早期大乘经典《大品般若经》中已经提到了菩萨戒的基本内容，此后《法华经》《十住经》《华严经》《大般涅槃经》等都有对菩萨戒的记述。随着大乘佛教的发展，出现了一批全面组织大乘学说的文献，其中涉及菩萨戒律的主要是《菩萨藏摩呾理迦》，即后来收入《瑜伽师地论》作为本地分十七地之一的《菩萨地》，《菩萨地》的一个重要特点就是把散见于各经中的有关大乘戒律的内容总集起来，提出了菩萨自乘的律仪戒，即四重四十三轻的戒条。此前大乘没有专门的律仪戒，大乘出家者都在小乘部派中受戒，因此大乘对小乘虽多有批评，但在戒律上却不得不依附小乘，至此，菩萨有了自己的律仪，对小乘的依附大大减少。但考察《菩萨地》的菩萨戒法，① 总称为三聚净戒，包括摄律仪戒、摄善法戒、摄众生戒，其中的摄律仪戒就是指的声闻七众戒，而且规定受菩萨戒之前必须要先受七众戒，仍然保留了声闻戒的等次，也就是说受了具足戒再受菩萨戒才是最高的，仍然体现了对出家人的重视。因此，《菩萨地》一方面体现了以菩萨戒包含一切戒的努力，另一方面又没有完成建立独立菩萨戒的任务。

佛教大致在两汉之际传入中国，但佛教经典的集中翻译，则开始于桓灵之际的安世高和支谶。专门戒律经典的传入则到了曹魏嘉平（249—254）年间，以昙柯迦罗译出《僧祇戒心》为标志。② 一百多年后，佛教领袖释道安（312—385）深感戒律传来之不全，乃搜寻经典，制定僧尼规范，并积极促成戒律的翻译。③ 此后，随着鸠摩罗什和一批律学僧人来华，声闻戒律的翻译逐渐完备。从404年《十诵律》翻译开始，到423年《五分律》翻译完成，短短二十年间，四大广律在中国就被完整翻译出来，可见汉地僧尼对戒律的迫切需要。广律的翻译

① 参见《瑜伽师地论》卷40—41，《大正藏》第30册。

② 《高僧传》卷1《昙柯迦罗传》："时有诸僧共请迦罗译出戒律。迦罗以律部曲制，文言繁广，佛教未昌，必不承用，乃译出《僧祇戒心》，止备朝夕。更请梵僧立羯磨法受戒。中夏戒律，始自于此。"（中华书局1992年版，第13页）

③ 参见《高僧传》卷5《释道安传》，中华书局1992年版。

激发了汉地僧众研究戒律的热情，但各部戒律具体规定的差异，也给汉地佛教界造成了疑惑。此后随着大乘戒律相关经典在汉地的传译，这一问题更为突出。大乘戒律主要由印度僧人昙无谶（385—433）传译到汉地。昙无谶所译经典中较多涉及大乘戒律的有《大般涅槃经》《方等大集经》《方等王虚空藏经》，而主要关于菩萨戒的则有《菩萨地持经》（《瑜伽师地论·菩萨地》异译）《菩萨戒本》《优婆塞戒经》《菩萨戒优婆塞戒坛文》。①

五世纪初，声闻广律和大乘戒经的集中传译，为中国佛教界带来了新的生机，引发了对戒律的充分重视。如果说此前戒律的混乱，一方面体现了中国佛教的不足，但从另一方面看，没有固定的成规，又是中国佛教的长处，此前在印度发展了近千年，阶段分明的大小乘戒律同时较为完整地展现在中国佛教界面前，这为他们摆脱成见，建立适合中国社会的戒律规范提供了丰富的素材。《梵网经》菩萨戒正是中国佛教界摆脱声闻戒律束缚，延续印度大乘佛教建立独立菩萨戒律方向，适应中国社会的特殊情况，建立起来的契理契机的中国大乘菩萨戒。②

《梵网经》形成后，在梁武帝（464—549）、慧皎（497—554）、智顗（538—597）等人提倡下，逐渐成为汉传佛教菩萨戒授受的主要依据。瑜伽系菩萨戒则长期不被重视。现存《梵网经》注疏，从隋代智顗《菩萨戒义疏》到清代德玉（1628—1701）《梵网经顺硃》，共有29家34种，而对瑜伽系菩萨戒的注疏则寥寥无几。敦煌遗书中保留下来的抄写于天监十八年（519）的梁武帝《出家人受菩萨戒法》，所用菩萨十重戒就来自于《梵网经》③。此后湛然、明旷等众多高僧所制定的菩萨戒仪都以《梵网经》为主要依据。明末法藏（1573—1635）撰《弘法戒仪》，后经超远检录、补充，形成《传授三坛弘戒法仪》④，首

---

① 参见《高僧传》卷2《昙无谶传》（中华书局1992年版，第77页）、《出三藏记集》卷2（中华书局1995年版，第52页）。

② 参见拙著《晋隋之际佛教戒律的两次变革——〈梵网经〉菩萨戒与智顗注疏研究》，中国社会科学出版社2015年版，第131—151页。

③ 遗书原文参见土橋秀高『戒律の研究』，京都永田文昌堂1980年版，第846—847页。

④ 《卍续藏经》第60册。

次确定了三坛大戒的授戒仪轨，成为此后汉传佛教固定的授戒制度。其中第三坛所授菩萨戒也是以《梵网经》为菩萨戒戒本。

《梵网经》菩萨戒一开始是作为独立的菩萨戒出现的，也就是说这种菩萨戒的授受不一定以声闻戒为基础，可以单独授受。日本比叡山僧团正是采取了这种方式。但在汉传佛教历史上，经过智顗等人的努力，《梵网经》菩萨戒的授受却大都以声闻戒为基础。但直到三坛大戒制度的确立，《梵网经》菩萨戒与声闻戒的搭配是自由的，也就是说，可以受五戒后，受《梵网经》菩萨戒；也可以受声闻戒后，受《梵网经》菩萨戒。

近代以来，中国社会发生了翻天覆地的变化，佛教界也与时俱进，以太虚为代表的一些思想先进的僧人倡导“人间佛教”，积极促成佛教的现代化转型。那么，有关菩萨戒的思想又会有哪些变化？这种变化对佛教的发展有何价值？以下我们将对太虚的菩萨戒思想进行系统梳理，以增进对这些问题的认识。

二 太虚大师的菩萨戒构想

太虚是人间佛教思想的最早提倡者，他一生致力于人间佛教的建设和佛教现代化运动，提出和推进“教理革命”“教制革命”“教产革命”三大革命。其中，教制革命包括对传统戒律的改革。有关菩萨戒的思想和实践是太虚大师戒律变革中最具特色的内容之一。综合太虚在不同时期的论述，我们可以将其菩萨戒思想的形成和完善分为三个阶段：

第一，确立以《瑜伽》菩萨戒本为菩萨戒授受主要依据。

太虚对菩萨戒本的选择有一个变化过程，总体趋势是改变中国传统佛教自隋唐以来对《梵网经》菩萨戒本的重视，大力提倡《瑜伽》菩萨戒本。1915 年，太虚在普陀山作《整理僧伽制度论》，其中菩萨戒是以《梵网经》为戒本：“至腊八日，为重受梵网四十八轻戒，亦为受菩提心戒及三昧耶戒，增长善根，此日授菩萨戒，应与受沙弥尼戒、室叉摩那尼戒者，受苾刍、苾刍尼戒者，及一切优婆塞、优婆夷、善男子、善女人等，凡发心来求菩萨戒、能解法师言者，一切许与同在菩萨戒坛，授之。”① 这时，太虚对僧伽戒律的认识是以声闻戒为基础，将菩萨戒作为加行戒，其对菩萨戒的描述没有超出传统佛教的范围，他说：“一、菩萨戒是法身金刚心地之善根，非佛教世相建立之律仪。佛教世间之建立众，良唯在俗二众、在僧五众。故优婆塞、夷戒，虽不必在戒堂学习，戒坛传授，然必从苾刍、苾刍尼受之。而菩萨戒则随曾受菩萨戒、能解脱菩萨戒者，无论何人为僧为俗，佛经像前，俱得受之。二、菩萨戒如大地画，遍具诸相，入一切画。如伽陀药、遍医诸病，更增气力。如醍醐味，遍入诸食，益加美味。是故发菩提心，悲智增上，随持何戒皆菩萨戒。虽持优婆塞、夷一戒，若加受菩萨戒即为受持菩萨一戒。优婆塞、夷如是，菩萨沙弥，菩萨式叉摩那；乃至受苾刍戒，若加受菩萨戒，即为菩萨苾刍。故菩萨戒为诸戒本，受七众戒皆菩萨戒。非菩萨戒不融圣凡，非七众戒莫辨僧俗；非菩萨戒不见佛门广大，非苾刍戒莫显僧宝清高。”②

但是，就在这一年的年底，太虚便将自己的兴趣转向瑜伽菩萨戒，据1924年太虚所作《志行自述》，他在民国四年（1915）冬天，就决定专门弘扬瑜伽菩萨戒了：“余则志在整兴佛教僧（住持僧）会（正信会），行在瑜伽菩萨戒本，斯志斯行，余盖决定于民四之冬，而迄今持之弗渝者也。”③ 1923年，太虚在武昌佛学院合刊慈宗三要，在序中指出：“三要者：谓瑜之真实义品，及菩萨戒本，与观弥勒上生兜率经也。义品、戒本，慈氏之说；经则释尊谈慈氏者，故皆宗在慈氏，如次为慈宗境行果之三要也。”④ 其中，《菩萨戒本》就是玄奘译《瑜伽师地论》中录出的菩萨戒本。太虚将《菩萨戒本》作为其整体佛学中“行”的部分，与境（《瑜伽真实义品》）、果（《观弥勒上生兜率经》）并列，这是太虚首次公开提倡瑜伽菩萨戒。

在1924年的《志行自述》中，太虚回顾了自己的志行经历，特别

① 《太虚大师全书》第18编，宗教文化出版社2005年版，第78页。
② 《太虚大师全书》第18编，宗教文化出版社2005年版，第81页。
③ 《太虚大师全书》第18编，宗教文化出版社2005年版，第163页。
④ 《太虚大师全书》第32编，宗教文化出版社2005年版，第303页。

强调了菩萨戒的重要价值和提倡瑜伽菩萨戒本的原因。太虚认为佛法要落实到行动上，持守菩萨戒是最重要的佛教行为："知法在行，知行在戒，而戒又必以菩萨戒为归。"菩萨戒通常称为三聚净戒，包括三方面的内容，太虚认为："一、摄律仪，重在止恶，多与声闻共；二、摄善法，在集自善，少与声闻共；三、饶益有情，专以舍己利他为事，乃与声闻不共。"因此，饶益有情戒是菩萨戒最为殊胜之处。太虚比较了各种菩萨戒本，认为玄奘译出的《瑜伽菩萨戒本》最为完备、殊胜："梵网、璎珞诸本，戒相之详略有殊，其高者或非初心堪任，而复偏于摄律仪、摄善法之共戒。旧译之弥勒戒本，亦犹有讹略；唯奘译《瑜伽师地论》百卷中所录出之菩萨戒本，乃真为菩萨繁兴二利、广修万行之大标准。"① 太虚主要提出了两条理由：一，《梵网》系菩萨戒有的戒条要求过高，不适合初发心菩萨。二，《梵网》系菩萨戒侧重摄律仪、摄善法戒，瑜伽菩萨戒则强调饶益有情，更具有舍己为人的菩萨精神。

此后，太虚一直重视瑜伽菩萨戒本。1932 年，太虚在厦门成立"厦门慈宗学会"，宗奉慈氏（弥勒）菩萨，以上生兜率净土为修行目标。1933 年，太虚集《慈宗要藏》，指出："曩集三要以解理、修行、证果为序，故先义、次戒、而后经；今者遵藏例以编，乃依经、律、论、杂为四，俾研习此宗者，可获其要而息他骛焉！"② 1936 年，太虚在宁波雪窦寺讲《慈宗的名义》："今慈宗三要乃举其最宗要的三种，已备经律论三藏：真实义品明教理、属论，菩萨戒本轨行持、属律，上生经修证上生果、属经。"③

综合多方面的论述，我们可以看出，在佛教理论上，太虚是以建立在慈恩宗基础上的"慈宗"来统摄一切佛法的。在其"慈宗"构想中，菩萨戒扮演了重要角色。太虚所提倡的菩萨戒不再是汉传佛教中流行已久的《梵网经》菩萨戒，而是瑜伽菩萨戒。

① 《太虚大师全书》第 18 编，宗教文化出版社 2005 年版，第 165 页。
② 《太虚大师全书》第 32 编，宗教文化出版社 2005 年版，第 305 页。
③ 《太虚大师全书》第 10 编，宗教文化出版社 2005 年版，第 367 页。

第二，结合现代管理制度，提出建立菩萨学处的设想。

1940年，太虚在汉藏教理院暑期训练班作题为“我的佛教改进运动略史”演讲，回顾了自己从事佛教改进运动的几个阶段，正式提出了建立菩萨学处的设想：

> 在佛教戒律中，有所谓苾刍学处，我现在很想来建立一菩萨学处，位分六级：一、结缘三皈：这是些虽皈依于三宝，对三宝尚无正信和正见的徒众。二、正信三皈：这都是些智识份子，对佛教已有正当的了解和信仰，由正信而皈佛教者，年龄学识约当十九岁以上及曾受中等教育的程度。三、五戒信众——五戒上可受短期的八关斋戒，但不另成一阶级——：受五戒后，有两条路线：一条是由五戒后直接发起菩提心，受菩萨戒，成为在家菩萨。一条是受五戒、习八戒后，转进入出家阶级，作沙弥、比丘，受十二年的教育而成为出家菩萨；这和前说的学僧制有著联络的——在家菩萨经过二十年以上来出家，可适用宝华山般的传戒仪式，五十三天中受完沙弥、比丘、菩萨的三坛大戒，顿成出家菩萨，因为、已有二十年在家菩萨的实验。前年铎民居士与梅光羲居士谈五十岁以上方可出家，可与此制相当。四、出家菩萨，自有其集团制度。更有已具德行、已成菩萨者，统理菩萨学处，在家菩萨、出家菩萨之事业，直称菩萨行，这是在组织的阶位上说。
>
> 从正信三皈，到五年出家菩萨的初阶，应有干部人材的训练，以养成菩萨学处的干部人材。在家菩萨下至结缘三皈，都可为菩萨学处摄化的大众。菩萨学处的出家菩萨，要经过十二年戒定慧的修学，或经过在家菩萨二十年而出家，但终身作在家菩萨亦宜，以在实行上，同为六度四摄，即是实行瑜伽戒法。六度、四摄是一个纲领，从具体表现上来说，出家的可作文化、教育、慈善、布教等事业，在家的成为有组织的结缘三皈、正信三皈及至五戒居士在家菩萨，农、工、商、学、军、政……各部门，都是应该做的工作，领导社会作利益人群的事业；六度、四摄的精神，就在个人的行为，和为人类服务中表现出来。学处内设立出家菩萨养成所，经过沙弥

二年、比丘十年的时间。在学僧的过程中，更设出家菩萨训练班，使能涉俗利生。另设在家菩萨训练班，因为、他们对社会事业虽然有经验，但参加佛教的干部工作，应更加短期训练。在三皈至五戒间，则有信众训练班，在总组织则有佛教会。干部人材都可作佛教会发动机。

在摄化大众的广泛事业上，在家菩萨什么工作都可以做，出家菩萨则做文化、教育、慈善。文化方面的，如图书馆、书报等，教育方面，如小、中、大各级学校，慈善方面，为医院、慈幼院、养老院等。资生方面，如工厂、农场、商店等，都可以佛教个人或团体名义去办，移转一般只谈佛教消极不办事的观念；即在个人行历中，亦处处现出信仰佛教。向来社会上作事的佛徒，大都不肯承认自己信仰佛教，所以社会人士，就说学了佛不再做人、做事。在家菩萨能够在每一事业上，都表现出佛教徒精神，社会人士自然对佛教生信仰，僧众的地位也因此提高，恭敬尚且来不及，那里还会来摧残佛教？真正的大乘佛教实行到民间去，使佛教成为国家民族、世界人类需要的精神养料，佛教当然就可以复兴。不过，这里所说的，最要紧是实行表现出来，不仅是空口说白话，或以笔墨写成的文字。①

这一设想具有鲜明的特点：

首先，这是在对传统戒律进行融会贯通、综合创新基础上提出的菩萨戒纲要，具体表现在：（1）将菩萨戒分为六级，把三皈依分为结缘三皈和正信三皈两级，充分强调了作为戒律基础的皈依的重要性。（2）五戒之后的等级分为两类：第一类是在家菩萨，受五戒后，再受菩萨戒。这与《梵网经》所规定的菩萨戒授受方式并不一致。《梵网经》规定受三皈后，可以直接受菩萨戒。第二类是受五戒后，受沙弥、比丘戒，再受菩萨戒，这与传统出家众的受戒次序是一致的，但与三坛大戒在同一段时期内受三大戒在时间间隔上是不同的。（3）在家菩萨可以

① 《太虚大师全书》第 31 编，宗教文化出版社 2005 年版，第 106—108 页。

在受五戒二十年后，顿受三坛大戒，成为出家菩萨，这完全是太虚创造性的设想。

其次，对菩萨的培养充分吸收现代管理制度。这一设想中充分重视对干部人才的培养，设立出家菩萨训练班、在家菩萨训练班等短期培训机构，这些都是一种现代化的创新。

再次，对出家菩萨和在家菩萨的职责进行了具体划分，重视在家菩萨的作用。在正式提出菩萨学处设想之前，太虚专门指出了在家菩萨培养的重要性："我国古来的佛教制度，全以出家人为代表，在家佛徒没有独立组织，要实行佛法即须出家，在家是不能的；而且素有学佛要待年老和摆脱家庭环境的思想，故在家众没有离开出家众的制度。我觉得这是一种错误，故有在家与出家分别组织的制度；出家佛徒要提高其僧格和地位，能真正住持弘扬佛法，使人们崇仰为导师；在家佛徒则使其由研究信解佛法的学理，行为则以社会道德为基本，实行五戒十善之人间道德，改良社会、政治、文化、教育、风俗、习惯。"①

第三，以菩萨戒统摄一切佛法，完善菩萨学处。

1947 年，太虚去世前，在宁波延庆寺讲《菩萨学处》（弟子记为《菩萨学处讲要》）②，对菩萨戒思想进行系统总结。太虚首先说明菩萨学处的重要性，并以菩萨学处作为佛法的总纲："我今唱导菩萨学处，决不叫人迷着人天的福报，也不叫人愚耽小乘的寂灭；是指示人人可走之路，个个可修之道，是整个的全般的佛法的总纲。这便是菩萨之学，自下至上，自凡至圣，从我们开始举足直到佛果的大道。这自始至终彻上彻下的，都不出我们发菩提心、修菩萨行的现在一念愿心的菩萨。"③ 接着，太虚把菩萨戒（学处）分为三大部分：一，皈依三宝（三皈依，包括结缘皈依和正信皈依）；二，三乘共戒（包括在家众的五戒十善、出家众的沙弥十戒、出家众的比丘具足戒、在家出家的八关

---

① 《太虚大师全书》第 31 编，宗教文化出版社 2005 年版，第 77 页。

② 《太虚大师全书》第 18 编，宗教文化出版社 2005 年版，第 244—284 页。

③ 《太虚大师全书》第 18 编，宗教文化出版社 2005 年版，第 247 页。

斋戒)；三，发心正行（大乘不共戒，包括发菩提心、学修六度、励行四摄)，详细说明每一部分的具体要求。

综观《菩萨学处》的内容，我们可以看出，这是太虚对1940年提出的菩萨学处设想的修正和完善，是太虚最为成熟的菩萨戒思想，有几个方面值得注意：

（1）在这篇讲记中，太虚明确将瑜伽菩萨戒作为最根本的大乘戒，他说：“菩萨发菩提心、发四弘誓愿已，须以不犯四他胜处法来保护菩提心。这四他胜处法，是菩萨戒中最重要的根本戒。虽然如上所举五戒亦为菩萨基本戒条，是大小乘学者应共受持，所以称曰共解脱戒；这四他胜处法，是为菩萨特种戒条，故名别解脱戒。这四条戒说在《瑜伽师地论》戒品中。”①

（2）传统佛教以出家僧人为中心，对出家僧人格外重视，太虚在此却对在家、出家菩萨都严格要求，寄予厚望，他谈到两重皈依时（传统受戒，只有一重皈依），指出：“菩萨学处两重三皈，是建设佛教坚固基层的基础。佛教的中心虽着重在伽蓝清净僧伽，但整个的基础应建筑在多数大众的信仰心上。没有大众信仰的佛教，纵使伽蓝梵刹建筑得富丽，僧伽的生活如何富裕或清高，这是违反佛陀的真义的，是死寂的佛教而非是活的佛教。故今后佛教新的发展和建设，是应把佛教的精神普遍地打入大众的心中，唤起大众热情的信仰和认识，这就是设立两重三皈的所以然。”②

（3）太虚特别强调在家五戒的重要性，强调佛教的人间性：“守持五戒，人伦的道德无缺，取得人的资格。学菩萨应从做得是一个人起！否则，人格尚亏，菩萨的地位便无处安置。能行十善，便可进入从人而天。缘无贪无嗔无痴，其心境平静清宁，已入于天人的境界。唯学菩萨者是在成佛，不求个己之享受为足，于人于天的境界中，更淬励其智慧德行，净化其他的大众。菩萨是永与大众为友，不舍大众，于大众中学

① 《太虚大师全书》第18编，宗教文化出版社2005年版，第272页。

② 《太虚大师全书》第18编，宗教文化出版社2005年版，第253页。

习菩萨道。”①

（4）太虚认为出家菩萨与在家菩萨只是处境不同，二者可以互相转换身份：“上来所说从结缘皈依到正信皈依，从正信皈依分在家与出家修习菩萨的两条路向。但是初自发菩提心，终达修四摄行，其形而上之精神是一贯，其形而下之处境稍有不同耳。然非固定不变者，十年二十年以上之在家菩萨，如欲变服形，自可得入于出家菩萨众中；出家菩萨比丘，遇利行同事尤切之缘时，亦可舍比丘戒入于在家菩萨众中。大乘菩萨之学，重在精神与实践之行，原不限制于固定形式之中。”②

（5）太虚认为修菩萨道的人，不管是出家，还是在家，都可以在本职工作中发扬佛法的精神。出家菩萨侧重于精神的教导，“可住持佛法为一方丛林之主或辅助住持的职务，或担任各级学院的讲师教授，且于弘扬佛教文化事业外，亦可以主持或参加其他文化、教育、慈善各团体。故出家菩萨僧，应恢复释迦牟尼佛在世的精神，完全对于人类负有教导的责任，完全以文化人出现的姿态，以指导未来的新国家新世界的建立。”在家菩萨，可以护持佛法，吸引信众：“如军政等关于保障人民大众利益之责任，这非出家菩萨所应直接执行；倘操之于恶人手中，其有害于大众者固无论矣。故有大悲心的在家菩萨，应本具智力能力挺身而出，为国家大众服务。又在家菩萨，从正信皈依进受五戒，虽处俗务繁杂中，每日亦应定其简短的佛法修持；向有高僧大德处不时亲近请问法要，于佛法中求其更深的认识。同时即以摄引未信仰佛法的亲戚朋友及同事大众，劝导启信，净化大众，护持佛教。如是经十年二十年以上，其资历阶位亦等于出家的菩萨僧位。故在家菩萨，一方自己亲沾佛法的法味，护持住持佛法的菩萨僧；一方以六度、四摄法，向大众活动吸收新的佛教信徒。”③

---

① 《太虚大师全书》第 18 编，宗教文化出版社 2005 年版，第 260 页。

② 《太虚大师全书》第 18 编，宗教文化出版社 2005 年版，第 282 页。

③ 《太虚大师全书》第 18 编，宗教文化出版社 2005 年版，第 283 页。

三　太虚大师菩萨戒思想的价值

太虚大师的菩萨戒思想作为其“人间佛教”思想的重要组成部分，在近代佛教思想史上具有重要价值。

第一，太虚打破了一千多年来汉传佛教菩萨戒的授受传统，开启了汉传佛教戒律现代化的历程。《梵网经》菩萨戒成为汉传佛教菩萨戒的主要依据主要是一种历史机缘。《梵网经》出现的本意是建立独立的大乘菩萨戒，但在声闻戒已经长期流行，佛教又刚刚经历周武帝灭佛重创的情况下，以弘扬佛法为重任的智顗等人提倡《梵网经》，又依据声闻戒对其解释，使《梵网经》菩萨戒的授受以声闻戒为基础。这虽然解决了一时的问题，却也留下了长期的隐患，《梵网经》鲜明的排斥小乘立场与声闻戒总是存在矛盾，将二者合在一起，就会使很多戒条难以落到实处，使具体的规定成为一种简单的形式。太虚提倡瑜伽菩萨戒正可以改变这一传统，为汉传菩萨戒的革新提供新的契机。瑜伽菩萨戒本来是以出家众为重心①，而且是建立在声闻戒基础上的加行戒。太虚提倡过程中，特别强调在家菩萨的重要性，在某种程度上，可以弥补瑜伽菩萨戒的不足。

第二，太虚以菩萨戒（学处）统摄佛法，为人间佛教的践行打下了牢固的基础。戒律是佛教一切修行的基础，佛教徒持戒的严格殊胜是佛教保持超越性的重要保障。菩萨戒包括止持和作持两个方面，诸恶莫作是止持，众善奉行是作持，菩萨戒又特别强调发心和利益众生的重要性，因此，广义上说，菩萨戒可以包括菩萨的一些思想和行为。太虚在生命的最后时刻以菩萨戒统摄一切佛法，使其人间佛教思想既具有无限的包容性，又突出戒学的重要性，从而可以在纷繁复杂的现代社会顺利实行。太虚之所以提倡人间佛教，在于纠正以往佛教的流弊，改善人生，从做好人开始，进一步追求后世增胜，解脱生死，圆明

① 参见圣严《菩萨戒指要》，法鼓文化事业股份有限公司 1999 年版，第 64 页。

法界。[①] 人间佛教践行过程中，需要不断深入社会、人生，需要做各种弘法利生的事业，容易产生世俗化倾向，这也是一些人反对“人间佛教”思想的主要原因。太虚将人间佛教思想建立在重视戒律基础上，可以最大限度地避免佛教世俗化，使佛教既能做入世的事业，又能保持出世的超脱。

（本文发表于程恭让、妙凡主编《2019 星云大师人间佛教理论、实践研究》，佛光教育基金会 2020 年版）

① 《人生佛教之目的》，《太虚大师全书》第 2 编，宗教文化出版社 2005 年版，第 236 页。

弘一法师菩萨戒思想研究

弘一法师李叔同（1880—1942）是近现代史上杰出的艺术大师和高僧大德，研究弘一法师的专著和文章数量众多、内容丰富。这些研究主要集中于对弘一法师生平的梳理、考证①、对其艺术思想的研究②和对其佛学思想、修行境界的整体论述③。弘一法师被奉为律宗第十一代祖师，在戒律学研究和戒律持守上取得了杰出成就，但对弘一法师律学思想的研究却非常稀少，④ 对其菩萨戒思想的系统梳理更是无人问津，这与弘一法师在律学史上的贡献和地位显然是不匹配的。佛教戒律分为声闻戒和菩萨戒。在声闻戒方面，弘一法师以弘扬南山律学为志愿，对南山律宗的创立者道宣、发展者元照的戒律思想进行过精深研究和系统整理。在菩萨戒方面，弘一法师坚持唐末五代以后逐渐形成的以天台菩萨戒为主的传统，同时对瑜伽系菩萨戒抱持开放态度，

---

① 林子青：《弘一大师年谱》（宗教文化出版社 1995 年版），金梅：《悲欣交集·弘一大师传》（福建教育出版社 2010 年版），陈慧剑：《弘一大师传》（商务印书馆国际有限公司 2013 年版），等等。

② 胡庆恩：《无相可得——弘一法师书法思想研究》（博士学位论文，中国艺术研究院，2015 年），肖菲：《弘一法师诗词研究》（博士学位论文，吉林大学，2019 年），高源：《李叔同的音乐教育及音乐创造研究》（硕士学位论文，西北民族大学，2019 年），等等。

③ 陈永革：《论弘一法师的信仰特质及其渊源》（《杭州师范学院学报》2004 年第 3 期），何建明：《弘一大师与中国现代佛教革新运动———以抗战时期港澳佛教〈觉音〉杂志为例》（《中国佛学》2014 年总第 35 期），陈国鹏：《弘一法师佛学特质探究》（硕士学位论文，湖北大学，2014 年），潘建伟：《弘一大师与宋明理学》（《杭州师范大学学报》2018 年第 2 期），等等。

④ 主要有温金玉：《弘一大师与律学》（《佛学研究》，2002 年），《弘一法师弘律因缘探究》（《法音》2007 年第 6 期），马海燕：《授戒法系视域下弘一大师律学思想评议》（《闽台文化研究》2018 年第 2 期），何俊：《〈人谱〉与李叔同的皈依律宗》（《复旦学报》（社会科学版）2018 年第 6 期）。

对华严、唯识宗僧人的《梵网经》注疏也给予高度关注。南山律和菩萨戒思想构成弘一法师律学思想的两个基本部分，二者密切关联，不可分割。本文拟结合弘一法师南山律学思想，系统梳理其对菩萨戒的整理、研究、抉择及其历史价值。

一 尊重汉传佛教形成的重视南山律、梵网戒的受戒传统

在佛教经律论三藏经典中，律学典籍是最晚传入中国的。曹魏嘉平中（249—254），中天竺僧人昙柯迦罗译出《僧祇戒心》，成为佛教戒律传入中国的标志。[①] 公元五世纪初，《十诵律》《四分律》《僧祇律》《五分律》等四大广律被完整翻译出来，《菩萨地持经》等大乘菩萨戒经典也相继而至，激起了中国僧人研究戒律的热情。由于教派传承有差别，南北朝时期僧人对戒律各持己见，并没有形成统一的戒律思想和定于一尊的传统。声闻戒方面，南朝主要盛行《十诵律》，北朝一开始流行《僧祇律》，后来《四分律》流行更广。唐代道宣对《四分律》进行系统研究，形成南山律宗，唐中期以后，南山律宗逐渐在律学中取得主导地位。菩萨戒方面，南北朝时期，《菩萨地持经》所代表的瑜伽系菩萨戒一直比较盛行。五世纪后半期，中国佛教徒创造出《梵网经》菩萨戒，在梁武帝（464—549）、慧皎（497—554）、智顗（538—597）等人的提倡下，《梵网经》菩萨戒逐渐流行。[②] 到了唐代，《梵网经》菩萨戒成为最流行的菩萨戒，天台宗、华严宗、唯识宗僧人都纷纷对其进行注释。唐末以后，天台菩萨戒逐渐成为主流，其他各宗的菩萨戒注疏相继佚失。宋代以后，声闻戒与菩萨戒逐渐结合，很多律师都关注《梵网经》，尤其是灵芝元照（1048—1116）。元照本来就是天台僧人，后专心研究南山律，他以天台教义释律，为南山三大部作记解，使南山

① 参见《高僧传》卷1《昙诃迦罗传》，中华书局1992年版，第13页。

② 参见拙著《晋隋之际佛教戒律的两次变革——〈梵网经〉菩萨戒与智顗注疏研究》，中国社会科学出版社2015年版，第266—269页。

律与天台菩萨戒结合在一起。明代僧人法藏（1573—1635）作《弘戒法仪》《传授三坛弘戒法仪》，首次提出传授“三坛大戒”的仪轨，开创了“三坛大戒”的授戒模式，南山律学与天台菩萨戒成为一个整体。

1918 年，39 岁的李叔同正式出家，法号弘一。弘一法师一生以弘扬戒律为已任，在声闻戒方面，他经历了依《四分律》受戒，赞赏《说一切有部律》到专弘《四分律》的转变；在菩萨戒方面，他始终重视梵网系菩萨戒（《梵网经》及《菩萨璎珞本业经》为主要依据的菩萨戒）。对于自己的学律历程，弘一法师在著作中多有提及，如《余弘律之因缘》：

> 初出家时，即读《梵网合注》。续读灵峰《宗论》，乃发起学律之愿。
>
> 受戒时，随时参读《传戒正范》及《毗尼事义集要》。
>
> 庚申之春，自日本请得古版南山、灵芝三大部，计八十余册。
>
> 辛酉之春，始编戒相表记。六月，第一次草稿乃讫。以后屡经修改，手抄数次。
>
> 是年阅藏，得见义净三藏所译有部律及《南海寄归内法传》，深为赞叹，谓较旧律为善；故《四分律戒相表记》第一、二次草稿中，屡引义净之说，以纠正南山。其后自悟轻谤古德，有所未可，遂涂抹之。经多次删改，乃成最后之定本。
>
> 以后虽未敢谤毁南山，但于南山三大部仍未用心穷研；故印专习有部律。二年之中，编有部犯相摘记一卷、自行抄一卷。
>
> 其时徐霨如居士创刻经处于天津，专刻南山宗律书，费资数万金，历时十余年。乃渐次完成。徐居士始闻余宗有部而轻南山，尝规劝之。认为吾国千余年来秉承南山一宗，今欲弘律，宜仍其贯，未可更张，余因是有兼学南山之意。尔后此意渐次增进，至辛未二月十五日乃于佛前发愿，弃舍有部，专学“南山”，并随力弘扬，以减昔年轻谤之罪。昔佛灭后九百年，北天竺有无著、天亲兄弟二人。天亲光学小乘而谤大乘，后闻长兄无著示诲，忏悔执小之非，欲断舌谢其罪。无著云：汝既以舌诽谤大乘，更以此舌赞叹大乘可

也。于是天亲遂造五百部大乘论。余今亦尔，愿尽力专学南山律宗，弘扬赞叹，以续往失。此余由新律家而变为旧律家之因缘，亦即余发愿弘扬南山律之因缘也。①

《圈点〈南山钞记〉自跋》：

辛未二月，居法界寺，于佛前发专学南山律誓愿。②

《律学要略》：

关于有部律，我个人起初见之甚喜，研究多年，以后因朋友劝告，即改研南山律。其原因是南山律依《四分律》而成，又稍有变化，能适合吾国僧众之根器故。③

《学南山律誓愿文》时维辛未二月十五日：

本师释迦牟尼如来般涅槃日，弟子演音，敬于佛前发弘誓愿，愿从今日，尽未来际，誓舍身命，拥护弘扬南山律宗。愿以今生，尽此形寿，悉心竭诚，熟读穷研《南山钞》《疏》，及灵芝《记》。精进不退，誓求贯通。编述表记，流传后代。冀以上报三宝深恩，下利华日僧众。弟子所修一切功德，悉以回向法界众生，同生极乐莲邦，速证无上正觉。④

《南山律苑住众学律发愿文》：

……伏乞 十方一切诸佛 本师释迦牟尼佛　观世音菩萨摩诃萨

---

① 《弘一大师全集》第一册，福建人民出版社 2010 年版，第 234 页。
② 《弘一大师全集》第七册，福建人民出版社 2010 年版，第 622 页。
③ 《弘一大师全集》第一册，福建人民出版社 2010 年版，第 236 页。
④ 《弘一大师全集》第一册，福建人民出版社 2010 年版，第 304 页。

地藏菩萨摩诃萨 南山道宣律师 灵芝元照律师 灵峰藕益大师 慈念哀愍，证明摄受。[①]

综合这些材料，我们可以将弘一法师的学律经历分为三个阶段：

第一阶段，从1918年出家至1921年读有部律之前。这一时期弘一法师按照明清以来受戒传统受戒，学习、研读南山律、《梵网经》菩萨戒：出家后专门研读藕益智旭《梵网经合注》《灵峰藕益大师宗论》，发起弘扬戒律的誓愿；受戒时，反复参阅藕益智旭的《毗尼事义集要》和见月读体的《传戒正范》；后请回日本古板律宗经典（主要是南山三大部和灵芝元照所著三部解释道宣三大部的疏，即《四分律行事钞》《戒本疏》《羯磨疏》《行事钞资持记》《戒本疏行宗记》《羯磨疏济源记》）；编写《四分律比丘戒相表记》。

第二阶段，从1921年至1931年，弘一法师读到义净所译有部律及《南海寄归内法传》，甚为赞赏，以其为标准，修改《四分律比丘戒相表记》。此后，专门研究有部律，撰写了《根本说一切有部毗奈耶犯相摘记》《自行钞》和《学根本说一切有部律入门次第》。

第三阶段，从1931年至1942年，弘一法师发愿以道宣、元照著作为依据，专门弘扬南山律。这次转变主要受徐霞如居士影响，认识到南山律更适合中国僧众的根器。

可以说，弘一法师对声闻律的态度，经历了由遵从传统，到试图革新，又回到传统两次重要转变。[②] 对于菩萨戒，弘一法师又是怎样的态度呢？弘一法师因读《梵网经合注》而发愿弘律，他一生对菩萨戒有精深研究，构成其整体律学的另一个重要层面。从总体上看，弘一法师对菩萨戒的抉择以梵网系为主，但也非常注意融汇瑜伽系菩萨戒和《优婆塞戒》所涉及在家菩萨戒。

弘一法师对梵网系菩萨戒的重视表现在诸多方面。首先，他对

---

① 《弘一大师全集》第一册，福建人民出版社2010年版，第348页。

② 对弘一法师由弘扬说一切有部律到弘扬《四分律》的转变，很多学者进行过研究，比如温金玉：《弘一法师弘律因缘探究》，《法音》2007年第6期。

《梵网经》菩萨戒进行了系统研究。在《律学要略》中，弘一法师概括介绍了菩萨戒（主要是《梵网经》菩萨戒）的性质和授戒要点：

> 又八戒与菩萨戒比较别的戒有区别：因为八戒与菩萨戒，是顿立之戒（但上说的菩萨戒，是就《梵网》《璎珞》等而说的；若依《瑜伽戒本》，则属于渐次之戒）。这是什么缘故呢？未受五戒、沙弥戒、比丘戒，皆可即受菩萨戒，或八戒，故曰顿立。若渐次之戒，必依次第。如先五戒，次沙弥戒，次比丘戒，层层上去的。[①]
>
> 菩萨戒：为着时间关系，亦不能详说。现在略举三事：（一）要有菩萨种姓，又能发菩提心，然后可受菩萨戒。什么是种姓呢？就简单来说：就是多生以来所成就的资格。所以当受戒时，戒师问：汝是菩萨否？应答曰：我是菩萨。这就是菩萨种姓。戒师又问：既是菩萨，已发菩提心否？应答曰：已发菩提心。如这样子才能受菩萨戒。（二）平常人受菩萨戒者，皆是全受。但依《璎珞本业经》，可以随身分受，或一或多，与前所说的受五戒法相同。（三）犯相重轻，依旧疏新疏有种种差别，应随个人力量而行。现以例说：如妄语戒，旧疏说：大妄语乃犯波罗夷罪。新疏说：小妄语即犯波罗夷罪。如余所编辑之图表广明。至于起杀盗淫妄之心，即犯波罗夷，乃是为地上菩萨所制，我等凡夫是做不到的。
>
> 所谓菩萨戒虽不易得，但如有真诚之心，亦非难事。且可自誓受，不比沙弥、比丘戒必须要请他人授；因为菩萨戒、五戒、八戒，皆可自誓受，所以我们颇有得菩萨戒之希望。[②]

这些材料有三点需要注意：第一，弘一法师以《梵网经》《菩萨璎珞经》为主，也参考了瑜伽菩萨戒（比如菩萨种姓的说法），简明扼要地概括了菩萨戒的特点：菩萨戒是顿立戒，是可以单独授受的；受菩萨戒需要具有菩萨种姓、发菩提心；菩萨戒可以随分受；可以自誓受；戒

---

① 《弘一大师全集》第一册，福建人民出版社 2010 年版，第 238 页。

② 《弘一大师全集》第一册，福建人民出版社 2010 年版，第 239 页。

相轻重可以根据个人的能力判定，只有地上菩萨才能完全符合标准。第二，弘一法师指出由于菩萨戒可以自誓受，所以不依赖于受戒师的修行，反而比比丘戒更容易获得（比丘戒必须从真正戒行圆满的比丘处获得，在末法时代，不容易具备这样的条件），这对于提高人们对菩萨戒的信心具有重要价值，这是弘一法师关于菩萨戒的最有特点的论述之一。第三，这里提到的自誓受和随分受问题，是弘一法师菩萨戒思想的另一重点。弘一法师曾依据《菩萨璎珞经》专门作《菩萨璎珞经自誓受菩萨五重戒法》①，又作《随分自誓受菩萨戒文析疑》深入探讨这些问题：一，关于菩萨戒自誓受问题。《梵网经》《占察经》《瑜伽师地论》都认为可以自受，只不过《梵网经》要求更高，“须见好相”。弘一法师依据《瑜伽师地论》指出，自誓受和从师受，功德平等。二，关于随分受问题。弘一法师依据《菩萨璎珞本业经》《梵网古迹记》及《菩萨戒本宗要》，认为可以随分受戒。三，关于随分受时“具列三聚名”问题。弘一法师依据法藏《菩萨戒本疏》② 认为可以有两种情况：“一若从胜为论，各戒一一别配；二若通辨，每一戒中皆具三聚：谓于此不犯，律仪戒摄。修彼对治之行，摄善法摄。以此二戒教他众生令如自所作，即为摄众生戒云云。今据疏中第二通辨之义，虽受一戒，即三聚摄，亦无妨也。”③

弘一法师对梵网系菩萨戒的重视还体现在他将抄写、读诵此戒作为福业，为人祈福。他曾手书《佛说梵网经菩萨心地品菩萨戒》为同学之母祈福：“庚申七月，同学弘伞义兄丧母，为写《佛说梵网经菩萨心地品菩萨戒》一卷；并诵是戒，以为日课。惟愿福资亡者，得见诸佛，生人天上。演音敬记。”④

---

① 《弘一大师全集》第一册，福建人民出版社 2010 年版，第 291 页。

② 《梵网经菩萨戒本疏》卷一：“第十摄三聚戒者，有二义：一若从胜为论，此十戒总是律仪摄，以俱止恶故。二若通辨，皆具三聚。谓于此十中一一不犯，律仪戒摄。修彼对治十罪之行，摄善法摄，谓：一慈悲行，二少欲行，三净梵行，四谛语行，五施明慧行，六护法行，七息恶推善行，八财法俱施行，九忍辱行，十赞三宝行。以此二戒教他众生，令如自所作，即为摄众生戒。是故十戒一一皆具三聚。”《大正藏》第 40 册，第 609 页。

③ 《弘一大师全集》第一册，福建人民出版社 2010 年版，第 291 页。

④ 《弘一大师全集》第七册，福建人民出版社 2010 年版，第 634 页。

在汉传佛教中，《梵网经》菩萨戒受到重视是与天台宗密不可分的。从某种程度上，我们可以将唐宋以后形成的菩萨戒传统称为天台菩萨戒。弘一法师重视《梵网经》菩萨戒与其对南山律和天台宗的重视息息相关。他认为："南山宗所立，是以《涅槃》《法华》等经义而释通小乘律，建立圆宗戒体的，它虽属小乘，而实通大乘。"① 对于天台宗（又名法华宗），他这样来概括："六朝时此土所立，以《法华经》为正依，至隋智者大师时极盛。其教义，较前二宗（指三论宗、法相宗）为玄妙。隋唐时盛，至今不衰。"② 他认为南山律与天台宗最容易契合，二者根本道理相同，只是说法有差异，《四分南山宗妙义》：

> 灵芝戒体章云：问：此与天台圆教为同为异？答：理同说异。何名理同？以下疏中，引《法华》文，用《法华》意，立此圆体。但彼教统摄，此局一事。何名说异？今此为明戒体，直取佛意，融前二宗，自得此谈，非谓取彼，但名相滥，是故异也。此为南山律之枢要，最宜穷研。具如《行事钞业疏》及《记》广明。③

他指出灵芝元照依天台解释道宣律学并不违背道宣本意，恰恰是对南山律学的发扬光大。他在《南山律在家备览略编例言》中说：

> 是编兼收南山、灵芝二家撰述，而唯标云南山律者，以灵芝撰述，皆依南山遗范，发扬光大，缵续相承，故唯标云南山律也。若尔，何以榑桑学者谓南山宗唯识，灵芝宗法华耶？答：是盖唯窥一斑，未及全豹也。南山三观虽与唯识近似，然如戒体显立正义中云：是故行人常思此行，即摄律仪等。又云：今识前缘，终归大乘等。如是诸文，实本法华开显之义，盖无可疑。唯冀学者虚怀澄心，于南山、灵芝诸撰述等精密研寻，穷其幽奥，未可承袭榑桑旧

---

① 《佛教的源流及宗派》，《弘一大师全集》第 7 册，福建人民出版社 2010 年版，第 567 页。

② 《佛教宗派大概》，《弘一大师全集》第 7 册，福建人民出版社 2010 年版，第 572 页。

③ 《弘一大师全集》第 1 册，福建人民出版社 2010 年版，第 235 页。

说，轻致谤评。[①]

正是基于这样的认识，弘一法师对南山律和《梵网经》都给予高度重视。他所作的《略诵四分戒、菩萨戒法》正是以此而成：

> 依南山律主《行事钞》，盛夏严冬应略说戒。
>
> 四分戒本，二不定诵毕，续云：诸大德！是三十尼萨耆波逸提法，僧常闻。诸大德，是九十波逸提法，僧常闻。诸大德，是四波罗提提舍尼法，僧常闻。诸大德，是众学法，僧常闻。诸大德，是七灭诤法，僧常闻。此是佛所说戒经云云。
>
> 菩萨戒本，十重戒诵毕，至八万威仪品党广明。诸大德，以下四十八轻戒，诸大德常闻。接云：诸佛子！是四十八轻戒云云。[②]

这里的诵戒顺序完全依据《四分律》和《梵网经》十重四十八轻戒。对这个问题，太虚法师也曾关注，他指出："元照……与南山道宣律师稍异，而是宗天台教义，又以净土为归的。所以律宗从此便与台净相倚了，故为台净之巨擘。而民国以来的弘一大师，可为其嗣音。"[③]可见，太虚法师是非常了解弘一法师律学来源和倾向的。

二　提倡对《梵网经》新疏、旧疏的融会贯通

《梵网经》菩萨戒在隋唐时期受到广泛关注，众多宗派的高僧大德为其作注疏和阐释，流传下来的有天台智顗的《菩萨戒义疏》、明旷《天台菩萨戒疏》，新罗元晓的《梵网经菩萨戒本私记》《梵网经持犯要记》，华严法藏（643—712）《梵网经菩萨戒本疏》、传奥《梵网经

① 《弘一大师全集》第1册，福建人民出版社2010年版，第354页。

② 《弘一大师全集》第1册，福建人民出版社2010年版，第347页。

③ 太虚大师全书编纂委员会编：《太虚大师全书》精装本第2册，善导寺佛经流通处1998年版，第739—740页。

记》，唯识宗新罗义寂《菩萨戒本疏》、新罗胜庄《梵网经述记》、新罗太贤《梵网经古迹记》《菩萨戒本宗要》、知周《梵网经疏》，法銑《梵网经疏》。到了宋代，菩萨戒与南山律结合，社会上授受菩萨戒的热潮仍然不断，有关《梵网经》菩萨戒的注疏有与咸的《梵网菩萨戒经疏注》，慧因的《梵网菩萨戒注》。这时，还出现了大量关于受菩萨戒仪式的作品，如永明延寿（904—975）的《受菩萨戒法》，四明知礼（960—1028）的《授菩萨戒仪》，遵式（964—1032）的《授菩萨戒仪式》，报恩（1058—1111）的《受菩提心戒文》，元照的《授大乘菩萨戒仪》等。明末，随着佛教的复兴，《梵网经》菩萨戒再度受到重视，云栖袾宏（1535—1615）作《梵网经心地品菩萨戒义疏发隐》《梵网菩萨戒经义疏发隐事义》《梵网菩萨戒经义疏发隐问辩》，蕅益智旭（1955—1655）作《梵网经玄义》《梵网经合注》《梵网戒本笺要》，真贵作《佛说梵网经菩萨戒初津》，寂光（1580—1645）作《佛说梵网经直解》。清朝初年，菩萨戒仍然受重视，弘赞（1611—1685）作《佛说梵网经菩萨心地品下略疏》，德玉（1628—1701）作《佛说梵网经顺硃》《梵网经述记》，书玉（1645—1721）作《佛说梵网经初津》，等等。这些注释性作品在历史上影响不同，很多曾长期佚失，有的在宋代从日本或高丽请回，有的直到清末才从日本传回。宋代以后中国佛教史上影响最大的菩萨戒注疏是天台系的作品。直到弘一法师生活的时代，天台菩萨戒仍然是菩萨戒的主流。为了更深入理解《梵网经》菩萨戒，弘一法师对这些注疏都进行了系统而深入的研究，做出了精确判断和抉择。我们可以将其概括为几个方面：

第一，遵守历史上形成的重视天台菩萨戒的传统。弘一法师作《佛说梵网经菩萨心地品菩萨戒犯相摘记》，在“跋”中明确说明以天台系蕅益智旭的《梵网经合注》为主要依据：

> 庚申秋晚，幻住严陵万福兰若。尝取《梵网十重四十八轻戒目》，判其类别，定名标题，列为《表记》。未及研审，颇多未安。比以安居之暇，检省旧稿，重事修治。判定犯相，专宗灵峰《合

注》。染摄属出入，亦尝间以私意。①

对于圆晋居士以天台系菩萨戒为主所作的《梵网戒本汇解》，弘一法师高度赞赏，并亲自作序：

戊寅夏尾，圆晋居士幼书温陵，并所辑《梵网戒本汇解》，请为校订。时余方避乱龙溪，翌年转徙毗湖。逮及今岁夏首，有人自温陵归者，乃赍居士书至。阁至两载，未尝佚失，终获展诵，诚胜缘也！

《汇解》宗天台云棲、灵峰诸撰述，而条理疏治之。匪惟利导初机，亦足资益宿学。余以衰病，未及详校。略述其概，聊志赞喜云。岁次寿星木槿荣月沙门一音书。②

第二，将历史上重要的《梵网经》注疏分为旧疏和新疏两种系统，倡导对新疏、旧疏融会贯通、取长补短。在《梵网十重戒诸疏所判罪相缓急异同表》中，弘一法师提出了“旧疏”“新疏”的说法：

旧疏

习旧疏者，以智者《义疏》为主，明旷《戒疏删补》、蕅益《合注》辅之。（莲池《发隐》等可缓阅）元晓《私记》及《持犯要记》甚有精义，并宜详研。蕅益之后，诸家之作，有明弘赞《略疏》、寂光《直解》，清德玉《顺硃》、书玉《初津》等，以弘赞、书玉之作较胜。（亦宜缓阅）

新疏

新疏中以贤首疏、义寂疏、太贤记三种为最精湛。（太贤《古迹记》及《宗要》中有文意太简略处，不易索解，宜钞录《续藏经》中科文对阅之）学者应专宗一种为主，而以他二种辅之。胜

① 《弘一大师全集》第7册，福建人民出版社2010年版，第619页。
② 《梵网戒本汇解》序，《弘一大师全集》第7册，福建人民出版社2010年版，第613页。

庄《述记》可参阅。(若习贤首疏者，并宜参阅法銑疏残本)元晓《私记》及《持犯要记》，虽随意判入旧疏，然其书甚有精义，习新疏者，亦宜学之。其他如传奥记、宋慧因注等，皆可不阅。[①]

旧疏，实际上就是指天台系注疏，新疏则主要是华严、唯识宗僧人的《梵网经》注疏。旧疏与新疏的一个重要区别就在对重戒的判定上，旧疏采用声闻戒的标准，新疏则更为严格。比如杀戒，旧疏一般认为只有杀人才是重戒，新疏则认为杀一切众生都是重戒。[②]

弘一法师虽然重视旧疏传统，但考虑到新疏在很多方面有精深造诣，在历史上又没有发挥太大作用，所以对新疏极力提倡。对于新疏开创者法藏的《梵网经菩萨戒本疏》，弘一法师高度重视，据《梵网经菩萨戒本疏》题记，他曾一直批阅此书，为之校正文字，并作“盗戒第六类轻重门”的科文：[③]

剃染以来，即获披读贤首疏。历十数年，并志标记，粗具其概。迩者将以此本传示同学，因见旧稿，颇多参错，乃为精密校正。始于九月下旬，讫于十一月二十三日乃得蒇事。于盗戒第六种类轻重门，更编写科文一卷。冀诸学者，依科读疏，可了如指掌耳!

沙门胜髻，时居晋水草庵。[④]

1933年，弘一法师作《梵网经菩萨戒本浅释》，就是依据法藏疏等节录而成。[⑤]

对于义寂的《菩萨戒本疏》，弘一法师精心点校，在《〈梵网经菩

---

① 《弘一大师全集》第1册，福建人民出版社2010年版，第261页。

② 参见拙文《智顗〈菩萨戒义疏〉与法藏〈梵网经菩萨戒本疏〉比较研究》(《宗教学研究》2019年第2期)。

③ 《梵网经贤首疏盗戒第六种类轻重门科表》保存在《弘一大师全集》第1册，福建人民出版社2010年版，第263页。

④ 《弘一大师全集》第7册，福建人民出版社2010年版，第631页。

⑤ 《弘一大师全集》第1册，福建人民出版社2010年版，第259页。

萨戒本疏〉跋尾》中，先依据戒本中的序，介绍了义寂疏在日本传播的情况，然后说明自己研究此疏的历程："数年前居永嘉时，曾校点数过，今复再勘，仍未详尽，俟后当更研耳。癸酉十二月二十一日演音书。"[①] 弘一法师所作《菩萨戒受随纲要表》[②] 集中体现了他在菩萨戒思想方面的研究成果。考察这一表格的内容，我们不难发现"受、随"这样的结构正是来自于义寂的《菩萨戒本疏》。[③] 可以说，《菩萨戒受随纲要表》是以义寂《菩萨戒本疏》为主，参用法藏《梵网经菩萨戒本疏》内容而成的（如重方便、轻方便的区别）[④]。其中，"依位制别"部分集中体现了弘一法师对菩萨戒的精深思考，在这一部分，法师区分了"凡位"和"圣位"，认为"凡位""诸师所判罪相亦有缓急，种种不同，如别表例。宜各随力奉持。"对于圣位又分"制""开"两部分，在"制"部分引用《文殊问经》《涅槃经》《优婆塞戒经》，说明对于地上菩萨而言，只要有想法，不一定有行动，就犯重戒。在"开"部分中引用《瑜伽戒本》《摄大乘论》等说明地上菩萨可以开十重戒，也就是特殊情况下做出杀生等行为，不犯戒。但对于地前菩萨、凡夫没有开戒的情况。这些都是弘一法师融会旧疏、新疏传统，所作的创新性理解。

对于新疏系中另一位代表性人物太贤，弘一法师也极为关注，1933年至1934年，他对太贤菩萨戒著作进行校勘整理，据《〈梵网经古迹记〉〈宗要〉跋》：

> 日本延宝三年（清康熙十四年）古刊本。《续藏经》即据此本，略有校正。《大正新修大藏经》亦依此古本也。今刊本据《续藏经》，复为勘订之。兹检《大正新修大藏经》校对，校竟并记。甲戌五月二十三日。弘一。
>
> 是岁十二月，依延宝八年（清康熙十九年）刊《宗要关解》，

① 《弘一大师全集》第7册，福建人民出版社2010年版，第613页。

② 《弘一大师全集》第1册，福建人民出版社2010年版，第278页。

③ 《菩萨戒本疏》卷1，《大正藏》第40册，第656—663页。

④ 《梵网经菩萨戒本疏》卷1，《大正藏》第40册，第610页。

及宝永四年（清康熙四十六年）刊《宗要资粮钞》校对，七日校讫并记。时居禾山万寿岩。弘一。[1]

在校勘基础上，他又作《菩萨戒本宗要科表》[2] 和《梵网经古迹记科表》[3]。此外，弘一法师还为扶桑春日版《梵网经古迹记》作序："为记缘起，冀诸后贤，共珍奉焉！"[4] 在《〈盗戒释相概略问答〉后跋》中，弘一法师专门引用太贤、蕅益法师偈语以自勉：

发心学律以来，忽忽二十一载。衰老日甚，学业未就。今撷取南山、灵芝撰述中诠释"盗戒戒相"少分之义，辑为《盗戒释相概略问答》一卷。义多阙略，未尽持犯之旨。后此赓续，当复何日！因录太贤、蕅益二师遗偈，附于卷末，用自策励焉。岁次己卯残暑，沙门一音，时年六十，居永春蓬峰。

勇士交阵死如归，丈夫向道有何辞？
初入恒难永无易，由难若退何劫成！
丈夫欲取三界王，当挥智剑断众魔。
吾于苦海誓无畏，庄严戒筏摄诸方。
唐太贤法师偈
日轮挽作镜，海水挹作盆，照我忠义胆，浴我法臣魂。
九死心不悔，尘劫愿犹存。为檄虚空界，何人共此轮？
明蕅益大师偈[5]

太贤、智旭的精深戒律思想和勇猛精进的修行实践，成为鼓励弘一法师不断努力的精神食粮。

---

① 《弘一大师全集》第 7 册，福建人民出版社 2010 年版，第 613 页。
② 《弘一大师全集》第 1 册，福建人民出版社 2010 年版，第 278 页。
③ 《弘一大师全集》第 1 册，福建人民出版社 2010 年版，第 265 页。
④ 《弘一大师全集》第 7 册，福建人民出版社 2010 年版，第 613 页。
⑤ 《弘一大师全集》第 7 册，福建人民出版社 2010 年版，第 632 页。

三 弘一法师菩萨戒思想的特色和价值

纵观弘一法师在戒律方面的研究和抉择，我们可以看出：第一，弘一法师致力于维护汉传佛教形成的戒律学传统，对声闻戒以南山律为归依，对菩萨戒坚持以《梵网经》系为主。第二，弘一法师对明清以来的一些戒律传统并不满意，试图依据唐宋律学注疏，确立新的规范。在声闻律方面，他以道宣、灵芝为正统；在菩萨戒方面，有两个突出特点：

（1）弘一法师对瑜伽系菩萨戒采取开放态度。他曾集出隋净影寺慧远《地持论义记》中有关《菩萨戒本记》和《羯磨记》的文字，题为《地持论菩萨戒羯磨义记》，指出《义记》“科判明析，释义详委，初心之伦，可以启蒙”[①]；又为昙无谶译《菩萨戒本》（即瑜伽系菩萨戒本）作题记，说明其特点和价值：“慈氏菩萨说，出《地持·戒品》中，谶师第二译，灵峰先老人笺。灵峰先老人《梵网合注》云：又所诵戒法，若依此经，则先诵十重四十八轻戒；若《地持》中别出《菩萨戒本经》卷，正是半月诵戒之本。共列四重四十一经戒相。其根本四重及饮酒等，自属具戒，十戒、五戒中摄，故不重出。惟出菩萨增上律仪，实与此经互为表里，以彼四重，即此经之后四重，故从彼四十一轻。但与此经开合次第稍殊，而开遮持犯之致更明晰。故藏中先后共有六译，惟谶师所译最善。故今辑在后集。半月半月，似应诵此戒本。庚申九月，演音敬记于莲华。”[②] 高度赞赏瑜伽菩萨戒的窥基法师曾作《大乘戒苑义林章》[③]，其中《表无表章》集中讨论了大乘戒律的相关问题，尤其是戒体问题，弘一法师非常重视这些内容，为其作科文。[④]

（2）对历史上存在的众多《梵网经》注疏，弘一法师在系统研究

① 《弘一大师全集》第7册，福建人民出版社2010年版，第613页。

② 《弘一大师全集》第7册，福建人民出版社2010年版，第618页。

③ 参见《大乘法苑义林章》卷3，《大正藏》第45册，第299—315页。

④ 《弘一大师全集》第1册，福建人民出版社2010年版，第276页。

后，将其分为以天台宗注疏为主的旧疏和以华严法藏、唯识义寂、太贤注疏为代表的新疏；改变历史上偏重天台菩萨戒的传统，给予新疏高度评价，并积极提倡这些注疏。

可以说，在戒律学研究方面，弘一法师代表了比较保守一派僧人的态度，但却不是故步自封、画地为牢，而是试图通过对汉传佛教不同时期戒律传统的系统梳理和比较研究，抉择出最适合近代佛教现状的戒律规范，促进律学的有效传承和发扬光大。这样的抉择是漫长而艰苦的，虽然在我们看来，弘一法师已经取得了斐然成就，他自己却是不满意的，在《律学要略》中，弘一法师这样总结自己的学律历程：

> 但学律非是容易的事情。我虽然学律近二十年，仅可谓为学律之预备，及得窥见少许之门径。再预备数年，乃可着手研究。以后至少亦需研究二十年，乃可稍有成绩；奈我现在老了！恐不能久住世间。我很盼望你们有人能发心专学戒律，以继我所未竟之志，则至善矣！①

这既体现了弘一法师谦虚自律的精神，也是对汉传佛教律学弘扬的殷切希望。

另一方面，弘一法师对戒律的谨严态度和刻苦的持戒行为在律学消沉的年代树立了“以戒为师”的典范，鼓励着后来的佛教徒们不断探索戒律弘传的方法和途径。正如佛教革新派代表僧人竺摩法师所言：“编者常以为振兴今日中国的佛教，有两种人物是同样的需要：即需要学菩萨僧的精神以深入社会，涂肝脑而斩荆棘；也需要学比丘僧的精神以律己精严，敦品节以风末俗。无前者无以革除佛教的积弊，冲破佛教与社会群众的隔膜；无后者无以梵行高超，冰清玉洁，使人如见寒潭，照自形秽。……而且这两者，是如春兰秋菊，各有其美。亦如夏日之可畏，和冬日之可爱，有其同样的需要。我爱敬弘一大师，即爱敬他

① 《弘一大师全集》第1册，福建人民出版社2010年版，第236页。

如冬日之慈和，和秋菊之幽香！”[①] 可以说，在佛教面临现代化转型的关键时期，弘一法师以切实的戒律修行做出了杰出贡献，得到了新、旧两派僧人共同的赞赏。

（本文原载《宝鸡文理学院学报》（社会科学版）2021 年第 3 期）

① 竺摩：《借花献佛》，《觉音》第 20、21 期合刊，1941 年 2 月。

“佛光新戒条”与戒律的现代化转型

星云大师在2015年出版的《贫僧有话要说》一书中提出了以“十要”“十不要”为内容的“佛光新戒条”，以此作为佛教徒修行的基本规范。新戒条的提出既有具体的现实因缘，也是星云大师对佛教戒律长期思考和实践的结果。新戒条的内容体现了星云大师依据戒律基本精神和佛光山弘法经历，结合时代需要，适应未来发展，实现戒律现代化转型的积极努力和主动探索，在汉传佛教戒律发展史上具有重要价值。

一 戒律的重要地位和实践困境

佛教戒律具有重要地位，戒学是佛教三学（戒、定、慧）之一，在整个佛教修行体系中具有根基性作用，被称为“无上菩提本”。戒律是佛教信徒树立信仰的开端，受戒是成为佛教徒的标志；戒律也是佛教徒需要贯彻在整个修行过程中的基本准则，违反根本戒条就失去佛教徒身份。戒律是佛教的伦理道德规范，是佛教徒个人的生活准则、修行准则和弘法准则，也是佛教组织系统有序运转的最根本制度保障。没有戒律，就没有佛教的存在，没有佛教的纯洁，也没有个体僧人的修行。释迦牟尼在世时就非常重视戒律，他涅槃前，反复要求弟子们修行和弘法都要“以戒为师”。从此以后，重视戒律成为佛教界的优良传统。无论在印度佛教历史上，还是在中国佛教历史上，历代佛教领袖人物都把持守戒律作为衡量佛教修行楷模的标准，作为佛教荣辱兴衰的标志。明代蕅益大师曾这样描述戒的重要性：“五分法身，以戒为依；

三无漏学，以戒为首。无一如来不具戒体，无一菩萨不修戒度，无一经典不赞戒法，无一圣贤不严戒行。持戒如地，万善由此而生成；持戒如城，魔障藉此而远离。论其超胜，则才沾戒品，便名人世福田；极其指归，则唯佛一人，方名圆满净戒。四级重楼，级级皆圆顿境；八万细行，行行与法界周。若不持戒，纵能习讲坐禅、兴诸福业，皆为魔业，必入魔党。故好心出家者，决须从持戒始。自利利他，法皆成就，舍此通途，更无捷径。”[①] 一些最著名的佛教大师往往因自己没有严格信守某些基本戒律而抱憾终身，比如译经大师鸠摩罗什迫于帝王威势，不能持守戒律，就曾感叹：“什累业障深，故不受师教。”[②]

戒律应该包括两个基本层面的问题：第一，戒律的基本精神是什么？在声闻戒中，主要强调禁止恶的行为（止恶）。菩萨三聚净戒（摄律仪、摄善法、摄众生）包括止恶、行善、饶益有情三个方面。第二，戒律的具体规定是什么？包括具体的戒条是什么，犯戒之后的惩罚是什么，等等。可以说，佛教自产生后，在长期的历史发展过程中，戒律精神方面并没有太大变化，只是菩萨戒相较于声闻戒会更强调修善、利生的方面。戒律条文却随着时间、空间的不同而不断变化。在印度佛教中，戒条就不是固定不变的。佛教创立之始，并没有戒律，是在出现严重危害僧团的行为之后，佛陀才开始制定戒律。此后，佛陀直到涅槃之前，一直都在根据不断出现的情况增加或者修改戒条内容。佛陀涅槃后，大迦叶组织结集经典，律藏内容才基本固定下来。但是由于传承不同、习俗各异，佛教很快分出不同的部派，每一部派所传承的戒律并不完全相同，曾引发长期的争论。甚至有的研究者认为，部派的分立主要就是因为对戒律持有不同的观点。我们仅从传到汉地的四部律典（《四分律》《五分律》《摩诃僧祇律》《十诵律》）就可以清楚看出不同部派在戒条上的具体差异。菩萨戒出现后，其具体戒条与声闻戒也大为不同，产生于印度的瑜伽菩萨戒把一些善行和对众生有利益的行为都纳入戒条之中。当然，古印度地区内部的文化背景、地理环境差异不

① 蕅益智旭：《重治毗尼事义集要》，《卍续藏》第40册，第345页上栏。

② 《高僧传》卷2，中华书局1992年版，第54页。

大，各部派戒律的相同性远远大于相异性。戒律传入中国后，面临着两大难题：一，以哪部律典作为授戒依据。在印度，不同部派遵守不同律典。在中国，四大律典基本同时传入，如何取舍就成为重要问题。直到唐代，汉传佛教才最终确定以《四分律》为主要受戒依据。南北朝时期，还出现了主张以十重四十八轻戒取代声闻戒的《梵网》系菩萨戒，如何处理声闻戒和菩萨戒之间的关系也成为一个难题。二，那些在几大律典中比较一致的戒条，在自然条件、历史文化迥异的中国社会也无法被严格遵守。比如偏袒右肩，在气候炎热的印度可以通行，但在寒冷的中国北方地区就行不通，再加上中国文化中把暴露身体作为不雅的表现，这条戒律就无法适应中国社会。再如不持银钱、托钵乞食这样的规定在缺少布施传统、以农耕为主的中国社会也无法成为主流。

实际上，佛教戒律，尤其是那些具体的戒条在整个佛教修行体系中是最容易，也最迫切需要中国化的那一部分内容。过度强调戒律的印度传统，就会引发佛教与中国文化传统的激烈冲突。在南朝宋，是否应该按照印度佛教传统采用踞食曾引发一场大争论。当时有僧人主张严格按照印度的戒律制度来规范僧尼行为，一些寺院采取了踞食方式。范泰（355—428）认为踞食之法与华夏传统礼仪矛盾，也不符合佛教随方传教的基本精神，先后向祇洹寺（即范泰所建）慧义（372—444）、道生、慧观等法师，以及王司徒［王弘（379—432）］等公卿陈述自己的意见，并两次上表宋文帝，试图借助皇权取消踞食。慧义等五十位僧人坚决主张踞食符合佛教戒律，不可更改，又强调居士不应干涉佛教戒律。[①] 但最后这一习俗还是没有被保留下来。在中国佛教长期发展历程中，很多高僧大德都会根据时代和形势需要，不断调整佛教徒实际遵守的行为规范。但出于对律典的尊崇，汉传佛教在受戒时，仍然使用传自印度的律典。这就形成了汉传佛教戒律持守方面的一种矛盾现象：一方面重视律典，依据律典受戒；另一方面根据实际需要选择各自持守的内容。这就导致律典在某种程度上只是一种“具文”，具有崇高的地位，却又不能落到实处。后来，禅宗制定清规，以清规代替戒

---

① 参见《弘明集校笺》卷12，上海古籍出版社2013年版，第645—661页。

律，作为禅门实际修行生活的指导，部分解决了这个问题。但戒律经典的权威性依然没有受到质疑。可以说，如何看待律典的价值，如何解决律典规定与现实生活需要之间的差距，是汉传佛教长期面临的问题。

近现代以来，佛教所处的世界形势、僧徒的生活方式都发生显著变化，佛教戒律应该如何适应形势，进行变革，实现现代化转型，成为佛教徒，尤其是佛教领袖必须思考的重要问题。在这个问题上，基本形成了两种态度：一派强调律典的重要价值，坚持弘扬律典，并通过个人的刻苦修行，重新塑造佛教徒严守戒律的形象，以印光大师、弘一大师为代表。另一派则主张依据戒律精神，改革具体戒条，以适应现代传教的需要。太虚大师是这种观念的最早提倡者，星云大师则是最成功的实践者。

二　“佛光新戒条”提出的因缘和基本内容

2015 年 3 月，慈济功德会在台北内湖区开发土地，遭到政府反对，引发了舆论界的一场轩然大波，社会各界对佛教的负面评价纷沓而至。作为佛教界领袖的星云法师不能袖手旁观，他勇敢站出来，直面问题，积极回应社会各界的责难，发表了一系列文章，最后集结成《贫僧有话要说》一书。在书中，星云大师为了澄清社会上的错误认识，恢复佛教名誉，对佛光山的财务状况、创建过程、基本理念、弘法实践，以及自己的心路历程、思想感受等作了全面说明，形成了四十个专门的问题：

> 二〇一五年三月，台北市政府对慈济功德会在内湖园区开发一事表示异议，经过四任市长没有通过，他们不能赞同，台湾的媒体对慈济因此挞伐，引起了轩然大波，佛教界也受到波及。
>
> ……
>
> 这四十说旨在说明，在六十年前，我从宜兰度化青年，用音乐、歌唱、舞蹈，启动人间佛教弘传的开始，到一九六三年在高雄创办佛教学院，接引一些青年学佛、出家，培养佛教人才，共同推

动人间佛教的运动。后来，又迁移至佛光山，如今，佛光山开山也有五十年的历史，佛法也遍传全球五大洲了。

在“四十说”中，第三十说“我订定佛教新戒条”专门提出了二十项佛教徒应该遵守的新的戒律规范。在这篇文章中星云大师用浅显平易的文字系统表达了自己对戒律学的新思考。大师首先说明自己制定新规范的标准和目的：“戒条有很多，横说竖说，那都是条文，最重要的，还是要自我心中有道，行为不要侵犯别人，那就是我订为‘佛光新戒条’——十要、十不要的标准了。社会大众以及佛门弟子，大家都能遵守，把它用来作为修行做人的原则，人我之间，会少了纠纷；衣食住行的生活，会获得满足；群我之间，能够和平相处。这‘十要’和‘十不要’，假如大家都可以做到，虽不能成佛作祖、成圣成贤，至少不失为一个朴实的修道者。”接着说明“十要”“十不要”的具体内容：

“十要”：

一、要正常吃早饭，二、要有表情回应，三、要能提拔后学，四、要能推荐好人，五、要肯赞叹别人，六、要能学习忍辱，七、要能长养慈悲，八、要有道德勇气，九、要能知道惭愧，十、要能守时守信。

“十不要”：

一、不可好买名牌，二、不可轻慢他人，三、不可嫉妒好事，四、不可侵犯他人，五、不可语言官僚，六、不可去做非人，七、不可承诺非法，八、不可打扰别人，九、不可轻易退票，十、不可无理情绪。

“十要”和“十不要”互相补充，构成完整的修行体系：“前面讲的‘十要’，是积极的修道，下面十种‘不要’是消极的品德。积极的修行，比较不容易做到；消极的修行，应该比较容易受持。但是，无论什么修行，你不‘行’，就不是道了。”“十要”“十不要”具有最广泛的适用范围：“上述这些新戒条，也不只适用于出家修道者可以实践，所谓戒，就是法律，就是自由，法律之前，人人平等，人人自由；应该都适用于每一个人的。”“十要”“十不要”体现了戒律，尤其是菩萨戒“止恶、修善、利生”的基本精神，包括戒律规范的基本内容。“十要”

"十不要"不是空泛的理论，而是来自大师几十年修学、弘法的实践："所以，贫僧这一生自我克制、自我教育、自我要求，对于这十要、十不要，也是数十年的辛苦实践体会，至今仍然还嫌不足，只有一点一滴再去努力成就了。"

纵览星云大师"佛光新戒条"的内容，不难看出这是大师依据佛教教义，结合时代精神和自己的修行实践，提出的新规范。翻阅大师关于戒律的相关论述，我们认为"佛光新戒条"是星云大师对戒律规范的最成熟思考，也是最有创新性的思考。

星云大师作为佛光山的开创者和近代人间佛教思想的重要推动者，其对戒律的重视贯穿于修行、弘法的一切行为之中。星云大师在《佛光祈愿文》《佛光菜根谭》《佛光教科书》《佛法真义》等多种弘法著作中都反复强调持守戒律的重要性，并结合实际需要不断调整戒律的具体规定。

2001 年出版的《佛光祈愿文》中有专门的"受持五戒祈愿文"：

> 伟大的佛陀！
> 请您让我重新做人吧！
> 我决心从今以后，
> 不再杀害别人的生命，
> 不再盗取他人的财物，
> 不再侵犯他人的名节，
> 不再攻讦别人的名誉，
> 不再吸食害人的毒物。

祈愿文是一种通俗易懂的文体，是一种弘法传教的方便法门。以祈愿文的形式展现五戒内容，可以将严肃的戒律变得生动活泼，有利于激发信众对五戒生起亲近之心和坚定之念。在这里，五戒也不再是传统的五项内容，星云大师针对现代社会生活需要进行了适度调整，将"邪淫戒"表述为"不侵犯别人的名节"，"不妄语"表述为"不攻讦别人的名誉"，"不饮酒"表述为"不吸食害人的毒物"。这样的改变，让佛教看上去不再那么遥远，而与现代人的生活亲近起来。

2005年出版的《佛光教科书》再次强调戒律对佛法存续的重要价值：

> 僧团的健全，须赖规矩秩序的建立，戒律是维系佛教于不坠的纲常。《佛遗教经》云："汝等比丘！于我灭后，当尊重珍敬波罗提木叉，如暗遇明，贫人得宝，当知此则是汝大师，若我住世，无异此也。"佛陀临涅槃时嘱咐弟子要"以戒为师"；佛陀入灭以后，戒律一直维系着教团的慧命。……戒律是佛法的生命，是诸佛的本源，一切众生皆有佛性，然而佛性虽具，必须持戒，然后乃见。

2006年出版的《人间佛教的戒定慧》一书中，星云大师言简意赅地总结了对戒律的基本看法，展现了其戒律思想的丰富层面。大师指出："戒律是吾人行为的规范，要达到成佛作祖的目标，行为最为重要。"[①]"戒是一切善法的根本，也是世间一切道德行为的总归。"大师还用各种优美的比喻详细说明了戒律对于我们生活实践的具体作用："戒是学佛做人的根本：戒如良师，能够指引我们的人生方向；戒如轨道，能够规范我们的身心正行；戒如城墙，能够帮助我们抵御五欲六尘盗贼的侵袭；戒如水囊，能够涤去我们的尘垢热恼；戒如明灯，能够照亮我们的前途光明；戒如宝剑，能够斩除我们的贪心欲念；戒如璎珞，能够庄严我们的道德人格；戒如船筏，能够度脱我们到达涅槃的彼岸。"持戒的终极目的就是要完成人格，圆满菩提，成人成佛，人成佛成："清净的戒行可以净化我们的身心，增进我们的道德，升华我们的人格，发掘我们的佛性能源，保持我们的道念不失，让我们具足修行功德，成为我们生活的指标。"大师还用充满现代性的概念来阐释戒律的基本精神，使这些古老的规定具有了时代精神，他说："佛教的戒律，其根本精神是不侵犯，不侵犯而尊重别人，便能自由。譬如五戒中的不

---

① 星云：《人间佛教的戒定慧》，香海文化事业有限公司2007年版。以下引文同出此书处，不再一一注出。

杀生，就是对别人生命不侵犯；不偷盗，就是对别人的财产不侵犯；不邪淫，就是对别人的身体不侵犯；不妄语，就是对别人的名誉不侵犯；不饮酒，就是对自己的理智不伤害，进而不去侵犯别人。"

2018年出版的《佛法真义》中，大师进一步总结自己的戒律思想。关于戒律的价值，大师说："持戒可以说是修行一切善法的基础，也是一切修行的根本。戒不是用来'读诵'的，而是要去实践'奉行'。"关于戒律的基本精神，大师对《人间佛教的戒定慧》中的说法有所补充，"戒的意义，在于不侵犯别人。所以，五戒中的不杀生，就是不侵犯他人的性命；不偷盗，就是不侵犯他人的财产；不邪淫，就是不侵犯他人的身体和名节；不妄语，就是不侵犯他人的名誉和信用；不吸毒，就是不侵犯自他的智慧与安全。"

可以说，佛光新戒条是星云大师对戒学长期思考、实践的结晶，是大师人间佛教事业的理论和实践成果。

三 "佛光新戒条"的特色与戒律现代化转型

佛光新戒条虽然只有二十条，但如果我们仔细分析每一戒条的具体内容，却发现它们可以无所不包，广泛涉及个人修行和社会生活的各个层面，既简要，又全面。比如，"不可侵犯他人"，这一条，实际上就可以包括人际交往过程中的一切原则。所以，星云大师在多篇文章中，以"不侵犯"作为戒律的基本精神。综合考察戒条内容，我们认为"佛光新戒条"至少具有以下鲜明特色：

1. 体现了佛陀制定戒律的主要精神和基本原则

止恶扬善、饶益有情，是戒律的主要精神，佛光新戒条充分体现了这些精神，"十要"主要体现了扬善和饶益有情的行为。"十不要"主要体现了止恶的行为。但实际上每一条目都可以包含着戒律三个方面的基本精神。佛光新戒条可以分为自我成长和与人相处两个方面，对于信仰者生活和修行的指导是全方位的。星云大师特意将"十要"，也就是主动应该做的事情放在前面，应该是为了彰显佛教的积极精神。这与菩萨戒将律仪戒放在首位的传统相比，也是一种创新，可以更好改变佛教留给人们的消极印象。佛陀制定戒律的基本原则是因时因地制宜，也就是佛教历史上所说的“随方传教”和“舍小小戒”：“虽是我所制，而于余方不以为清净者，皆不应用；虽非我所制，而于余方必应行者，皆不得不行”[①]“自今日始，听诸比丘，舍小小戒。”[②]星云大师正是深刻领会佛陀制戒的基本原则，才敢于顶着各种传统思想、传统势力的压力，提出新的戒律规范。

2. 适应了现代社会人们精神生活和社会生活的规则和需要

现代社会与传统社会相比，在物质层面和精神层面都发生了翻天覆地的变化。佛教只有适应现代生活的节奏，深入人们的生活之中，针对现代生活弊病，改善人们的精神状况和生活状态，才能具有持久的吸引力和旺盛的生命力。“佛光新戒条”正是在对现代生活仔细观察、认真思考基础上提出的，很多内容体现了融入世间、改变世间的积极努力。在现代快节奏的生活状态下，很多人生活作息不规律，经常熬夜、不吃早饭，对身体和精神造成极大伤害。为此，星云大师在新戒条中首先提出“要正常吃早饭”。星云大师认为只有形成良好的生活习惯，保证良好的身体素质，才能为弘法利生打下坚实的物质基础。在佛光山的弘法实践中，大师也一直强调身体健康的重要性，曾多次提出加强体育，并成立专门的体育团体。现代社会人们的距离可以很近，也可以很远。发达的交通工具和通信设备，可以让人们一日千里，天涯若比邻；也可以让人们原地不动就了解世界各地正在发生的事情。社会分工的精细化，生活选择的多样性，又使现实中很多人处在相对隔绝的世界里，人与人之间的关系往往疏远而冷淡。为了改变这种状况，星云大师强调团体生活的重要性，“要有表情回应”，正是教导人们要有团体生活意识，要学会在团体中与人相处，互相促进，共同提高，而不是孤立于世界之外。日新月异的社会发展，物质财富的极大提高，将很多人推入永无止境的物欲追求中，这与佛教强调的“清心寡欲”是背道而驰的，也与人生的终极目的相隔万里。星云大师提出“不可好买名

---

① 《五分律》卷22，《大正藏》第22册，第152页下栏。

② 《长阿含经》卷4，《大正藏》第1册，第25页下栏。

牌”这样切入生活的规定，就是要求人们不要过多在意物质生活，不要将心思过多集中在吃穿住行等外在的方面，真正的修行要从内心发起，真正的美丽是用佛法从内心庄严自己。

3. 符合了汉传佛教进一步走向世界、走向未来的形势和要求

佛教是一种世界性宗教，佛陀在世时，积极弘法传教，整个恒河流域都有了佛教的踪迹。阿育王时代，佛教从古印度向南传到东南亚、南亚，向北传到印度河流域。贵霜王朝时期，佛教传到西域、中亚。两汉之际，佛教传入汉地。三、四世纪，佛教传到朝鲜、日本。但在近代以前，佛教基本上是一种亚洲宗教，亚洲之外的地区，佛教也许曾昙花一现，但并没有落地生根。近代以来，很长的时间内，佛教在亚洲之外的传播，主要依靠日本、东南亚、西藏僧人的努力。近几十年来，汉传佛教的海外弘法事业取得了惊人成绩，其中，最引人注目的就是星云大师领导下的佛光山僧团的工作。海外弘法，面对着不同的种族、不同的文化、不同的习俗，佛教本土化再次成为重要问题。如果仍然固守来自印度的古老律典，或者中国化的戒律传统，将无法满足佛教在亚洲之外发展的迫切要求。对此，有着几十年海外弘法经历的星云大师自然有着切身体会。从某种程度上说，星云大师提出的佛光新戒条就是为了适应进一步在世界各地弘法的需要。佛光新戒条在坚持戒律基本精神基础上，对戒律条文的简化、生活化、现代化恰好可以满足不同文化、不同地域、不同人种的需求。守时守信、不打扰别人，不轻易退票，这可以说是现代世界通行的行为规范。技术飞速发展的未来社会，人我关系、心理情绪也将会是特别重要的问题，佛光新戒条对这些问题的关注充分体现了星云大师的长远眼光和慈悲心切。

佛教从创立到现在已经有两千五百多年了，在长期历史发展过程中，佛教为人类文明做出了杰出贡献。在中国历史上，佛教经过长期适应、调整，最终实现中国化，成为中国传统文化核心的基因之一，浇灌了中国人的精神世界，也丰富了中国人的物质文明。近代以来，中国社会面临着“几千年未有之大变局”，佛教界也积极探索佛教现代化转型的方式和路径。在时代的潮流中，“人间佛教”应运而生，并成为佛教发展的主流。在戒律问题上，人间佛教的倡导者们主张根据时代的变

化和形势需要适当调整戒律规范，这样才真正符合佛陀制戒“因时因地”制宜的原则，才能“避世讥嫌”，消除世俗社会对佛教的误解和偏见，扫除佛教现代化道路上的诸多障碍。星云大师作为人间佛教的重要实践者，将人间佛教的基本理念落到实处，把人间佛教事业推动到了一个新的高度。在戒律方面，星云大师进行了大量积极探索和实践，他敢于突破传统，建立新规，为佛教现代化转型去除了枷锁，开辟了道路。

提倡男女平等和建立“佛光新戒条”可以说是星云大师两项最重要的戒律革新措施。提倡男女平等是针对突出问题的具体措施。男女平等是佛教戒律中的一个大问题，按照佛教究竟的义理，众生平等，男女自然平等，但囿于长期的历史文化因素，佛教内部一直流行重男轻女的观念，八敬法就是男女不平等的集中体现。星云法师却敢于打破这种陈旧的习俗，实践佛教内部真正的男女平等：“贫僧在建立佛光山的期中，就提倡男女平等。过去佛教，男众在前，女众在后；男众在中间，女众在旁边，已经是司空见惯了。在我本性的观念里就认为不该如此，所以在佛光山教团里，无论上殿、过堂，男众在东单，女众在西单，东西各分一半，不必分前后，不是就平等了吗?”“佛光新戒条”是对戒律规范的系统革新，体现了原则性与灵活性的有机结合，体现了出家与在家的平等，体现了修行不离生活的宗旨，为佛教走向更广泛的空间、更多元的文化、更丰富的人群，提供了规范和依据。

（本文原载《人间佛教》学报 · 艺文，财团法人佛光山人间佛教研究院，2021 年第 31 期）

参考文献

典　籍

孔安国传、孔颖达疏：《尚书正义》，上海古籍出版社 2007 年版。
郑玄注、孔颖达疏：《礼记正义》，北京大学出版社 2000 年版。
王弼注、孔颖达疏：《周易正义》，北京大学出版社 2000 年版。
李隆基注、邢昺疏：《孝经注疏》，北京大学出版社 2000 年版。
王聘珍：《大戴礼记解诂》，中华书局 1983 年版。
董仲舒著，张世亮、钟肇鹏、周桂钿译注：《春秋繁露》，中华书局 2012 年版。
朱熹：《四书章句集注》，中华书局 1983 年版。
《史记》，中华书局 1959 年版。
《汉书》，中华书局 1962 年版。
《后汉书》，中华书局 1965 年版。
《三国志》，中华书局 1964 年版。
《晋书》，中华书局 1974 年版。
《宋书》，中华书局 1974 年版。
《南齐书》，中华书局 1972 年版。
《梁书》，中华书局 1973 年版。
《陈书》，中华书局 1972 年版。
《南史》，中华书局 1975 年版。
《北史》，中华书局 1984 年版。
《魏书》，中华书局 1974 年版。
《隋书》，中华书局 1973 年版。

《旧唐书》，中华书局 1975 年版。
《新唐书》，中华书局 1975 年版。
《旧五代史》，中华书局 1976 年版。
《资治通鉴》，中华书局 1955 年版。
《续资治通鉴》，中华书局 1999 年版。
高明：《帛书老子校注》，中华书局 1996 年版。
王先谦撰，沈啸寰、王星贤点校：《荀子集解》，中华书局 1988 年版。
郭象：《南华真经注疏》，中华书局 1998 年版。
王弼著，楼宇烈校释：《王弼集校释》，中华书局 1980 年版。
严可均编：《全上古三代秦汉三国六朝文》，中华书局 1958 年版。
许逸民校点：《庾子山集注》，中华书局 1980 年版。
董诰等编：《全唐文》，中华书局 1983 年版。
刘义庆撰，刘孝标注，余嘉锡笺疏：《世说新语笺疏》，中华书局 1983 年版。
刘勰著，范文澜注：《文心雕龙注》，人民文学出版社 1962 年版。
干宝撰，李剑国辑校：《搜神记、搜神后记》，中华书局 2020 年版。
高楠顺次郎、渡边海旭等编：《大正新修大藏经》，东京：大藏出版株式会社 1988 年版。
河村照孝编集：《卍新纂大日本续藏经》，东京：株式会社国图刊行会 1975—1989 年版。
《长阿含经》，《大正藏》第 1 册。
《中阿含经》，《大正藏》第 1 册。
《杂阿含经》，《大正藏》第 2 册。
《增一阿含经》，《大正藏》第 2 册。
《大方便佛报恩经》，《大正藏》第 3 册。
《法句譬喻经》，《大正藏》第 4 册。
《杂宝藏经》，《大正藏》第 4 册。
《妙法莲华经》，《大正藏》第 4 册。
《正法华经》，《大正藏》第 9 册。
《胜鬘师子吼一乘大方便方广经》，《大正藏》第 12 册。

《大般涅槃经》,《大正藏》第 12 册。
《维摩诘所说经》,《大正藏》第 14 册。
《入定不定印经》,《大正藏》第 15 册。
《佛说未曾有因缘经》,《大正藏》第 17 册。
《正法念处经》,《大正藏》第 17 册。
《大方等陀罗尼经》,《大正藏》第 21 册。
《四分律》,《大正藏》第 22 册。
《五分律》,《大正藏》第 22 册。
《摩诃僧祇律》,《大正藏》, 第 22 册。
《十诵律》,《大正藏》第 23 册。
《萨婆多毘尼毘婆沙》,《大正藏》第 23 册。
《十地经论》,《大正藏》, 第 23 册。
《优婆塞戒经》,《大正藏》第 24 册。
《佛说优婆塞五戒相经》,《大正藏》第 24 册。
《梵网经》,《大正藏》第 24 册。
《菩萨璎珞本业经》,《大正藏》第 24 册。
《分别功德论》,《大正藏》第 25 册。
《大智度论》,《大正藏》第 25 册。
《十住毗婆沙论》,《大正藏》第 27 册。
《菩萨地持经》,《大正藏》第 30 册。
《瑜伽师地论》,《大正藏》第 30 册。
《成唯识论》,《大正藏》第 31 册。
《成实论》,《大正藏》第 32 册。
安然:《教时诤论》,《大正藏》第 75 册。
宝唱:《比丘尼传》,《大正藏》第 50 册。
宝唱:《经律异相》,《大正藏》第 53 册。
道宣:《广弘明集》,《大正藏》第 52 册。
道宣:《四分律删繁补缺行事钞》,《大正藏》第 40 册。
道原:《景德传灯录》,《大正藏》第 51 册。
法藏:《梵网经菩萨戒本疏》,《大正藏》第 40 册。

法砺：《四分律疏》，《卍续藏》第41册。
非浊集：《三宝感应要略录》，《大正藏》第51册。
费长房：《历代三宝纪》，《大正藏》第49册。
灌顶：《国清百录》，《大正藏》第46册。
惠详：《弘赞法华传》，《大正藏》第51册。
慧详：《古清凉传》，《大正藏》卷51。
慧远：《大乘义章》，《大正藏》第44册。
慧远：《十地义记》，《卍续藏》第45册。
慧沼：《成唯识论了义灯》，《大正藏》第43册。
慧沼：《大乘法苑义林章》，《大正藏》第45册。
吉藏：《法华义疏》，《大正藏》第34册。
吉藏：《胜鬘宝窟》，《大正藏》第37册。
觉岸：《释氏稽古略》，《大正藏》第49册。
净觉：《楞伽师资记》，《大正藏》第85册。
均如：《释华严教分记圆通钞》，《大藏经补编》第2册。
窥基：《阿弥陀经通赞疏》，《大正藏》第37册。
窥基：《妙法莲华经玄赞》，《大正藏》第34册。
明旷：《天台菩萨戒疏》，《大正藏》第40册。
明一：《金光明最胜王经注》，《大正藏》第56册。
凝然：《三国佛法传通缘起》，《大藏经补编》第32册。
蕅益智旭：《重治毗尼事義集要》，《卍续藏》第40册。
平祚：《法相宗章疏》，《大正藏》第55册。
契嵩：《镡津文集》，《大正藏》第52册。
善珠：《唯识义灯增明记》，《大正藏》第65册。
胜庄：《梵网经述记》，《卍续藏》第38册。
延寿：《万善同归集》卷2，《大正藏》第48册。
彦悰纂录：《集沙门不应拜俗等事》，《大正藏》第52册。
一然：《三国遗事》，《大正藏》第49册。
义寂：《梵网经菩萨戒本疏》，《大正藏》卷40。
义天：《新编诸宗教藏总录》，《大正藏》第55册。

元晓：《梵网经菩萨戒本私记》，《卍续藏》第 38 册。
元照：《四分律行事钞资持记》，《大正藏》第 40 册。
元照：《四分律删补随机羯磨疏济缘记》，《卍续藏》第 41 册。
圆测：《解深密经疏》，《卍新续藏》第 21 册。
湛然：《法华文句记》，《大正藏》第 34 册。
智顗：《妙法莲华经文句》，《大正藏》第 34 册。
智顗：《摩诃止观》，《大正藏》第 46 册。
智顗：《菩萨戒义疏》，《大正藏》第 40 册
智顗：《释禅波罗蜜次第法门》，《大正藏》第 46 册。
袾宏：《往生集》，《大正藏》第 51 册。
宗晓：《四明尊者教行录》，《大正藏》第 46 册。
宗晓编：《乐邦文类》，《大正藏》第 47 册。
最澄：《守护国界章》，《大正藏》第 74 册。
《法华经疏》，《大正藏》第 85 册。
《梵网古迹抄》，（台湾）国家图书馆善本佛典第 15 册。
道世撰，周叔迦、苏晋仁校注：《法苑珠林校注》，中华书局 2006 年版。
道宣：《续高僧传》，中华书局 2014 年标点本。
慧皎：《高僧传》，中华书局 1992 年版。
僧祐：《出三藏记集》，中华书局标点本 1995 年版。
僧祐著，李小荣校笺：《弘明集校笺》，上海古籍出版社 2013 年版。
释道法校注：《佛祖统记校注》，上海古籍出版社 2012 年版。
王邦维校注：《南海寄归内法传校注》，中华书局 1995 年版。
赞宁著，范祥雍点校：《宋高僧传》，中华书局 1987 年版。
赞宁撰，富世平校注：《大宋僧史略校注》，中华书局 2015 年版。
智升撰，富世平点校：《开元释教录》，中华书局 2018 年版。
北京图书馆金石组编：《北京图书馆藏中国历代石刻汇编》，中州古籍出版社 1989 年版。
杨曾文校写：《敦煌新本六祖坛经》，宗教文化出版社 2001 年版。
《金石萃编》，《石刻史料新编》，第一辑，第一册，台北：新文丰出版

公司 1977 年版。
日本古写经善本丛刊第五辑《玄一撰 无量寿经述记 义寂撰 无量寿经述记》，东京，国际佛教学大学院大学日本古写经研究所 2013 年版。
黄永武主编《敦煌宝藏》第 116 册，新文丰出版公司 1985 年版。

论 著

陈兵、邓子美：《二十世纪中国佛教》，民族出版社 2000 年版。
陈慧剑：《弘一大师传》，商务印书馆国际有限公司 2013 年版。
陈金华：《佛教与中外交流》，中西书局 2016 年版。
陈寅恪：《金明馆丛稿初编》，生活·读书·新知三联书店 2001 年版。
陈寅恪：《唐代政治史述论稿》，《陈寅恪集》，生活·读书·新知三联书店 2001 年版。
邓子美等：《当代人间佛教思潮》，甘肃人民出版社 2009 年版。
杜继文、魏道儒：《中国禅宗通史》，凤凰出版传媒集团 2008 年版。
方立天：《魏晋南北朝佛教》，中国人民大学出版社 2006 年版。
葛兆光：《屈服史及其他：六朝隋唐道教的思想史研究》，生活·读书·新知三联书店 2003 年版，第 48 页。
弘一：《弘一大师全集》，福建人民出版社 2010 年版。
黄宝生翻译：《瑜伽经》，商务印书馆 2016 年版。
金梅：《悲欣交集·弘一大师传》，福建教育出版社 2010 年版。
赖永海主编：《中国佛教通史》，江苏人民出版社 2010 年版。
李四龙：《天台智者研究：兼论宗派佛教的兴起》，北京大学出版社 2003 年版。
李晓虹：《圆融二谛——梁武帝思想研究》，中州古籍出版社 2008 年版。
林大志：《萧衍评传》，上海古籍出版社 2015 年版。
林子青：《弘一大师年谱》，宗教文化出版社 1995 年版。
楼劲：《北魏开国史探》，中国社会科学出版社 2017 年版。
吕澂：《中国佛学源流略讲》，中华书局 2006 年版。
马长寿：《碑铭所见前秦至隋初的关中部族》，中华书局 1985 年版。

钱穆:《国史大纲》，商务印书馆 2010 年版。
钱汝平:《萧衍研究》，中国社会科学出版社 2011 年版。
任继愈:《中国佛教史》，中国社会科学出版社 1985 年版。
圣凯:《中国佛教忏法研究》，宗教文化出版社 2004 年版。
圣严:《戒律学纲要》，宗教文化出版社 2006 年版。
圣严:《菩萨戒指要》，法鼓文化事业股份有限公司 1999 年版。
太虚:《太虚大师全书》，宗教文化出版社 2005 年版。
汤用彤:《汉魏两晋南北朝佛教史》，北京大学出版社 2007 年版。
田余庆:《东晋门阀政治》，北京大学出版社 1989 年版。
万绳楠整理:《陈寅恪魏晋南北朝史讲演录》，黄山书社 1987 年版。
王建光:《中国律宗通史》，凤凰出版社 2008 年版。
王月清:《中国佛教伦理研究》，南京大学出版社 1999 年版。
魏道儒:《中国华严宗通史》，江苏人民出版社 2008 年版。
魏道儒主编:《世界佛教通史》，中国社会科学出版社 2015 年版。
夏德美:《晋隋之际佛教戒律的两次变革》，中国社会科学出版社 2015 年版。
夏德美:《南朝僧尼与佛教中国化》，台湾：花木兰文化出版社 2012 年版。
星云:《人间佛教的戒定慧》，香海文化事业有限公司 2007 年版。
星云:《星云大师全集》，新星出版社 2019 年版。
严耀中:《北魏前期的政治制度》，吉林教育出版社 1990 年版。
严耀中:《佛教戒律与中国社会》，上海古籍出版社 2007 年版。
颜尚文:《梁武帝》，海啸出版事业有限公司 1999 年版。
杨维中:《中国唯识宗通史》，凤凰出版社 2008 年版。
叶少勇:《中论颂——梵藏汉合校》，中西书局 2011 年版。
印顺:《中国禅宗史》，江西人民出版社 2007 年版。
张风雷:《智顗评传》，京华出版社 1995 年版。
张曼涛主编:《律宗概述及其成立与发展》，（台湾）大乘文化出版社 1978 年版。
赵以武:《梁武帝及其时代》，凤凰出版社 2006 年版。

［日］池田温：《中国古代写本识语集录》，东京大学东洋文化研究所1990年版。

［日］船山徹：《東アジア仏教の生活規則——梵網經最古の形と発展の歷史》，東京：亞細亞印刷株式會社2017年版。

［日］大野法道：《大乘戒經の研究》，東京：理想社1954年版。

［日］田中良昭：《敦煌禪宗文獻の研究》，東京都：大東出版社1983年版。

［日］土橋秀高：《戒律の研究》，京都：永田文昌堂1980年版。

［日］望月信亨：《淨土教の起原及發達》，東京：共立社1930年版。

［日］佐藤达玄：《戒律在中国佛教的发展》，嘉义市：香光书乡1997版。

［日］佐藤哲英：《天臺大師の研究》，京都：百花苑1961年版。

［日］石田茂作：《写経より见たる奈良朝仏教の研究》，东京，东洋书林1982年版。

［韩］金相铉：《新罗华严思想史研究》，社会科学文献出版社2014年版。

［韩］金煐泰：《韩国佛教概说》，社会科学文献出版社1993年版。

［荷］许理和：《佛教征服中国》，江苏人民出版社2003年版。

［英］渥德尔：《印度佛教史》，商务印书馆1987年版。

论　文

陈国鹏：《弘一法师佛学特质探究》，硕士学位论文，湖北大学，2014年。

陈怀宇：《从罽宾到江南——道宣佛学之渊源》，《新疆师范大学学报》（哲学社会科学版）2006年第4期。

陈英善：《天台智者的戒体论与〈菩萨戒义疏〉》，《佛学研究中心学报》2007年第5期。

陈永革：《论弘一法师的信仰特质及其渊源》，《杭州师范学院学报》2004年第3期。

陈志远：《内律与俗法———从〈续高僧传·智藏〉再探南朝政教关

系》，《中华文史论丛》2017 年第 4 期。
程恭让：《论人间佛教的历史必然性》，《西南民族大学学报》2016 年第 10 期。
戴传江：《佛教戒体思想初探》，《宗教学研究》2002 年第 1 期。
方克立：《论中国哲学中的体用范畴》，《中国社会科学》1984 年第 5 期。
方立天：《慧远政教离即论》，载于《魏晋南北朝佛教》，中国人民大学出版社 2012 年版。
方立天：《梁武帝萧衍与佛教》，《世界宗教研究》1981 年第 4 期。
高源：《李叔同的音乐教育及音乐创造研究》，硕士学位论文，西北民族大学，2019 年。
何德章：《北魏国号与正统问题》，《历史研究》1992 年第 3 期。
何建明：《弘一大师与中国现代佛教革新运动———以抗战时期港澳佛教〈觉音〉杂志为例》，《中国佛学》2014 年总第 35 期。
何俊：《〈人谱〉与李叔同的皈依律宗》，《复旦大学学报》（社会科学版）2018 年第 6 期。
洪修平：《太虚大师与当代的人间佛教》，《佛学研究》2017 年第 2 期。
胡庆恩：《无相可得——弘一法师书法思想研究》，博士学位论文，中国艺术研究院，2015 年。
黄心川：《略论南山律宗唯识观》，载于《东方佛教论》，中国社会科学出版社 2002 年版。
赖姿容：《菩萨戒义疏之研究》，硕士学位论文，中华佛学研究所，1993 年。
李世杰：《佛教法律哲学的精要》，载于《现代佛教学术丛刊》第 89 册，台湾大乘文化出版社 1980 年版。
刘立夫：《儒佛政治伦理的冲突与融合———以沙门拜俗问题为中心》，《伦理学研究》2008 年第 1 期。
刘素琴：《新罗僧侣对唐佛教贡献考略》，载于北京大学韩国学研究所编《韩国学论文集》第四辑，社会科学文献出版社 1995 年版。
刘威：《佛法与王法——以慧远的〈沙门不敬王者论〉为例》，《中国宗教》2009 年第 2 期。

雒少锋：《窥基〈受菩萨戒法〉的发现及其学术价值》，《中国社会科学报》2018 年 6 月 19 日。

马海燕：《授戒法系视域下弘一大师律学思想评议》，《闽台文化研究》2018 年第 2 期。

潘建伟：《弘一大师与宋明理学》，《杭州师范大学学报》2018 年第 2 期。

屈大成：《从汉译佛典看戒体说的源流》，载《旧学新知集》，广西大学出版社 2008 年版。

屈大成：《从汉译佛典看戒体说的源流》，载于郑培凯、范家伟主编《旧学新知集》，广西师范大学出版社 2008 年版。

冉云华：《敦煌文献与僧稠的禅法》，《华岗佛学学报》1983 年第 6 期。

孙国栋：《唐宋之际社会门第之消融——唐宋之际社会转变研究之一》，载于《唐宋史论丛》，香港：商务印书馆 2000 年版。

王建光：《戒体——一种本体论的追索》，《南京农业大学学报》（社会科学版）2005 年第 3 期。

王月清：《禅宗戒律思想初探——以“无相戒法”和〈百丈清规〉为中心》，《南京大学学报》2000 年第 5 期。

王招国：《敦煌遗书所见新罗义寂〈菩萨戒本疏〉写本考述》，［韩］《佛教学报》第 82 辑。

魏常海：《从人间佛教看中国佛教的发展路向》，《中国佛教》2015 年第 5 期。

魏道儒：《佛教融入中华文化基因》，《中国社会科学报》2018 年 2 月 23 日第 6 版。

魏道儒：《旧课题与新理论——研究“佛教中国化”的脉络》，《内蒙古师范大学学报》（哲学社会科学版）2021 年第 2 期。

魏道儒：《隋唐五代中韩佛教文化共建》，《世界宗教研究》2020 年第 1 期。

温金玉：《弘一大师与律学》，《佛学研究》2002 年。

温金玉：《弘一法师弘律因缘探究》，《法音》2007 年第 6 期。

武正强：《神圣与世俗之间："沙门不敬王者"的再考察》，《首都师范大学学报》（社会科学版）2004 年增刊。
夏德美：《〈梵网经〉菩萨戒的特点及现代启示》，《法音》2014 年第 3 期。
夏德美：《东晋政教关系论战的起因、性质和影响》，《世界宗教研究》2017 年第 2 期。
夏德美：《论中印佛教戒律学的哲学转型》，《世界宗教研究》2016 年第 1 期。
夏德美：《南朝祭祀与佛教》，《青岛大学师范学院学报》2012 年第 6 期。
夏德美：《智顗〈菩萨戒义疏〉与法藏〈梵网经菩萨戒本疏〉比较研究》，《宗教学研究》2019 年第 2 期。
夏德美：《智顗与〈菩萨戒义疏〉关系考辨》，载于中华宗教文化交流协会主编：《汉传佛教祖庭文化国际学术研讨会文集》，宗教文化出版社 2016 年版。
肖菲：《弘一法师诗词研究》，博士学位论文，吉林大学，2019 年。
萧黎：《论梁武帝》，《史学月刊》1983 年第 3 期。
谢重光：《人间佛教的思想渊源与早期实践》，《宁德师范学院学报》（哲学社会科学版）2016 年第 1 期。
严耀中：《东晋南朝佛教戒律发展》，《佛学研究》，1996 年。
杨曾文：《梁武帝与佛教综论》，《中国哲学史研究》1986 年第 2 期。
杨曾文：《为协调佛法与王法立论——慧远〈沙门不敬王者论〉析》，《佛学研究》，2004 年。
殷玮：《星云人间佛教思想研究》，博士学位论文，南京大学，2012 年。
湛如：《简论六祖坛经的无相忏悔——兼谈唐代禅宗忏法体系的形成》，《法音》1997 年第 3 期。
张箭：《三武一宗灭佛研究》，博士学位论文，四川大学，2001 年。
周一良：《梁武帝及其时代》，载于《中华学术论文集》，中华书局 1981 年版。
竺摩：《借花献佛》，《觉音》第 20、21 期合刊，1941 年 2 月。

[韩] 福士慈稔:《元晓著述对韩、中、日三国佛教的影响》，博士学位论文，圈光大学，2001 年。

[韩] 闵泳珪:《新罗章疏录长编》，《白性郁博士颂寿纪念 佛教学论文集》，1959 年版。

[韩] 朴姚娟:《义寂〈菩萨戒本疏〉的基础研究——兼论称名寺金泽文库藏写本》，《韩国思想史学》第 56 辑，韩国思想史学会，2017 年。

[日] 春日礼智:《新罗の义寂とその〈无量寿经述义记〉》，金知见、蔡印幻编:《新罗佛教研究》，东京：山喜房佛书林 1973 年版。

Gaṇḍavyūha Sūtram, Vaidya, P. L. The Mithila Institute of Post-Graduate Studies and Research in Sanskrit Learning, Darbhanga, 1960.